親鸞と差別問題

Shokyo Odake
小武正教

法藏館

親鸞と差別問題＊目次

親鸞と差別問題

装幀　井上二三夫

I

親鸞を生きる道

自らを島とし、
自らをたよりとして、
他人をたよりとせず、
法を島とし、
法をよりどころとして、
他のものをよりどころとせずにあれ。
（『ブッダ最後の旅―大パリニッバーナ経』）

いまなぜ親鸞なのか

二〇〇四年の今

二〇〇三年十二月十日、政府はイラクへ自衛隊派遣の基本計画を閣議決定し、十二月二十五日には航空自衛隊の先遣隊を派遣し、翌二〇〇四年一月十六日には本隊・陸上自衛隊の派遣を始めた。このまま自衛隊の派遣を続け、日本が対米追従の道を進むなら、このたびの自衛隊のイラク派遣は、日本が憲法を変えるに先だって「戦争をする国」へと変わった第一歩となるであろう。

そして、それに歩調を合わせて、二〇〇三年三月には「戦争をする国民」を教育によって作ろうと、教育基本法を「改正」して「愛国心」や「畏敬の念」を前面に押し出したものに作りかえようという中央教育審議会答申が出され、二〇〇四年の秋にも国会に「改正」法案が上程される予定という状況になっている。

ハード面でもソフト面でも、「戦争する国」へとその一点に焦点を合わせて、加速度的に日本の国は今突き進んでいる。

どうやっても、歯止めがかからない。九・一一事件の後、毎週日曜日の午後、地元広島県三次《みよし》市の駅前でマイクを握り続けながらの実感である。

「力による暴力の支配」が、アフガニスタンやイラクのみならず世界を重苦しい状況に置いている。ブッシュ大統領は、「テロの側につくのか、反テロの側につくのか」という、二者択一、善悪二元論の考えで世界に踏み絵を迫っている。一方イラク戦争の大義として掲げた「大量破壊兵器」は初めから存在しなかったということが次第に明らかとなったが、それはすでにウソの情報・世論操作によって戦争が行われてしまった後で、ブッシュの大義のすり替えで、うやむやにしてしまおうという状況が今まかり通っている。

そして日本においても、まったく同じ「力による支配」という手法が、国から市町村にいたるまで行使されつつある。「多数という名の暴力」とでも言える有り様が、国会で、日本各地で、そし私の地元三次市でも繰り広げられている。

部落解放をめぐる状況もまたしかりである。二〇〇二年度より政府の打ち出した「特別措置法から一般対策へ移行する」という施策によって、同和対策事業は打ち切られてきた。では差別はなくなったのかといえばそうではない。実態調査の報告によれば、被差別部落とそれ以外の地域に「格差」という「差別の現実」があり、結婚などにおける差別意識も厳然として残っていることが報告されている。にもかかわらず、なぜ打ち切りに等しい政策が打ち出されるのか。少数者の意見を排除し押しつぶしていく状況がここでも生じている。

「親鸞聖人七百五十回会法要」への願い

本願寺教団においても二〇〇三年に機構改革が行われた。しかしそれによって、「部落差別をはじめとする差別体質を残存させ」(「基幹運動計画」)てきた教団のあり方を問い直し、「教団や社会の現状に目をそむけず、み教えに問い聞きながら、同朋教団の再生と御同朋の社会の実現をめざす」という基幹運動(同朋運動・門信徒会運動)は、前に進むのか、後退するのか。今まさに親鸞から社会から私たち教団人は問われている。

本願寺はあと七年で「親鸞聖人七百五十回大遠忌」の法要を迎える。法要を行うことが、基幹運動を一歩でも二歩でも前に進める結果となるような七百五十年の法要になってほしいと願わずにはおれない。七百五十年の法要に向けてこれから急ピッチで内容が論議されていくことであろう。私は同朋教団の再生を目指すために、現代の課題を担う法要であることを期待したい。またそこで行われる「儀礼」が同朋教団として相応しい形で執行されることを提案したい。

今、「戦争する国」へと加速度的に進んでいるわが国が二十一世紀を平和な社会とするために教団は何ができるのか、それを論議することこそ「親鸞聖人七百五十回会」の法要に相応しくはないだろうか。また、部落差別の問題に学び、教団内に取り込んできた差別の現実を克服していく千載一遇のチャンスとして、「親鸞聖人七百五十回会」の法要を営むことはできないだろうか。七年後の法要は、私たちの教団が「今いかに教えを生きているか、親鸞を生きているか」を宗祖親鸞と社会へ報告することにこそ意味があるはずである。

同朋運動の五つの原則

ではいかなる方法で、差別問題や靖国問題から課題を明らかにし取り組んでいけばいいだろうか。

私自身は、部落差別への取り組みという同朋運動の中から、五つの原則を学んだ。

㈠「差別の現実から出発せよ」、それが同朋運動のスタートであった。

もう少し普遍化して言うなら、具体的事実から出発せよ、ということである。差別問題にしろ、靖国問題にしろ、具体的事実を問うことの中で担うべき課題が明らかとなった時、わが身を教えと課題との間に置くことになり、歩みがはじまる。さらに言えば、問題は往々にして、自分自身に向けられた問いからの出発であることが多いのである。

㈡ 問題を問うた人とともに問題を共有していく場を持つことで課題は明らかになっていく。

たとえば、差別の中から訴えられた問題は、差別を受けている人の問いの前に立つことによって、差別と被差別というバラバラであった両者が、具体的事実を課題にするということで出会い、学び、問題解決に踏み出すということになる。

㈢　学びの中で、具体的事実を生み出した背景を明らかにすることなしには、問題の所在は明らかにならない。

どんな問題も過去からの歴史的集積と社会的背景があり、それが何かのきっかけで表面化してくるわけである。その意味では、背景と向き合うことは容易ではないが、その思いで課題と向き合う時、初めて「業《ごう》を担う」ということが始まる。

㈣　具体的問題の学びの中から、それぞれの責任において担っていかなければならないものが明らかになるはずである。

日本人としての責任、本願寺教団の僧侶としての責任、また門徒としての責任である。むろん本山としての取るべき責任と各一カ寺一カ寺の責任の担い方は同じではない。差別問題を念頭に置いても、一人がすべての責任を担い切れるものでもなく、むろん個人の責任はないということには決してならない。それぞれが立っている場において、取り組む課題が明らかになり、問題を担っていけるようになることが、「すくい」の具体的証である。

㈤　「学んだ証しはただ一つ、なにかが変わることである」（林竹二）

具体的に変わっていくということがないならば、学んだということも、反省したということも、言葉だけか「心で思うだけ」に終わる。一歩踏み出すことが、「教え」と「現実の課題」の間に身を置いてはじまる学びであるかどうか、学びの中身が問われてくる。

自らを突き動かす「信心」と、進むべき方向を明らかにする「教学」、そして具体的課題を一つ一つ明らかにして克服していく「運動」、この三つが同朋運動の三要素である。

このたび、『親鸞と差別問題』として刊行する内容は、そのささやかな取り組みの報告でもある。

念仏弾圧と「浄土真宗」

親鸞が『教行信証《きょうぎょうしんしょう》』を執筆したのは五十二歳（一二二四年）の時であり、「浄土真宗」がそこで名告られている。後世その年を浄土真宗の「立教開宗」の年としている。なぜ、親鸞は、法然の浄土宗に帰依しながら、浄土真宗を名告ったのか。キーワードは「念仏弾圧」である。親鸞が法然の専修念仏教団に帰依する以前より、実は念仏弾圧は起きていた。その教団に親鸞は二十九歳の時身を投じたのである。

ではなぜ念仏弾圧は起きたのか？。当時の鎮護国家の仏教が社会に対してどのような役割を果たしていたかを見ればその理由は逆に浮き彫りになってくる。「年貢を払えば極楽に往けるが、領主に背けば地獄に堕ちる」（平雅行『親鸞とその時代』四一頁）というがんじがらめに人々の心を宗教で縛っていくという社会意識を醸成していたのが当時の仏教であった。そして教義としては「修行のできないもの」「善根功徳をつめないもの」は救われないとしたのである。それは宗教的にも社会的にも人間の心身を縛りつけていく働きをしていたといえよう。まさに仏教とは名ばかりの、人間を仏の「救い」から排除し、さらには序列化していく擬似仏教にほかならなかった。

五濁増のしるしには
この世の道俗ことごとく
外儀《げぎ》は仏教のすがたにて
内心外道を帰敬せり　（浄土真宗本願寺派『浄土真宗聖典』六一八頁）

「専ら念仏を称えるだけで救われる」という法然の教えは、朝廷や幕府の決めた社会的規範も鎮護国家の仏教の教えも突き抜けたものであり、まさに燎原の火のごとくひろがっていったことが想像できる。それに対して貞慶が『興福寺奏上《そうじょう》』を、明恵が『摧邪輪《ざいじゃりん》』を著し宗教的に批判を展開すると同時に、朝廷や幕府権力による取り締まりという念仏弾圧が行われたわけである。浄土宗に帰依した親鸞が、法然の専修念仏を真に受け継ぎ、社会へ伝えていくために、批判への応答として記したのが『教行信証』であり、その名告りが「浄土真宗」であった。

浄土宗のなかに真あり仮あり。真というは選択本願なり。仮というは定散二善なり。選択本願は浄土真宗なり。　（「親鸞聖人御消息」『浄土真宗聖典』七三七頁）

親鸞自身が流罪にされた一二〇七年の「承元の念仏弾圧」をはじめとして、親鸞は生涯が念仏弾圧下での伝道生活であった。法然の弟子たちの中には、念仏弾圧をさけるために、権力者にそして権力者と一体となっていた鎮護国家の仏教教団に妥協し、「専修念仏」を喪失していく姿もあった。そのことによって弾圧は受けなくなる。しかしそのことは、「救い」の内容に「定善・

散善」の行を認め、「ただ念仏して弥陀にたすけられまゐらすべし」（『歎異抄』第二条）の「ただ」の一字、「ただこのことひとつといふ、ふたつならぶことをきらふことばなり」（『唯信鈔文意』『浄土真宗聖典』六九九頁）の持っているすべての人へ開かれた念仏の普遍性・絶対性を再び失っていくものであった。

親鸞亡き後も、念仏弾圧はなくなったわけではない。「浄土真宗」が「浄土真宗」である限り、念仏弾圧は、権力によって、そして権力と一体となった仏教教団によって繰り返されてきたのである。しかし、「浄土真宗」を生き、伝える人は絶えることがなかった。それこそが念仏の普遍性を唯一証《あかし》するものである。

親鸞の長子・善鸞が、関東の念仏者をまとめるため、守護・地頭を頼みにして、ついには性信坊など、念仏一つの教えを護りとおした弟子たちを鎌倉幕府に訴えたことに対する親鸞の消息は、今の時代を生きる私たちにとっても道しるべであろう。

余の人々を強縁として念仏ひろめよと申すこと、ゆめゆめ申したること候はず。きはまれるひがことに候ふ。この世のならひにて念仏をさまたげんことは、かねて仏の説きおかせたまひて候へば、おどろきおぼしめすべからず。（『浄土真宗聖典』七七二頁）

権力と関係なく生きようとしても権力の側がそのことを決して許してはくれなかった。そして権力は決して幕府・朝廷や比叡山などの大本山のみにあるのではなく、それをうけた地方には地方の権力があったのである。権力といかに向き合うか、そのことを外してしまっては親鸞においても浄土真宗は存在しなかった。それは親鸞亡き後七百五十年を生きる現代の私たちにおいても同じことに違いない。

沼を生きる

「雁が飛べば鳩も飛ぶ」というように、時代の流れに、今われもわれもと流されていく感がする。

一見それは濁流渦巻く巨大な川のごとくにも思われるが、実はその川の行きつく先は海ではなく、次々と人を呑み込んでは、深みに引きずり込む巨大な沼のようである。

その沼は川の濁流とはまったく対照的に、波一つ、流れ一つない澱んだ沼である。

実は私たちは濁流よりももっと怖ろしい沼を生きているのではないか。

「沼を生きる」

一九八二年四月、私は浄土真宗本願寺派西善寺、第十七代住職の継職法要を勤修した。新しく寄付された金襴の七条袈裟を着る私を見守るご門徒の眼差しはあたたかかった。教団の僧階制度の末端に置かれ、「うちの住職さんにも立派な七条を着てもらいたい」、そんな先祖からの思いが適った笑顔でもあった。

それからほぼ二十年、住職が七条を脱ぐという。

これまでも、院号廃止を宣言し、色衣を黒衣にし、外陣でしかお勤めをしないとの住職の言葉に、当惑し、ハラハラしながら見守ってきたご門徒たち。

この上、私たちの寄付した七条まで脱ぐとは。

当惑は怒りに、そして悲しみに。

私は、空に息する者として生きたい。

父や祖父、先祖の祈りを果たして生きたい。

大きな空を仰いで生きたい。

行き交うものと言葉も交わして生きたい。

そのためにはこの沼を泳ぎ続けねばならぬ。

住職、何と因習に搦め捕られた職であろうか。親鸞さまの「無碍の一道」は、はるか雲の彼方。

江戸時代が今もそのままに生きていると知らされる、教団のヒエラルキー。にこやかで、しかし冷たい笑顔と言葉とが、すべてを吸い込んでいく。

沼、流れのない、行き先のない、そこに呼吸する者として生き続けるには、泳ぎ続けるしかない沼である。

しかし、泳ぎを止め、水中に生きるものとなれば、水中の世界があるのだろうか。

先代の父は、先々代の祖父は、この沼を泳ぎ続けたのだろうか。
泳ぎ疲れて沈んでしまったのだろうか。
今、ご門徒の眼差しを背に、先人の苦悩を尋ね思う。
いつか、いつか、沼にとうとう水の流れる時が来るのか?
しかしその時、もはや沼は、沼であろうか?
沼の水が海へとそそぐその日を思い、
私は今、沼を生きる。

（一九九九年秋　小武正教）

14 二つの対抗文化・二つの真宗

部落解放運動への認識

先日、本願寺派の名古屋別院で行われた東海教区（三重県・愛知県）の僧侶研修会に同朋運動の講師に行った時のことである。講演の中で私の地元・三次《みよし》市行政の「特別措置法期限切れ」を口実とした露骨な、解放運動潰しの差別的行政の話を、現状の具体的事例として取り上げた。

私は、「国や県、そして市町村行政は、部落解放同盟を悪者に仕立てあげ、切っていくことで、アメと鞭をちらつかせ、「国民」・市民をファッショ的状況へ引っ張っていこうとしている」と嘱託職員の不当解雇、同和奨学金の打ち切りなどの具体的事例をあげて説明した。そして「今の時代においても、被差別部落はまさに〝沈め石〟として利用されようとしている。だから今こそ親鸞の「悪人正機」の視点で実践をする時ではないか」と。

しかし私の言葉に対して何人かの僧侶の反応はこうであった。

「広島というのは解放運動が大変進んでいる所かと思いましたが、案外遅れているんですね。私の地元では隣保館も最近つくられ、行政ともうまくいってますよ」と。

私はその言葉に驚き、国の解放運動を取り巻く解放運動潰しの状況を説明し、「一番解放運動の強いところから国は潰しにかかっているんです。遅かれ早かれあなたの地域に及ぶのですよ」と話したのだが……。

また別の折、熊本市内で行われた同朋運動の研修会に参加した時のことである。メインの講師は地元県連の役職の人で、「人権を考える」というテーマで講演がなされた。「葬儀の時に塩を撒くというようなことも、だんだんとなくなりつつあり、穢れ意識ということへの取り組みが宗教界でなされていることは大変ありがたいことだ」と僧侶の具体的取り組みについてふれられた。リップサービスもあるのだろうが、私は後の質問の時間に、「国などが解放運動を潰していこうとしている状況に対して、宗教者である私たちができることは何でしょうか」と質問をせざるをえなかった。

カウンターカルチャー（対抗文化）

「（意識産業は）どんな種類のものであろうと、現に存在する支配関係を永遠のものにするという課題である。意識産業は意識を搾取するために、ひたすら意識を誘導しなければならないのだ」

とは四十年ほど前のドイツのエンツェンス・ベルガーの言葉である。その根底にあるのは、「人間は意識において支配から自由でありうるか」という問いである。支配の中から作られた文化は、どこまでも支配秩序を反映したものである。したがって、「自由や平等」を求めることは、その秩序や作り出された文化からどこまで脱却できるのかということを大きな課題とせざるをえない。

一九六〇年代中期、アメリカの黒人解放運動、女性解放運動、ベトナム反戦運動などの中から生まれたものに、支配的主流文化にとって変わり、新しい文化を創造し、新しい主体を獲得するカウンターカルチャー（対抗文化）がある。そして個人の「主体」を問うた対抗文化は、また「意識における支配からの自由」を問ううねりであったといえよう。

対抗文化ということで象徴的に言われたことの一つに「Black is beautiful」という言葉がある。これは、アメリカの黒人にとって必要なのは、黒人を白人の尺度で測って奪われた権利が回復されることを主張するのではなく、自分たちの尺度をもつことであり、自分たちのシナリオによって文化を獲得するために闘うことを意味していた。

日本においては全共闘運動などの政治闘争、またベトナム反戦運動などの平和運動などとともに、ロック、ヒッピーなどのスタイルとして主流文化へのプロテストとしての対抗文化を生み出していった。しかし一九七〇年代、「こころの時代」という言葉が語られるようになり、日本社会は急速に「政治の季節」から「ニューエイジ・精神世界の時代」へと展開していく。「社会」へ向いていた眼が自己の内面へと転換し、大きな潮流としての社会へのプロテストは、まさに潮が引いていくように後退していったのが近年である。

しかし対抗文化の中から、数は少ないかもしれないが、社会の潮流は変わっても変わらず社会へのプロテストを続ける人間を生み出してきたことも事実である。政党・組織中心の政治闘争・平和運動から、一人ひとりの市民による自立した集まりとしての市民運動という運動形態が模索され形づくられていることは、対抗文化の流れが決してなくなったわけではないといえるだろう。

そして対抗文化という概念は近年のものであるが、その指し示すものは、支配秩序へのプロテストとして常に生み出し続けられたものであり、大きく言えば、当初の仏教やキリスト教なども、その時代の支配秩序への新たな価値観の提示であり、新たな文化を創造してきたことから言えば、まさにその原点であると考えることができるだろう。

しかしまた、支配秩序へのプロテストとして誕生した宗教が国家権力に取り込まれ、支配秩序を維持するものとして位置づけられる中で、その取り込まれた宗教自身に対する宗教批判を生み出し、支配体制の宗教文化に対する新たな対抗文化を生み出していくという歴史が現在まで続けられてきたというのが、宗教史の内実でもある。逆に宗教批判や新たな対抗文化が生み出されない宗教集団（教団）になった時に、すでにその集団の宗教的生命は枯渇してしまったといわねばならないのではなかろうか。

さらに言えば、宗教批判、対抗文化の視座が国家を見据えた視座となっているかどうかということが、宗教批判・対抗文化の質を決める一つの基軸であることが、現在の時点から見ても言いうることであろう。

部落解放運動をめぐる「穢れ（ケガレ）論」「部落史の見直し」の大きなモメントとなっているのは、いうまでもなく国家権力と部落差別の切り離しであり、国家権力の責任の免除ということである。学問的にいかに部落差別の本質論として論じられてみても、部落解放運動を国家権力あげて潰しにかかっている今、にわかに（それは実は準備されていたものであるのだが）国家権力を免罪するかのごとき立論を展開することは、その動機に大変胡散臭いものを感ぜずにはおれないのである。

体制内の対抗文化

「日本文化の因習・習俗」という視点でこれから論じようとする時、支配秩序の維持という視点にどう向き合っているのかということが、まず主要な視座である。神道的文化・因習、仏教的文化・因習、そして「穢れ意識」などの習俗意識、さらには「日本教」ともいうべき「自然主義」「和の思想」「〝無我〟という没我の思想」がいかに根強く私たちの意識の根底にあり、さらにリニューアルされて再び「伝統・文化」「愛国心」の名の下に公的に利用されようとしているかを明らかにしていこうと思う。

また仏教教団、とりわけ私の所属する本願寺教団の中に、社会の支配秩序をそのまま反映して作り上げてきた教団内身分制度、特に江戸幕藩体制下における制度・因習・習俗が今も形を変えて残り続けていることを論じていきたい。たとえば「葬儀」という一つの出来事だけを取り上げてもその中に、「檀家制度の問題」「色衣《しきえ》・七条《しちじょう》などの僧侶の〝身分〟を反映した問題」「院号にみられる〝位〟とお金の問題」等、そこには社会の差別構造・支配秩序をそのまま反映した姿が凝縮してあらわれていることを明らかにしていきたい。

もちろんこれらの思想・文化・因習も、さまざまに理屈づけされ、さらには美辞麗句で飾られているので、容易に足下をすくわれかねないものをもっている。しかし、それらはもともと支配秩序を維持しようとする側・それに取り込まれた中から作り出され、今もそれをリニューアルすることで維持しようとするものであり、一皮めくれば「いいわけ・弁明・開き直り」が現れ、容易にその本質は見えてくる。そこにあるのは、権威と権力と金であり、何らの正当性をもちえないものである。

しかし、実はそれ以上に用心してかからなければならないのは、一見社会の中で、支配秩序の文化・思想とは別のように見えながら、社会体制そのものを問うところまでにはいたらない、自己完結した〝擬似対抗文化〟ともいうべきものである。そこには、社会体制を問おうとする側がついつい落ち込んで行く罠が待っているからである。

江戸時代に真宗教団においては「門徒もの知らず」という因習・文化があり、今でもそのことをもって〝真宗が生きている証〟のように言う僧侶は決して少なくない。「門徒もの知らず」とは「日の良し悪しを決していわない」「方角の良し悪しをいわない」「死を〝穢れた〟ものにしない」等というもので、真宗地帯には迷信・俗信の類いが少ないといわれる元を作り出した因習・文化である。真宗地帯以外ではそうしたものが生まれなかったことからして、真宗独自のものといわれている。

しかし、その真宗地帯において「死を穢れ」とする因習はなくても、「人を穢れた者（＝「穢多」）」とする封建身分制度は当然のこととして守るものであったというのが事実である。封建身分制度へのアンチテーゼを内側に保ちながら、表面的には真宗独自の「門徒もの知らず」という文化があったわけではない。私の地元・三次《みよし》においても封建身分制度という社会秩序に対して、被差別部落の者以外から異議申し立てをしたということは皆目知ることはできない。それどころか明治政府の太政官より出された「解放令」に対して全国各地で起こった「解放令反対一揆」が広島県、そして県北三次でも見られたように、身分解放に反対という異議を唱えるということが起きているのである。

真宗地帯に根強く伝えられてきた「精進」ということについても、「誰もがいのちをとらねば生きていけない罪の存在であり」、だから「不殺生が大切だ」という意識を生み出してはこなかった。「殺生」することによる社会的職業（漁師・屠殺）を蔑視することを結果的に肯定する働きをしたのではないかということも論じたいと思う。「殺生の罪」が「堕地獄《だじごく》（地獄へ堕ちる）」の恐怖と対で説かれる中で、人間の普遍的罪悪感、そして平等観を育むのではなく、個別的差別観を培っていったのではないかということである。

いわゆる「門徒もの知らず」の文化である、「日の良し悪しをいわない」にしろ、「葬儀に塩を撒かない」ということにしろ、また「精進」にしろ、そのところで自己完結したものであり、社会体制の秩序に抵触しない限り、支配権力は放置し寛容であったということである。しかしまた、「真宗門徒は一心一向で神を拝まない」というものが、江戸時代においてはある程度は許容されても、明治政府となり、国家神道体制をもって国是とすることになると、現人神・天皇を否定するということはまったくなくても社会秩序の許容範囲を超え、強制的な神棚設置の命令などのように弾圧が起きてくることもあったわけである。

社会体制の締め付けが厳しくなる中では、たとえ支配秩序の頂点の部分に抵触しなくても、裾野の部分においての締め付けが厳しくなっていくということである。現在の教育現場はすでにそのまっただ中にあり、次は地域社会というように、再び同じ道を繰り返していくのではないかと思われる。

私は「友引《ともびき》」などの「六曜《ろくよう》」の問題を問う必要がないといっているわけではない。「六曜」の問題が、時間と人間と支配秩序の問題として、たとえば「元号」の問題まで視野に入った運動になっているかということを言いたいわけである。葬儀の「塩」の問題が、天皇の「大葬の礼」までを見通して問うものとなっているかということである。神道の問題が、「君が代・日の丸」そして、「天皇」を問う視野があるかということである。このことについても章を立てて論じてみたいと思っている。

山には麓もあり五合目もあり頂上もある。社会体制でいうならば、「麓」も「五合目」も「頂上」もすべて社会体制の反映したものであるに違いないが、麓のところで登ることを止めたのでは、山登りは成就しない。そこにとどまっていたのでは、対抗文化といえども、つまるところは人畜無害の体制内〝擬似対抗文化〟にとどまらざるをえないといえよう。

被差別部落の生み出した対抗文化の位置づけ

「部落史の見直し」ということが部落解放運動の内外から言われてすでに久しい。「江戸時代には被差別部落は裕福であった」「差別はそんなに厳しいものではなかった」云々というもので、「明るい部落史」として全国的にはその視点で部落史を教えている所もある。その具体的内容として、被差別部落の中で伝承されてきた漁や竹細工の技術のすばらしさが「誇りある文化」として今取り上げられている。被差別の立場におかれ、土地を持つことのできなかった中から生み出された技術・文化という点で、まさに対抗文化そのものである。しかし、なぜその技術が生み出されねばならなかったのか、土地を持って生産することのできなかった生活の貧しさ、差別の厳しさは同時に語られない「部落史の見直し」が多々見受けられる。

一例として「モミ」制度を取り上げる。

中国地方を流れる江の川の川漁をしてきた被差別部落に「モミ」制度というものがある。「モミ」制度とは、「(一晩に) とれた魚をすべて併せて、均等割りにしてしまうもので、上手も下手も、新入りも古参もない」、徹底した平等思想である。そのことによって、限られた漁場を守り、技術を伝承し、生活を守り続ける「掟」として自然の理に適った制度なのである。

（『川に生きる』江の川水系漁撈文化研究会、六八頁）

しかし、なぜこの制度がなければならなかったかという背景を抜きにして、「モミ」制度を取り上げることは大きな間違いであることを教えられた。そうすることでしか生きることのできなかった被差別部落の差別の厳しさを抜きに「モミ」制度を語った時に、「モミ」制度を反差別の文化の位置から、体制内秩序から生み出された文化へと位置づけてしまうことになるということである。

現在の部落解放運動を取り巻く状況は、被差別の中から生み出された反差別の文化さえ飲み込んで体制内文化に位置づけようとするところまで進んでいるということを、見据えていかなければ、権力とそれにおもねる勢力にすぐに足元をすくわれかねないと教えられたことである。

二つの浄土真宗①――宮之城のかくれ念仏

真宗教団にいて、対抗文化を生み出すことは、教団内の宗教批判とまったく一つのことであった。そこには、同じ真宗を名告りながらも、一つの分水嶺がある。それが支配的社会体制への向き合い方である。歴史学者の二葉憲香は、日本仏教の歴史を「国家仏教と反国家仏教」の大きな二つの流れがあると、国家を基軸としての歴史学を展開した。真宗教団においても、その流れはそのままあてはまると私は考えている。そして、真宗においても、体制秩序の文化と一見非体制的な、しかし体制内〝擬似対抗文化〟を生み出すものと、社会体制そのものを問うものを含んだ、反体制的〝対抗文化〟を作り出す流れとがあったのだと考えている。

その視座より、二つの浄土真宗という実例をいくつか取り上げることとする。

一九九八年五月、長い間の念願であった宮之城の萬次郎の里を訪ねた。宮之城には萬次郎と共に念仏禁制の中を信仰に生きた医者の半七から数えて三代目のおじいさんが待っていてくださりお話を伺うことができた。宮之城には一九八六年に建てられた萬次郎生誕百五十年の記念碑が建っていた。

萬次郎の生まれは一八三六（天保七）年七月八日、ちょうど「天保の法難」と呼ばれる念仏弾圧の嵐の最中であり、この時は十四万人の「咎人《とがにん》」が検挙された時であった。萬次郎は宮之城の被差別部落の中の代々が牛馬の医者である「伯楽《はくらく》」の家に生まれている。それと同時に、代々「かくれ念仏講」の指導者としての「番頭《ばんがしら》」であったという。萬次郎は十九歳から二年間、肥後水俣で牛馬の医者としての修業を積んでいるが、その時に親鸞の教えを学び、京都の本願寺も密かに訪ねたのではないかといわれている。萬次郎の肥後水俣で学んだ真宗とはどのようなものであったのかと、今思う。

萬次郎はそれ以降、北薩摩一帯を昼は伯楽として村々を訪ね、夜は番頭として念仏講の指導者として活動し、多くの人たちから支持され信頼を得ていた。そして「かくれ念仏」の講には、萬次郎のような被差別身分の者だけではなく、百姓身分の者も武士身分の者も一堂に念仏する姿があり、封建身分制社会の中で、その身分制を超える信仰共同体があったことを教えられた。

一八七六（明治九）年に、鹿児島の地で念仏禁制が解かれ、浄土真宗の説教所や寺院が造られていった。宮之城にも萬次郎や半七の働きによって一八七七（明治十）年には信教寺というお寺ができ上がっている。初代住職は野崎流天、禁制時代に萬次郎などと共に苦労した人だという。しかし初代には子どもがなく、二代目の住職が関西から入寺すると、本堂の中に萬次郎などの被差別部落出身の者の座る場所がなくなり、かくれ念仏の流れを引く被差別部落の人たちは寺を離れざるをえない状態になったという。今、かくれ念仏を伝えてきた人たちから、いったい明治以降の真宗の開教とは何であったのか、念仏の信仰を絶やすことではなかったのかと問われている。

同じ『正信偈』を読み、『御文章』をいただきながら、一方では身分制を維持する役割を果たした信仰ともう一方には身分を超えた信仰共同体を作り出していった違いは何であったのだろうか。

「何が念仏の信仰をそこまで伝えさせたのですか」との私の問いに、「死んで極楽に生まれることができる、それしか当時の人たちに希望はなかったんでしょう」という、私にとっては予想外の返事だった。その言葉だけ受けとめれば、その信仰の中身も、現生《げんしょう》不退《ふたい》（生きている今、阿弥陀さまの願いに導かれて生きる）を正面に据えたものとは考えにくい。江戸時代の本願寺教団は、封建身分制を当然とし、維持していくうえで大きな役割を果たしており、親鸞の教えからは大きく変質していた。念仏禁制と生活の厳しさが分かれ目であったのではなかろうか。それは、薩摩藩という最高権力と念仏禁制ということで向き合わざるをえない現実が、平等な信仰共同体を現生した一つの要素であったと思われる。

二つの浄土真宗②——広島藩西蓮寺の抗議

江戸時代に広島藩は「革田寺《かわたでら》に寺号公称を認めない」という厳しい差別政策をとっていた。その藩の寺院政策に対して恵蘇《えそ》郡に造られた革田寺の住職・門徒が、一カ寺の寺院として認めるよう藩に抗議するという行動があったことが文献によって伝えられている。

被差別部落の門徒のみを預かる「革田道場」を造るということが、一六六五（寛文五）年の「宗門改《しゅうもんあらため》」を徹底していくという、幕府そして広島藩・三次藩の政策ではじまっている。当初、広島藩の枝藩であった三次藩一帯（恵蘇郡・三上郡・三次郡・三谿《みたに》郡）等の被差別部落の宗門改をする革田道場が恵蘇郡に造られた。当初は「明福寺」という自称の寺号で三次藩には認知されていたが、一七二〇（享保五）年に三次藩が廃藩となり広島藩に国政が変更した後、広島藩邸での宗門改の節に、寺院より「寺格《じかく》」の低い「革田寺」として呼び出されている。それで本山・西本願寺へ申し出て、西蓮寺という寺号を公称する許可を貰い、そこで認められた「西蓮寺」という寺号を持って、広島藩（国法）へ「寺としての認可」を願い出ている。しかし、広島藩においては、「革田寺」に寺号を認めないということは、この西蓮寺だけのことではなく、他の「革田道場」に対しても同様で許可されなかった。さらに、この広島藩への「訴え」は引き続いて第七代住職正山の代にも行われていたことが文書に記されている。

一カ寺の寺院として正当に扱ってほしいという要求は、身分解放闘争にも繋がるものでそれは単に幕府・藩（国法）に従属した信仰ではなく、国法を問うものがそこにあったということがいえよう。

それは広島藩において起こった他の百姓一揆と被差別部落の抵抗を比較するとより明らかとなる。一七一八（享保三）年、三次地方では「三次藩総百姓一揆」という大規模な一揆が起こり、主謀者ならびにその家族が革田身分におとされるという事件が次々と起きていた。そして広島藩に国政が変更となり、差別政策が強化される中で強い身分解放運動ともいうべき動きが起きていることが次の二つの事例からも知ることができる。

一八一二（文化九）年、三次・恵蘇両郡の代官を兼ねる頼杏平が出郡して、山内山王神社で敬老会を開いたとき、恵蘇郡の革田頭たちがあつまり、書付をもってつぎのような三つの願い（要求）を村役人を通じて彼に提出しています。

一、えた身分をとき戻して元の身分にもどしてほしいこと。

二、河川新開を利用してさつま芋の栽培を許可してほしいこと。

三、土手を利用して麻栽培を許可してほしいこと。

の三つです。それに対して杏平は第二・第三点についてては条件つきながら許可していますが、第一点については、「これは神君東照大権現様（家康）の遺訓であり、前世の因縁であるからあきらめること」と拒否しています。（『みよしの歴史』三次地方史研究会、二三九頁）

またそれ以前にも、差別解放への立ち上がりがあったことが伝えられている。

〇〇においても既に宝暦年間（一七五一〜一七六四）、諸国御巡視小藩又十朗殿三次御通行中の砌り、三次郡・三谿郡の穢多頭が身命を賭して、身分撤廃、職業変更を願い出た。

（「庄原市教育委員会　郷土の歴史第三講」レジメ）

近世において三次地方においても多くの百姓一揆が起こっている。しかしそれらは、「不作・飢饉が引き金となり国政・藩政に対して抗議をしたものであり、幕藩体制・封建身分制を問題視した一揆とはみることはできない」（坂原英見「地域社会と念仏者の倫理」『第Ⅱ期研究会　報告集』本願寺同和教育振興会、五四頁）とされている。

それを象徴するのが一八七一（明治四）年に起こった「武市騒動」と、一八七三（明治六）年に起きた「解放令反対一揆」である。

「武市騒動」とは、明治政府の廃藩置県が引き金となり、前藩主浅野長勲《ながこと》と藩主奥方が広島城を離れ東京へ出向する時、起こった騒動である。その暴動は新政府への不満や不信などが根底にあったとされるが、当初浅野長勲が引き続いて県政を行うことを要求するなど、幕藩体制への思慕の思いは見えても、批判する視点は見あたらない。

一八七一年に太政官から解放令が出された。それに対して住民からは反対やねたみ等が起こり、ついに御調《みつぎ》郡・豊田郡・奴可郡・三上郡・恵蘇郡・三次郡・高田郡で「解放令反対一揆」が勃発しているのである。

被差別部落から発した抗議とその他の一揆・抗議はどちらも命がけのものであるにもかかわらず、封建身分制を問うか問わないかという一点において大きくその質が異なっているということがわかる。別の言い方をすれば、「社会体制を問う抗議・抵抗」と「社会体制の中で、善政を求める抗議・抵抗」の違いともいえるのではないだろうか。幕藩体制の基本は身分政策であり、「上見て暮らすな、下見て暮らせ」という分裂政策であった。民衆の圧倒的多数であった百姓身分に積み重ねられてきた精神文化は、明治維新期に「武市騒動」や「解放令反対一揆」を生み出す質のものであり、また封建身分制を支える精神文化でもあったということであろう。それとは異質な精神土壌が被差別部落の中に培われていたということが、時をえて水平社の創立宣言の「なほ誇り得る人間の血は、涸れずにあった」につながっていくのではないかと思う。

二つの浄土真宗③――水平社・西光万吉と西本願寺・管長代理大谷尊由

一九二二（大正十一）年三月三日、「全国水平社」の創立大会が開かれ、翌四日には東西両本願寺を訪れて協力の要請を行っている。しかし西本願寺がその要請に対して示したのは、水平社を「社会改造をくわだてる」がごとき「悪平等論」であると切って棄てる、「御垂示《ごすいじ》」（本願寺の門主の言葉）であった。さらには管長代理・大谷尊由は『親鸞聖人の正しい見方』を発刊して水平社を批判していく。曰く「(親鸞思想は)現在生活上の行為を取り扱うを目的としたものではない」「(親鸞思想は)社会改造の基調などに引きつけるには余りに尊と過ぎる」とし「自然に成り立てる差別は差別として、その上に人類平等の理想を実現しよう」と、まさに支配秩序を補完する擬似親鸞思想を展開していく。

それに対し西光万吉は『業報に喘ぐ』を「中外日報」に掲載し糾弾している。曰く、「現在社会の悪平等を霞に乗って超越せんとし、社会改造の基調が個人を離れて別の世界にあるごとく思惟し、宗教を現世から余りにもたっとすぎるほどに引き離さんとし、人間生活の基調となるべき宗教を現世から唯心の檻へ押し込まんとする」ものと批判するのである。

ここに被差別者の側から、教団が護り伝え続けてきた親鸞像とはまったく別の被差別者の中で伝わってきた親鸞像が、思想的にも明確になったということである。

一九二二年四月十日、水平社の出した「募債拒絶の通告」には被差別部落に伝わってきた親鸞像を見事に伝えている。

我々は今日まで穢多だとか特殊だとか言う忌まわしい呼声を以て一般世間の人から軽蔑され同じ開山上人の御門徒仲間からさえ人間らしい付合いがして貰えませんでした。向後も此儘にして置きましたら幾十年或いは幾百年経っても同じことだと思います。そこで吾々は今回水平社なる結団を起して此の忌まわしい差別を除こうと言ふ運動を起こしました。(中略)誰れも彼れもが同じ仏の御慈悲の子であることの有難さがいただけたなれば御同行御同朋の間には何の不合理な差別もなければ忌は《ママ》しいわだかまりもある可き筈ではありませんがしかも御開山ご在世の時から七百年にも近い今日依然としてこれらがあると云う事は御同朋御同行と称する人達が心から黒衣や俗衣で石を枕に血と涙でご苦労下さつた御開山の御同行ではなくて色衣や金襴の袈裟を着飾つて念仏称名を売買する人たちの同行ではないでしようか。

迂つかり称えたなれば首が飛ぶ様なおそろしいなかを真に此世も未来の世も地獄を一定の住家ときめて命がけでお伝え下さつた程の御念仏を小唄気分でお唱できる気安さを思えば思う程一方ではあだやおろそかに出来ない事も思はせて頂かねばならぬ筈です。そこで私共はよくよく吟味して私共の御同行のほんとうの御すがたを拝まねばなりません。

墨染の衣さえ剝取られて罪人としてなつかしい京を追放されてゞも罪免るされて戻り帰つた京の町でのたれ死にするまでもなほ念仏称名のうちに賤しいもの穢れたものと蔑まれていた沓造も非人も何の差別もなく御同行御同朋と抱き合つてくださつた、そしてまだご自分を無慚無愧とあやまつてくださるこの御慈悲のまえにこそ私共は身も心も投げださずにはおられません、この御開山が私共の御同行です、私共はこの御開山の御同朋です。

（『同朋運動史資料Ⅰ』浄土真宗本願寺派同朋運動本部、三四八頁）

おわりに

今年二〇〇三年は広島水平社が創立されてちょうど八十年である。『広島県水平運動史』を開けば、広島県水平社の創立に照山正道という住職の広島水平社創立への営みが記載されている。

現部落解放同盟広島県連の委員長・小森龍邦の政治的師は、社会党代議士で衆議院の副議長を務めた高津正道であると聞かされたことがある。高津正道は、明治の「革田寺」廃止の政策の中で自分の所属の寺がなくなった時、多くの被差別部落の人たちが所属したお寺の住職であった。今もそのお寺の境内には高津正道の記念碑が建てられている。「つよい心がなければ生きていけない　やさしい心がなければ生きていても幸せではない」という本人の言葉が刻まれている。「つよい心」と「やさしい心」という、相反するものがあって、真の対抗文化は創造できるということであろう。

二つの真宗、そして二つの対抗文化。私がどちらの真宗を受け継いで生き、どのような対抗文化を生み出してゆくのかと、今まさに問われている。


（二〇〇三年五月）

＊「広島藩西蓮寺の抗議」については、『業を糺す』（浄土真宗本願寺派備後教区三次組「過去帳再調査からの課題を明らかにする調査委員会」報告書）に詳しく述べている。
＊「水平社・西光万吉と西本願寺・管長代理大谷尊由」については拙論「解放の主体となる「業」理解とは」（「業問題特集」『教学研究所紀要』五号）で論じている。

被差別部落 門徒に謝罪

御同朋をめざす法要

「新たな出発点」誓って

本願寺派三次組の専法寺で

正信偈唱和の中、百二十人が次々と焼香した

浄土真宗本願寺派備後教区三次組（組長＝梵照英専法寺住職）は、一月二十七日、広島県三次市三次町の専法寺で「御同朋をめざす法要」を勤修。江戸時代に「穢寺」とされ、明治初期に解散させられた寺院門徒の子孫約六十人が参拝する中、幕藩体制下及び同寺の解散時とその後の差別待遇を謝罪した。また同組が同子孫に実施した聞き取り調査の結果を報告し、同朋社会の実現に向けて歩む決意を表わした。

江戸時代、広島県北部に被差別部落の門徒を一手に預かる寺院があり、本願寺は「穢寺」として管理していたが、広島藩は正式な寺と認めなかった。明治になって教部省が同寺の解散を指示したため、近隣寺院がその門徒を受け入れることになった。三次組内では、受け入れ後に特別扱い（別冊過去帳の作成、過去帳への差別添え書きなど）したり、初めから受け入れを拒否した寺院があった一方、快く受け入れた寺院もあった。

同組では四年前の過去帳再調査に続き、組内に「過去帳再調査からの課題を明らかにする調査委員会」を設置。部落解放同盟広島県連合会北部地区協議会（辻駒啓三議長）の協力を得、解散させられた寺院門徒の子孫に、聞き取り調査を実施した。その結果は僧侶研修用テキスト『業を糺す』（A四判、一七五ﾍﾟ）にまとめ、昨年十一月に発刊している。

二十七日の法要には、解散させられた寺院門徒の子孫、同寺寺族の子孫、中村徹朗解放同盟広島県連委員長と県連関係者、組内住職と寺族ら、約百二十人が参列。

導師の梵組長が表白（要旨）で「我々は仏祖と親鸞聖人に背き、御同朋を裏切る行為を何百年にわたって続けてきた。その事実を明らかにするのに、今日までかかった。それを仏祖に報告し、解散させられた寺院と被差別部落のご先祖、ご子孫に謝罪申し上げ、御同朋の社会をめざして歩み続けることを決意する」と表明した。また正信偈が唱和される中、参列者全員が次々と焼香した。

法を聞く者と説く者が 同一地平に立ち共生へ

法要後、梵組長が「私たちはあまりにも不明だったことを知らされた。差別を繰り返してきたことを謝罪し、多くの方のご協力に感謝したい」と挨拶。聞き取り調査の協力側を代表して辻駒議長が「皆さんの取り組みに感謝したい。今日を新たなスタートにしてほしい」と語った。また佐々木孝昭備後教区教務所長が挨拶し、小武正教西善寺住職がテキスト『業を糺す』の一部を読みながら調査結果を報告した。

この後、解放同盟広島県連顧問の小森龍邦氏が「業を担う者として―僧侶に期待すること」と題し、記念講演。

小森顧問は「皆さんの努力で歴史的問題点が明らかにされ、感謝している」と述べながら、「かつて『穢寺』とされた寺院が廃寺になり、われわれの先祖が途方に暮れた。いわば仏法に対して、国が真正面から権力を行使したわけだが、その時仏教者の中に権力に同調する者がいた。仏教の大慈悲心は、高みに立って同情することではなく、同一地平に立って共に苦しみ、悩むこと。正信偈に『如衆水入海一味』とあるように、親鸞聖人は人間の平等を、目標や目的ではなく、当然の理として受け止められている。差別は親鸞聖人に背く行為だ。真宗は、社会の精神的土壌を作る際に大きな役割を果たす。法を聞く側と説く側が同一地平に立つことが、共生に向かう」と語った。

講演後、斉藤真基幹運動本部中央相談員が「三次組の取り組みは大きな意味を持つ。今日から新たに三次組の同朋運動が始まる。この願いが、全国の運動に発展することを願う」と語った。

三次組「御同朋の社会をめざす法要」（「中外日報」2001年２月１日号）

Ⅱ　「日本教」を問う

日本教という「自然主義」

遠藤周作の『沈黙』

この国は沼地だ。やがてお前にもわかるだろうな。この国は考えていたより、もっと怖ろしい沼地だった。どんな苗もその沼地に植えられれば、根が腐りはじめる。葉が黄ばみ枯れていく。我々はこの沼地に基督教という苗を植えてしまった。

（遠藤周作『沈黙』、新潮現代文学41、一一六頁）

キリスト教作家として、『沈黙』を書いた遠藤周作は、この作品によって非常に高い評価を得るとともに、親しいカトリック神父の友人を失ったと自ら告白している。

また、遠藤周作のキリスト教は、キリスト教というよりも「浄土真宗」の教えに近いという評価が決定的になったのもこの『沈黙』である。遠藤も、「裁きの神」ではなく「慈しみ悲しむ神」

を描き出すことを生涯のテーマとしていたと後に自ら語っている。

『沈黙』のクライマックスは、言うまでもなく捕らえられたパードレ（宣教師）が、拷問をうけるキリシタン信者の命と引き替えに踏み絵を踏むことを迫られる場面である。自らが命をかけて信仰してきたキリストの絵像を踏むか踏まないか、苦悩が極限に達した時、パードレに、踏み絵のキリストの眼差しはこう語りかける。

「踏むがいい。お前の足は今、痛いだろう。今日まで私の顔を踏んだ人間たちと同じように傷むだろう。だがその足の痛さだけで充分だ。私はお前たちのその痛さと苦しみをわかちあう。そのために私はいるのだから。」

後日、そのパードレに踏み絵を踏ませた奉行は、畳みかけるようにパードレに向かいこう語る。

「他の者は欺けてもこの余は欺けぬぞ。」

「切支丹の救いとはデウスにすがるだけのものではなく、信徒が力の限り守る心の強さがそれに伴わねばならぬ。してみるとそこもと、やはり切支丹の教えを、この日本という泥沼の中でいつしか曲げてしまったのであろう。」

遠藤が一生涯闘い続けたものは、奉行の言葉に表れた「沼」であったろう。「すべての根を腐らせてしまう沼」と遠藤自ら語る、日本の精神土壌。その中で遠藤は「踏みなさい、その痛みをわかちあうために私はいるのだから」というキリストの言葉を紡ぎ出した。しかし、はたしてそれはキリスト教なのか。いやキリスト教的浄土真宗なのか。いや「日本教」と呼ばれるものに飲み込まれてしまったのか。私も遠藤周作の作品につきあいだして二十五年、いまだに結論は出せないでいる。

ただ二十五年前と違って今思うことは、それは日本にキリスト教徒として生きようと、日本的精神土壌と格闘した遠藤の課題は、決して浄土真宗の教えに生きようとする私にとっても別の課題ではないということである。一五〇〇年前に外来の宗教として伝わってきた仏教は、まさに政治権力が利用する宗教土壌の中で理解され受容されていった。鎌倉初期に鎌倉新仏教として、法然・親鸞・道元・日蓮などによって、政治権力のフィルターを通さない、仏教本来の教えに直参する道が開かれた。しかし、その祖師の教えさえ、再び政治権力に取り込まれ、その信仰内容も大きく変えてきたことも紛れもない事実である。

遠藤の言葉を借りるなら、「根を腐らす沼」にまさに取り込まれ、「日本教的仏教」に変わってしまったといってもいいのかもしれない。

「はたしてそれは、仏教か?」「はたしてそれは、真宗か?」。『沈黙』になぞらえるなら、釈迦は、親鸞は、今の自らの信仰の有り様に何とメッセージをするであろうかということである。

カトリック作家としての地位を得た遠藤は、一九七〇年の大阪万国博覧会・キリスト教館にプロデューサーとして協力し、キリスト教の他の神父・牧師などからなぜ現実を糊塗する万博に協力していくのかと、批判を受けた。

「人類の進歩と調和」をテーマに掲げた大阪万国博覧会は、まさに日本のターニングポイントの時、七〇年安保の時であり、高度経済成長に突き進むまっただ中でもあり、その中から公害問題が噴出していた時でもある。

遠藤とはまさに比較にならないほどに、権力に取り込まれてきた浄土真宗教団は、いうなればすでに「沼」そのものであると言えるだろう。遠藤のキリスト教が浄土真宗であるとは、まさにそういう意味で使われているとも受けとめるべきであろうか。

ズブズブに沼に沈み込めば、「教えに背いている」という痛みも悲しみも存在しなくなってゆく。したがって、「根を腐らす沼」を見届ける闘いは、日本の精神土壌を照らし出す闘いであると同時に、「沼」たる「仏教・浄土真宗」を明らかにする闘いでもあると言える。

日本教の信仰

「日本人論」なるものが多くの人によって書かれ、「日本学」なるものが梅原猛などによって称えられはじめてすでに久しくなる。一般的には概ね、日本人としてのアイデンティティーをさぐるという肯定的な意味での「日本人論」「日本学」であるようだが、そこには時代社会への迎合主義と同時に、まさに「日本」なるものの、負の精神土壌を現代的にリニューアルして利用していこうとする考えが露出してきたともいえよう。

近代日本において「仏教教団の戦争協力」を課題として追求するなかで、なぜ「不殺生」をかかげる仏教教団、真宗教団が戦争に協力していったのか?、その論理を明らかにした神戸修という若き学者がいる。「日本文化の中に潜んでいる人権を抑圧する力（権力）」をあぶり出した彼の論旨を彼の著書『人権理解の視座』（神戸修・小笠原正仁共著）からまず紹介し、「日本教」なるものの正体を摑むこととする。

（『人権理解の視座』神戸修・小笠原正仁共著、明石書店、七三頁〜）

①「自然」という落とし穴

・自然現象と社会現象が意図的に混同され、国家も人間に先行する自然な姿であるというすり替えが行われる。

・差別的な社会制度も「自然なこと」として正当化され、自然への愛と郷愁を国家制度への忠誠につなげていく。

・差別制度が「自然の秩序」として正当化されると、制度を変えるという発想が不可能になり、その制度の下で生きることが「運命」になっていく。

・これらを裏付ける決定論。「悪しき業論」、「前世、後世」、カースト神話、トマス・アクィナス『神学大全』の「宇宙論」、道教の「五行説」、社会有機体説、『記紀神話』等様々である。

②「和」という落とし穴

・国家の統治関係を親子の関係等（家族国家論）になぞらえ、「国家権力の正当化」を行う。

・個人はそのままの存在では価値がなく、その属する国のために犠牲になることによって、その有限性を克服し、かえってその存在意義を獲得できる。
・「和」の思想は、身内だけを大切にし「ヨソの人」に対しては、同化かさもなくば排除するという考え方である。
・「和」の思想は、マイノリティー（少数者）の利益を無視し、踏みにじる。

③「超越」という落とし穴

・宗教的な超越者への恭順を、現世への支配者へと向けることによって、従順な服従を作り出す。したがってその論理によって世俗の支配者を神聖化していく宗教は「偶像崇拝的宗教」とも言える。
・偶像崇拝的宗教は、ある民族の共同体の神（日本の場合は天皇）を崇拝し、他の共同体に対して、排他的に自己主張するような宗教となり、それは戦争を正当化・聖戦としていく宗教でもある。
・「公」を重視する考え方、「畏敬の念」を強調する教育は、日本においては国家が天皇崇拝を強調する枕詞であった。

そしてこの章では、まずはじめに「日本教」として神戸が指摘した、「『自然』という落とし穴」について論究する。

「自然」と「あきらめ」

なにごとの　おわしますかは　知らねども
　かたじけなさに　涙こぼるる

西行の歌として有名なこの一句は、日本人の宗教土壌を見事に表現した歌としてよく引用される。自然に対する感謝として、自己を「超えた」ものに対する「畏敬の念」を表すものとして引用されるのである。しかし、「なにごとのおわしますかは知らねども」の所に「自然」を読み込む感性は、みごとに政治権力に絡め取られ、利用されてきた。そして権力の暴力性や差別性を覆うことにはなっても、この歌によって政治権力の腐敗を暴いたり、差別構造を問うということにはならなかった。

岩もあり　木の根もあれど　さらさらと
　ただささらと　水の流れる（甲斐和里子）

浄土真宗のお寺の説教で、決め言葉としてよく使われてきた歌である。「木」や「岩」はそれぞれの人生における困難を指し、語る人、聞く人によって一様ではないが、「ただささらと水の流れる」という表現には、一つひとつの出来事にこだわりながら問題にし、変革していくというのではなかった。起きてきた出来事をいかに「安心」「平静」の境地で受容していくかという、まったく徹底した受動的姿勢を説く言葉としてきた。仏教でいう「真実があきらかとなり、不実があきらかとなる」という「諦（あきらかにみる）」とはまったく異質の、現実に眼を瞑《つむ》り、「しかたがないとあきらめる」という「諦念《たいねん》」（あきらめる）という言葉が、いかにも悟りであるかのように説かれてきた歴史があるが、まさにその浄土真宗版である。それは自然な生き方、そして仏教的生き方に見せた、強烈な政治イデオロギーを反映したものであることは言うまでもない。政治権力はいつの時代においても、「自然」を心情的にも、倫理的にも利用して、民衆の精神と行動をマインドコントロールしてきたのである。その極めつけは明治に成立した国家神道である。

我が国は海に囲まれ、山秀で水清く、春夏秋冬の季節の変化もあって、他国には見られない美しい自然をなしている。この美しい自然は、神々と共に天ッ神の生み給うたところのものであって、親しむべきものでこそあれ、恐るべきものではない。そこに自然を愛する国民性が生まれ、人と自然との和が成り立つ。（『国体の本義』文部省、一九三七年）

現在、そのリニューアル版を提唱しているのが、梅原猛である。彼は一貫して自然と人間の「いのち」の軽視の原因を「ヨーロッパの知性」に求めている。日本の文化は自然を大切にしてきた。悪いのは、西欧の文化であり、今こそは日本人は西欧の文化から日本の文化に回帰せねばならないというのが、梅原の主張である。これはまさに戦前に「近代の超克」を唱えて、しかし現実には、日本の翼賛体制に加担していった、京都学派の哲学者の面々の主張を焼き直したものにほかならない。

今「森の思想」「森の哲学」を梅原猛は提唱する。日本の国土の五四パーセントが天然林であり、先進国でこれだけの森を保有している国はなく、その理由に、「草木国土悉皆成仏」の本覚思想、さらにはアニミズムも動員して、日本の優位性を披瀝するという、日本教を堂々と現代に展開しているのである。

「本覚思想」と日本教

「本覚」とは、衆生の心には迷い（不覚）とさとり（覚）があり、その覚には本覚と始覚があるとする。始覚とは、迷いから悟りへ向かう活動をいい、本覚は悟りを得る本性を意味するとしている。また本覚思想とは現象世界を超えた根源的覚りのことで、その立場からすればその覚りとは、本来すべての人々にそなわっていて常住であるが、それを自覚しない間は現象として変化消滅しているにすぎないということになる。

その本覚思想は、先に引用した梅原猛のごとく、概ね戦前の「近代の超克」の論旨のごとく、ポストモダンの論調の中では再評価される方向である。しかし近年、「本覚思想は仏教に非ず」として『本覚思想批判』を著した、袴谷憲昭はこう本覚思想について語っている。

この本覚思想を上っ面から眺めますと、すべての人々に普遍な根源的覚りを認めているが故に、これは即座に平等思想を表していると考えられがちなのですが、現実はいかようにもあれ、それは迷妄であって、真実は一元的な根源的覚りのうちにこそ求められねばならぬという、安易で押しつけがましいこの本覚思想こそが、実は差別思想を温存してきた元凶なのだと厳しく反省しなければならない体質を持っていたのであります。しかもかかる本覚思想が日本仏教の主流を形成し、それ故に仏教思想の全体でもあるかのような観を呈していれば、これは甚だ由々しき問題へ展開していかざるをえない。

（袴谷憲昭「差別事象を生みだした思想的背景に関する私見」『本覚思想批判』一四二頁）

その本覚思想をもっとも典型的に表した仏教用語が「草木国土悉皆成仏」（草も木も山川の国土も、皆悉く仏性を有し成仏する）である。また「草木国土悉有仏性」とも言う。では、その本覚思想はどういう現実に結びついていったかということがもっとも重要な問題である。

フェミニズムの立場から本覚思想を批判する源淳子は、『解体する仏教―そのセクシュアリティ観と自然観』（大東出版社、二〇八頁）の中でこうまとめている。

本覚思想とは、まず第一に現実社会の諸相、つまり差別社会をそのままに容認する。第二に個の確立を認めない。その結果として、本覚思想の現実は「自我を捨てさせてしまう」ことによって逆に社会の諸相に無関心となり、極めて自己中心的な世界に生きることになる。本覚思想の「即の論理」「絶対不二」の論理が、現実の権威・天皇と結びついていったのが日本仏教の歴史であった。煩悩即菩提、生死即涅槃、または永遠と今、本質と現象の二元分別の考えを突破・超越するところに常に位置づけられたのが政治権力であり、近代においては天皇であったわけである。それはまさに国家神道体制のイデオロギー『国体の本義』と一致する。

我が君臣の関係、決して君主と人民と相対立する如き浅き平面的関係ではなく、この対立を絶した根本より発し、その根本を失わないところの没我帰一の関係である。

（『国体の本義』文部省、一九三七年）

「君主と臣家」を「支配者と被支配者」に、または「男性と女性」、「多数者と少数者」に置き換えれば、現在でも見事に機能しているといってもよいだろう。

本覚思想は、二元相対の現実を超えた根源的一なる世界を立てて、それが現実世界の権威・権力と結びつく時、二元相対の世界を丸ごと肯定していく働きを現在も果たしているといえよう。

「自然環境」を声高に言いながら

今、「エコライフ」とか「地球にやさしい」という言葉が氾濫している。この「自然ブーム」の氾濫とも言うべき時にこそ、播磨灘の環境破壊に取り組み、企業と対決してきた浄土真宗の僧侶・青木敬介の著書『仏教とエコロジー』（同朋舎出版、八二頁）の告発の言葉、「口さきだけの環境保護」にまず耳を傾けるべきであろう。

〝金モウケ〟のために平気で他の生命を奪う人間どもが、いま急に〝自然環境〟だ、〝ウォーターフロント〟だと声高に宣伝しはじめた。しかし彼らが本気で〝自然環境〟を考えていないことは、急を要するフロンガスの使用禁止や、二酸化炭素・窒素酸化物などの削減に、政府も財界もきわめて消極的であることを見ればわかる。なんのことはない。彼らは工業開発で、日本列島の主だった所をメチャメチャにしたあと、今度は辛うじて残った海岸と山と湖沼河川などの景勝地を買い占め、リゾートだ、レジャーランドだと〝自然〟を食いものにして利益を吸い上げようとしているのだ。看板と中味がまったく逆というのは、これまでも彼らが一貫してやってきた商法だった。

この「自然ブーム」は、本当に環境破壊を防止する「ムーブメント（運動）」として広がりや深まりを持っているのか、はたまた「自然ブーム」として消費されているのかといえば、青木が書いているように後者だといわざるをえないのではなかろうか。

森林の伐採は今地球環境の破壊のもっとも深刻な問題の一つだが、現在でも毎年、四国の面積に当たる森林の禿げ山が作られており、その最大の伐採者は日本企業である。木材の切り出しは東南アジアではもっとも大きな問題となっている。日本が、自国の巨大な森林には手をつけないままに、製紙原料となる木材パルプ世界市場の四〇パーセントを消費していることをどれだけの人が問題としているだろうか。

大工をし、小さな木材会社を営んで、念仏を喜んだ西野秀安の歌を紹介したい。その眼に、「自然ブーム」はどう映っていただろうか?。

上べだけ　平和となえし　我が国も
　他国資源を　侵略しおり
日本ほど　木材使う　国はない
　世界の森林　丸裸にせし

また自然ブームの一つに映画・宮崎駿監督のアニメ映画がある。最近では「もののけ姫」「千と千尋の神隠し」が大ヒット、「風の谷のナウシカ」「となりのトトロ」は今でもビデオレンタルのヒット作品である。

こうした宮崎駿の一連のアニメの根底を流れているのは、乱暴に一括りにしてしまうなら「自然には神がやどっている」というアニミズムである。宮崎アニメがもてはやされるのも、環境破壊と自然をテーマにしていることと深く関係していることは間違いない。

アニミズムの考え方が、再評価されている最大の理由は、森や動物など、あらゆるものに霊的存在を見いだすがゆえに、環境破壊をとどめる点に求められている。

（松尾剛次「アニミズムと宗教進化論」『季刊仏教三六号・蘇るアニミズム』九二頁）

と言われている。

しかし、宮崎アニメの世界は、だんだんとそのメッセージが前面に出てきているとは言え、声高に環境保護を訴えるわけではない。アニミズムの世界を描くことを通して自然と人間の共存を訴えていく手法をとっている。アニミズムが環境保護の思想（イデオロギー）と成りうるのか?。それはいずれ歴史が証明することであろうが、すでにアニミズムが政治的イデオロギーに利用されたり、企業に利用されて消費経済の一翼を担うことからすれば、悲観的といわざるをえない。

そしてもう一面、この自然ブームを虎視眈々と狙っているのが神社本庁をはじめとする神道である。「神道はエコロジーだ」という主張がにわかにいわれはじめ、「鎮守の杜」の神道こそが「癒《いや》し」の宗教であるとのキャンペーンがはじまっている。そして、政治的には、そのルートからも、「ふるさとや自然を愛するこころを涵養する」ことを通して「国を愛する心」に結びつけるムードづくりを狙った、教育改革国民会議などの勢力がいる。まさに先の企業の論理と同じ手法で、アニミズム・自然ブームをすくい取り、利用している状況は、決して見逃すことのできない点でもある。

いやすでに、「自然ブーム」そのものを企業と同様、国家も演出する側に回っていると見通さねば、対応を誤るといった方が正解かもしれない。

おわりに――環境破壊を覆う仏教と撃つ仏教

環境保護や「自然」を看板にする現代の「自然ブーム」に対して、日本仏教はアンチテーゼを提示するものではなかった。それは一言で言うなら現代の文明の害毒を「心のもちよう」で受容するものでしかなかったといえよう。それは「癒し」という、矛盾を覆い隠すレベルにすぎず、生活のあり方そのものを根底から問うものではなかった。そこに（政治権力によって作られた）日本人の精神土壌とも言うべき「日本教」を梅原猛の日本学のようなものにリニューアルして、もてはやされるものにしてしまった原因がある。

仏教の教義解釈・解説は現実の差別社会を丸ごと肯定していく言説として語られてきたといっても決して言い過ぎではない。もしそうでないものがあるとすれば、それは現実社会の矛盾に具体的な批判を展開する以外には存在しなかったといってもよいだろう。その意味では、どこをとっても、日本仏教、浄土真宗の歴史は、日本教に搦めとられてきた歴史であり、最初に引用した神戸修の三つの指摘（①「自然」という落とし穴、②「和」という落とし穴、③「超越」という落とし穴）に見事にはまっているのである。

「大東亜共栄圏」という発想に深く共鳴し、実際にその国策を担った西本願寺前々門主大谷光瑞の言葉を一つだけ引用することとする。彼は「海」と「波」の譬えで「本質」と「現象」の関係として、現実社会を肯定していく。

現世においては絶対に階級あらざるべからず。貴族も平民も、富豪も貧賤も、学者も愚者も、男も女も、老も幼も、強健も羸弱も、皆是れ過去の宿業により、必ず確在せざるべからず。其の階級打破を唱え、現世平等を言うが如き、或は解放の名の下に隠れ、改造の声を高くし、実は秩序の破壊を望み、是を企つるが如きは是を名けて因果を撥無するものとし、仏教中の最重悪とし、五逆謗法より更に重罪となせり。

（『見真大師』大谷光瑞全集第五巻、一二三頁）

また大谷派教団の現代の学祖として仰がれる清沢満之は、ほぼ同じ時代を生きた足尾鉱毒事件の公害反対に立ち上がり闘った田中正造を批判する文章を書いているが、その社会観はまさに人間社会を自然に模してその矛盾を覆う次のようなものであった。

さて、平等と云えば、何でも全体が同じくなければならぬように考えて、無理に揃わぬものを揃えようとするから、種々なる騒動が起こりてくる。大体人間と言うものは平等なのである。その中に貴賤上下、君臣父子等の別が立って居るのである。帝王は帝王の儘にして置きて平等である。貴族は貴族の儘にして置きて平等である。然るに平等と言えば帝王があってはならぬ、貴族があってはならぬ、という風に間違いをする。これは丁度、一本の木に花があり、枝があり、幹があり、根があるものを、それを皆な平等でなければならぬと云うて、皆花の様にせなければならぬ、枝は無用である、葉も無用である、幹も根も無用であると云うと一般で、考ある人からみれば実に阿呆な考えである。

（「平等観」『清沢満之全集』第六巻、法藏館、一〇五頁）

しかしそうした本覚思想の伝統で、現実を受容する仏教とは一線を画す、真に仏教エコロジーとも言える運動が生まれつつあることも事実である。

タイの上座部仏教とも小乗仏教ともいわれる中で、自然を守るための具体的な行動を起こすことは僧侶の義務であり、自然との関係についてだけでなく、よりよい方向に変えるために行動することは仏教僧の努めであると考える僧が生まれてきているという。

タイ仏教エコロジー運動は、ただ単に森を守るというだけではなく、森と人間の関係を変え、そして人間と人間の関係も変えようとしている。それは、森林保護運動であると同時に、村落共同体回復運動でもあり、また仏教の社会的役割の回復運動でもある。

（スラック・シワラック「タイの仏教エコロジー思想」『季刊仏教二八号・森の哲学』一四八頁）

つまり仏教エコロジー運動は、生活のあり方全体を具体的に問い直し改善していく運動になっているという。それゆえに、徹底した社会構造への批判と、新しい共同体の再構築、その可能性をタイの仏教エコロジー運動は示唆している。

一見「日本人の宗教土壌」という形で語られる「自然観」は、実はきわめて政治的イデオロギーを反映し、また今日では企業の営利追求の手段にも取り込まれるという大変人為的なものである。つまり「日本教」でいう「自然」とは、梅原猛のいうような日本人の基層の宗教土壌などというものではなく、きわめて近代的、現代的なものであることは銘記すべきであろう。

（二〇〇二年十一月）

＊　この章を書くにあたっては、『人権確立の視座』小笠原正仁・神戸修共著（明石書店）、『解体する仏教』源淳子・大越愛子共著（大東出版社）、『ポストモダンと天皇教の現在』竹内芳郎（筑摩書房）、『季刊仏教二八号・森の哲学』『季刊仏教三六号・蘇るアニミズム』（法藏館）等によった。

日本教という「和」の思想

バラバラでいっしょ

一九九八年、西本願寺において百日間という日時をついやして、三十万人が参拝した「蓮如五百年法要」が営まれた。西本願寺のスローガンは「イノベーション（変革）」、もうだれの口の端にものぼらなくなっている。

ちなみにその時の十五日間の法要を営んだ東本願寺の法要のスローガンは、「バラバラでいっしょ——差異《ちがい》を認める世界の発見」である。今も烏丸七条に面した東本願寺の掲示板に掲げてある。結果は明らかで言葉の生命力は正直である。

東本願寺のスローガンのエピソードを一つ書くこととする。その言葉の元は兵庫県の市川親鸞塾の兪渶子《ユヨンジャ》さんだと聞いている。在日二世の兪さんが、親鸞に出会うきっかけとなった言葉でもあると聞いた。ただし、それが真宗大谷派の蓮如五百年のコピーとなる時、一言いったという。「「バラバラでいっしょ」というには教団はまだ早すぎる」と。「バラバラでいっしょ」というにはほど遠い現実が教団にあるということであろう。教団内身分があり、僧侶と門徒という垣根があり、そして民族差別、「障害」者差別、性差別などをそのまま抱え込んでいるその過去を踏まえて歩めているかということになると、「否」といわざるをえず、「まだ早すぎる」という言葉になったのではと推測する。

小森龍邦さんにも東本願寺からこのスローガンを決める時相談があり、「そのまま今使うのはどうですか?」という意味の問題提起をしたということを聞かせてもらったことがある。部落差別の現実がある中で、「バラバラでいっしょ」といって、現実を丸ごと肯定することになったのでは、差別を再生産していく思想になるということであろう。私が住職をしているお寺の本堂には、その指摘を聞いて、「バラバラでいっしょの社会をめざして——差異《ちがい》を認める世界の発見」という垂れ幕を作ってかけている。あるべき社会を目指して歩んでゆくことをこめたつもりである。

かつて過去帳差別記載糾弾学習会（一九八八年、第七回）の折、「浄土は批判原理である」として総括書をまとめたことがある。現実の社会は、バラバラであることを許さない、また対等の立場を認めない差別社会である。その差別社会の中に生きる、わが身と社会の有り様を問い、変革していく所にしか「浄土を拠り所に生きる」という証はないということである。

差別的支配思想としての「和」

「和」の思想の基は、「和をもって貴しとなす」という聖徳太子の言葉である。「憲法十七条」は七二〇（養老四）年完成の『日本書紀』に推古十二（六〇四）年に作られたものとして記載される（しかし、憲法十七条は、聖徳太子の没後、『日本書紀』の編纂過程で、聖徳太子に帰せられて成立したのではという説もある）。

この憲法十七条の解説を『日本思想大系』（『聖徳太子集』四七九頁）で家永三郎は次のように書いている。

憲法第十七条は、どこまでも朝廷の臣僚に示した政治的規範であって、個人的修徳や魂の救済を論じた著作ではなく、仏教もここでは為政者の公的行為を規正する政治道徳として援用された色彩が濃い。

その憲法十七条の第一条が、「和を以て貴しと為す」ではじまるのである。

一にいわく。和らかなるを以て貴しとなし、忤《さから》ふることなきを宗となす。人皆党《たむら》あり、亦た達《さと》れるもの少なし。ここをもつてあるいは君《きみ》・父に順わず、乍《ま》た隣里《さととなり》に違へり。しかれども、上和《やわら》ぎ下睦《むつ》びて、事を論《あげつら》うに諧《かな》ふときは、すなわち事理《こと》とおのづから通《かよ》ふ、なにの事か成らざらん。

（『浄土真宗聖典』一四三三頁）

「和合」がもっとも大切である。対立することのないことがもっとも肝要なことである。人はみな派閥をつくる。道理をよくこころえるものは少ない。そのため、大王（天皇）に従わず、あるいは徒党をくむ。しかしながら、上にたつものがおもいやりの心で、下の者が慕う気持ちを持てば、物事を議論することができ、ことわりが明らかとなり、何事も成すことができる。（意訳、筆者）

家永の言うように、十七条憲法の「和」の思想は、上下・君臣の立場を問い直す視点がなく、上に立つ者と下に従うものの上下関係はそのままで、君臣という秩序はそのままにした帝王の統治学であると読めるのである。たしかに第十条にこれも有名な「われかならず聖になるにあらず、かれかならず愚かなるにあらず、ともにこれ凡夫ならくのみ」という言葉が記されているが、これとても、上に立つものが下に従うものへ教訓を垂れたものと読めなくはない。

しかし、二葉憲香の『親鸞の開いた地平』（九九頁）の文章が一つの示唆を開いてくれる。

この憲法が、いわゆる天皇中心性をもっているということで、いかにもそれに矛盾するような印象を与えるが、その政権の中心にある天皇自身も深く仏教に帰依することにおいて、はじめて、その権力の正しい行使をすることができるのであるという考えが横たわっていることを見逃してはならない。

さらに二葉憲香は、その聖徳太子の人間の平等観について以下のように述べている。

聖徳太子の政治をつらぬく仏教観は、政権のための仏教ではなく、人間の自己中心的な性格がもっとも強くあらわれる政治権力の世界において、権力とその権力の行使をもっとも正しからしめるための原理として考えているのである。このことは人間をひとしく凡夫としてとらえるという、いわば、人間の平等性の認識をもち、その認識に立って訴えどころのない被支配者の訴えを取り上げなければならないという態度を生んでくるのである。憲法の中に官僚の立場をいましめて、官僚がまいないによって裁くことをいましめ、財ある者の訴えをまいないによって取り上げるような態度を捨てて、訴えどころのない民の訴えを取り上げよといい、「財ある者の訴えは石をもて水に投ぐるがごとく、貧しき者の争いは水をもって石に投ぐるににたり」と指摘して、政治が真に人民のものであるべきゆえんを明らかにしているのである。この立場こそ、まさに仏教の基本的な平等観に立ち、その利他的な精神を政治の中に普遍化しようとしたものである。

聖徳太子とその十七条の憲法が、家永三郎のいう帝王統治というものであるか、また二葉憲香のいう利他的精神の政治への普遍化であったのかは、歴史的にみれば圧倒的に家永三郎のいう内容として受けとめられ、また利用されてきたというのが実際であろう。「十七条の憲法」は、もっと言えば「和」の思想は、仏教思想のみならず日本社会の一つの柱を成してきたといっても過言ではない。その姿をもっとも明確に現したものの一つが、一九三七年に作成された当時の文部省から出された『国体の本義』である。「和」の思想は、そこにいきつく。

我が国の和は、理性から出発し、互に独立した平等な個人の機械的な協調ではなく、全体の中に分を以て存在し、この分に応ずる行為を通じてよく一体を保つところの大和である。

従つてそこには相互のものの間に敬愛随順・愛撫掬育が行ぜられる。これは単なる機械的・同質的なものの妥協・調和ではなく、各々その特性をもち、互に相違しながら、而もその特性即ち分を通じてよく本質を現じ、以て一如の世界に和するのである。即ち我が国の和は、各自その特質を発揮し、葛藤と切磋琢磨とを通じてよく一に帰するところの大和である。

更に進んで、この和は、如何なる集団生活の間にも実現せられねばならない。役所に勤めるもの、会社に働くもの、皆共々に和の道に従はねばならぬ。夫々の集団には、上に立つものがをり、下に働くものがある。それら各々が分を守ることによつて集団の和は得られる。分を守ることとは、夫々の有する位置に於て、定まつた職分を最も忠実につとめることであつて、それによつて上は下に扶けられ、下は上に愛せられ、又同業互に相和して、そこに美しき和が現れ、創造が行はれる。

（『国体の本義』一九三七年）

『国体の本義』にいたって「和」の思想は、「分」の思想としてその正体を露わにする。「分を守る」という言葉には、社会そのものを役割分業でき上がったものという大前提で捉えているため、その役割分業とされる中にこめられた差別・不合理を問い直す視座を持ちえないし、その芽を摘み取る役割を果たしてきた。個人を殺し、「役割」という「分」の中に閉じこめて、全体の調和を保つことを絶対優先する論理は、「上は下に扶けられ、下は上に愛せられ」という、まさに「美徳」とされるものによって誤魔化されてきたわけである。

今、「和」の精神は「寛容」の言葉で

「和」という言葉で直接言わなくとも、もっとソフトな形でその考えを民衆に浸透させる方法がとられてきた。それは「寛容の精神」の協調である。それもこの「寛容の精神」は、本来の意味ならば、権力者は民衆に対して、多数が少数者に対して、強い者が弱い者に対して、立場の上に立つものが下の者に対して、相手の立場、考えを尊重するという意味で使われるべきものである。それが今の日本の場合は逆である。権力の側に立つものが民衆に対して、権力の行うことに対して「寛容であれ」と説く。多数者が少数者に対して、我慢せよという意味で「寛容であれ」とするのである。

「日の丸・君が代」の学校への「強制」を一つ考えてみれば明白である。少しさかのぼれば一九八八年自衛官合祀拒否訴訟で中谷康子さんの夫を隊友会が護国神社に勝手に祀ったことに対して、中谷さん個人に対して「寛容」を説いた最高裁判決がまず思い浮かぶ。

今、さらにその「国あっての個」、「個より公を」という流れは加速し、単純な多数決の論理、強いものの意見、多数者の意見が少数者にも強制される法律が次々と通っていく状況がうまれ、私たち誰もの身を縛るものとなってきている。

親鸞の聖徳太子観と「和」の思想

では二葉憲香が示唆したもう一つの聖徳太子像及び十七条の憲法観はどう歴史の中で受け伝えられていったのであろうか。親鸞の受けとめた聖徳太子像こそが、「和国の教主」としての聖徳太子像であった。

　日本国帰命聖徳太子
　仏法弘興の恩ふかし
　有情救済の慈悲ひろし
　奉讃不退ならしめよ　（『真宗聖教全書』二、五三二頁）

その聖徳太子像（『皇太子聖徳奉賛』）を親鸞は一二五五年（親鸞八十三歳）の「建長の念仏弾圧」の中で書いている。河田光夫はこの和讃を「念仏弾圧に荒れ狂う社会に対する親鸞の叫びであった」（「親鸞の太子讃についての一考察」『親鸞の思想形成』三六七頁）と述べている。つまり、どの地点から聖徳太子を見ていくかという視点の立つ場がもっとも重要であるということを意味している。

親鸞は聖徳太子の和讃を「皇太子聖徳奉讃　七十五首」と「大日本国粟散王聖徳太子奉讃　百十四首」（親鸞八十五歳）の二通り作っている。

内容は、聖徳太子の生涯をたどって和讃としたものだが、それは親鸞が国のあるべき姿を「仏法興隆」させたとする聖徳太子と十七条憲法に託して、念仏弾圧を行う権力者を告発し、さらには念仏者へは念仏弾圧を「ようあること」（そのいわれがあるはずのこと、『浄土真宗聖典』七八七頁）

と述べてその動揺を鎮めていくためでもあった。

では親鸞が和讃した十七条の憲法の内容にふれている三首を取り上げる。「篤く三宝を敬え」の第二条に関して二首と、「とめるもののうたへ、ともしきもののあらそひ」という第五条に関して一首ある。そしてこの三首を繋げてよめばそれは、先に引用した二葉憲香が示唆したごとく、仏法に照らして、「とめるもののうたへ」・横暴がまかり通り、「ともしきもののあらそひ」・訴えがはねのけられていくこの世の中は、「まがれることをたださまし」と糺してゆかねばならないとした親鸞の思想がわかるのである。

憲章の第二にのたまわく
三宝にあつく恭敬せよ
四生のつゐのよりどころ
万国のたすけの棟梁なり

いづれの世いづれの人か帰せざらん
三宝によりたてまつらずば
いかでかこのよのひとびとの
まがれることをたださまし

とめるもののうたへは
石を水にいるるがごとくなり
ともしきもののあらそひは
水を石にいるるにたりけり　（『真宗聖教全書』二、五四〇頁）

親鸞は、日本を「和国」とは言っているが、その「和」の中身が、家永三郎のいうように「仏教もここでは為政者の公的行為を規正する政治道徳として援用」（前掲『日本思想大系』）という意味ではない。

親鸞の和讃の中に、ただ一首、「和して」という言葉を使ったものがある。

清風宝樹《しょうふうほうじゅ》をふくときは
いつつの音声《おんじょう》　出しつつ
宮商《きゅうしょう》和して自然《じねん》なり
清浄薫《しょうじょうくん》を礼すべし　（『浄土真宗聖典』五六三頁）

西洋音階の七音階と違い、雅楽は「宮商角徴羽《きゅうしょうかくちう》」の五音階だが、「宮」と「商」は不協和音として、調和しない音とされている。お互いに相容れない音（人）どうしがその重なりあいの中で、お互いを尊重しあう世界が生まれてくるという意味であろう。そしてそれが浄土の働きを受けた中に開ける世界だということである。それが親鸞のいう、「いしかわらつぶてのごときわれらを黄金《こがね》にかえなす」本願の働きであるとも言えるのである。「いしかわらつぶてのごときわれら」という中には、社会的立場の上下とか身分というものを「批判していく」ものでこそあれ、「分」をまもるとか、立場の下の者に、また少数者・弱者に服従を強いるという思想でないことはいうまでもない。

要は、差別社会に身を置く、わが身とこの社会を、「いしかわらつぶてのごときわれら」という視座で照らされることに向き合い続けるか、その前提を抜きにしたら、「和」の精神は、すぐに現状丸ごと肯定の差別思想に転落するということである。

多元主義というポスト・モダン教学

戦前、「近代の超克」を掲げた京都学派の面々が、思想面で戦争遂行・体制翼賛の大きな働きをした歴史がある。そして今、梅原猛・山折哲雄などに代表されるように、脱・近代のよそおいをとりながら、国家主義に奉仕する学者が現れてきた。教団もその波を受けるべくして受けている。

「ポスト・モダンの教学」という言葉が教団の中に提起されたのは、一九八四年発行の『伝道院紀要』二九号である。時代はあたかも新々宗教ブーム、世にいう第三次宗教ブームといわれた時代、今からするとポスト・モダン教学とは、直接にはこの列車に乗り遅れまいとする動きであったといえるであろう。

「現場なき教学」という言葉がポスト・モダンを提唱する先生方から使われた。その先生方の言う「現場」とは、「迷信・習俗・先祖供養」の現場であり、「神も仏も拝んでいる」現場である。「教え」よりも「儀礼」で成り立っている現場である。だから、それをわざわざ取り入れ「換骨《かんこつ》奪胎《だったい》」するというのである。いったんまるごと取り込んで、その後で真宗の教えに導いていくというのである。一見葬式・法事を行って生活している僧侶からすれば、まっとうな方法論のように見えかねない。しかし、現実はすでに習俗・俗信にズブズブに取り込まれ抜き差しならなくなっているのが現状である。その現場にさらにその方法論は間違いないというエールを送ることは、現場をさらに奮起させることになるか、眠りこませることになるか。それは、ホッと安心させ座り込ませてしまうことは火を見るより明らかである。そしてこのポスト・モダンの提起に本気で反発したのは、神祇《じんぎ》不拝《ふはい》を貫き、聞法に生命をかけてきた門徒であった。その思いをまとめれば次のようになる。

わたしらは、神祇《じんぎ》不拝《ふはい》（真宗門徒は神を拝まない）という教えを頂いて、神を拝まずにきた。戦争中に神棚を設置せよといわれても、わたしの先祖は教えをまもった。それを本願寺の僧侶が、神を拝んでもかまわないというとは何ごとか。

「何が真宗」で、「何がそうでない」のかを「道理」として提起しえなくなった時、後に残るのは「権威」と「権力」、そしてそれを演出する「儀礼」である。それは今日までの日本の歴史が、宗教の歴史が証明してきている。

ポスト・モダンを唱える先生方は、蓮如五百年の法要に向けて、「僧侶は儀礼のプロたれ」ということをしきりに強調してきた。簡単に言えば、僧侶の読むお経と門徒の読むお経は価値が違うものとして受けとめられなくてはならないとでも言えようか。お寺さん＝尊いもの、門徒＝教えを聞くもの、というまさに「分」をまもることを提唱しているわけである。

ポスト・モダン教学で言うならば、僧侶・門徒が習俗・俗信・現世利益へはまり込んでいることへの「寛容」さは、しかし僧侶と門徒の垣根への「不寛容」において成り立っている。したがって、本願寺教団の教団内身分秩序に対しても、決してそれを問題にするどころか、教団内身分秩序を維持する儀礼論が必然的に提唱されることとなった。

ポスト・モダンの教学の提唱と時を同じくして、同朋三者懇話会（備後教区、安芸教区、部落解放同盟広島県連）より、「業・宿業」「真俗二諦」「信心の社会性」という「差別の現実」から教学を問い直す提起が本山になされ、全国僧侶研修会が毎年行われはじめた（二〇〇三年度の現在も継続されている）。それに比して、ポスト・モダン教学は教団内で大きな広がりを持つことはなかった。

しかし今、本願寺教団の同朋運動もご多分にもれず、二〇〇二年の春から本山においても、状況は大分変わってきているのも事実である。

権力者は民衆に対して常に、「和」と「寛容」そして「あたたかさ」を説いて、民衆支配をしてきた。同朋運動の進退は、本願寺教団にも、再び支配思想に奉仕する擬似親鸞思想が前面に出てくるかどうかの瀬戸際でもある。

市の行政において

二〇〇二年八月に三次市より住基ネットの番号が送られてきた。私の個人情報が国や県、市に管理されコンピューターに登録されることは、私自身の思想・信条の自由からしてとても耐えられるものでない。九月十一日に三次市役所に、「私は住民基本台帳ネットワークに参加しません」という要求書を提出に行った。窓口は市民課である。

窓口で三十分あまり市民課の課長が対応したが、課長の言ったことはただ一つ、「法律で決まったことは例外は認められません」の繰り返しのみ。「横浜市など個人の選択制をとっているところがあるがなぜできないのか？」と聞いても、「横浜市が法律違反です」と答えるだけ。「住基ネットを全員に課すことは、憲法の基本的人権を侵害すると考えるが」といっても、答えはない。住基ネットは個人の利便性を計るというよりも、国が個人を管理するのに便利で導入されることは、課長の言葉の中からも透けて見える。課長自身が自分で納得して説明しているのでないことは一目瞭然である。「課長という職でなく、一人の人間として答えてみてほしい」と何度聞いてもまともな応答はない。ロボットと押し問答をしているようなものである。窓口には「さわやか市民課」と掛かっていたが、看板に偽りありとはこのことである。従順に市の方針に従うものには、にこやかな対応かもしれないが、異を唱える市民にはまさに「問答無用」である。

「あなたの言うことは法律が人を殺せ（戦争に行け）といえば、人を殺しなさいと命じますと言っているのと同じですよ」と課長に言ったが、通じなかったのか、考えようとしなかったのか。「私は住基ネットは憲法違反だと言っているのだから、法律では答えにならない」と宿題を出してまた来ることを言い残して市役所を後にした。

おわりに

「それをいっちゃあ、おしまいよ」、映画『男はつらいよ』という映画の中で、フーテンの寅さんの決めぜりふである。それを借用するならば、私たちが社会を変えていこうとする上で、「和を乱す」という言葉は、「それをいっちゃあ、おしまいよ」ということもできようか。本来同じ土俵に上がって違う意見の者同士が論議をつくす、そこに平等も自由もあるはずである。問答無用の力の論理は言うまでもなく、一見にこやかな優しさも、縦の秩序を脅かさない中での個人の「分」を超えない限りの「寛容」という名の融和的優しさが今流行っている。「和」の呪縛はもちろん外にあるだけではない。実は社会の最小単位である家庭であれ、また大小の組織であれ、その中で差別的支配イデオロギーとして機能してきた「和」の精神は、いつでも私の体から吹き出して、私自身を虜にしようとする。しかし、それとの不断の内なる闘いも、外からの「和」の思想・全体主義・国家主義との闘いの中でこそ成し遂げられるはずである。

（二〇〇二年十一月）

＊　この章を書くにあたって、源淳子「フェミニズムは、今こそ日本主義の解体を…梅原猛批判」『フェミローグ　日本主義批判』（玄文社）の論考に学び、その内容を取り入れた。

「没我」と「無我」

国家的「公」なるものを押し出す潮流

二〇〇二年十一月十四日、中央教育審議会（以下、中教審）は「新しい時代を切り開く心豊かでたくましい日本人の育成のためには、教育基本法の抜本的な見直しが必要」（「中国新聞」十一月十五日、以下同新聞）として同法の全面改正を求める中間報告を文部科学大臣に提出した。そしてその最大のポイントは「伝統・文化を尊重する心や愛国心を養うことで日本人としてのアイデンティティーを確立し、公共の規範を守る態度を養うことが重要」としている。中教審中間報告要旨には次のように述べている。

2具体的見直しの方向

③社会の形成に主体的に参画する「公共」の精神、道徳心、自律心

社会の一員としての使命、役割を自覚し、自らを律して役割を実践するとともに、社会における自他の関係の規律を学び身につけるなど、道徳心や倫理観、規範意識をはぐくむことが求められている。

④日本人としてのアイデンティティー（伝統・文化の尊重、郷土や国を愛する心）と国際性（国際社会の一員としての意識）

郷土や国について正しい理解を持つこと、例えば郷土や国の伝統・文化を正しく理解し、尊重することが重要。なお国を愛する心を大切にすることやわが国の伝統・文化を尊重することが、国家至上主義的な考え方や全体主義的なものになってはならない。

この中間報告は現行教育基本法の理念「教育は国のためではなく一人ひとりの人間のためにある」として進んできた戦後教育を否定し、再び「教育は国のために有為な国民を育成するためにある」という一大方向転換であるということは明らかである。

このたびの教育基本法の見直しに際して、戦後の総決算を言い続けてきた中曽根元総理大臣の「(現行)基本法は蒸留水。日本の水の味がしない」という発言が、今回の見直しの内容を象徴するものとして新聞紙面にも引かれている。「日本の水の味」とはどんな味か?。自民党検討委員会で、自民党政調会長の麻生太郎が教育勅語をそらんじるパフォーマンスを演じてみせたり、教育基本法「改正」を執念としていた森喜朗前総理大臣が「教育勅語にもいいところがある」と肯定論をぶったりと教育基本法「改正」論者が、しきりに戦前の教育勅語を引き合いに出すことからして、「日本の水の味」とは「教育勅語」的「国家のために」という愛国心をリニューアルしたものが考えられているといってよかろう。「その日本の水の味」を教育基本法を「改正」して位置づけようというのである。

すでに「改正」内容を先取りして、福岡市内の小学校においては社会科の成績表に、「我が国の歴史や伝統を大切にし、国を愛する心情を持つとともに、平和を願う世界の中の日本人としての自覚をもとうとする」という項目をもうけ、ＡＢＣの三段階評価をすることに、市民団体が削除を求めたことが「西日本新聞」に報じられている。（二〇〇二年十月九日）

この中間答申が通ればどうなるか?、それは一九九九年に成立した「国旗・国歌法」を考えてみればすぐわかる。「国旗・国歌法が成立しても強制されることはない」と当時の野中官房長官が語ったことが新聞談話に掲載されたが、学校の先生に対して、アメと鞭の凄まじい強制が行われていることは周知の事実である。「不適格教員の烙印を貼っての排除」「不意転という形で職場を変え先生の生活を追いつめるやり方」「校長権限の強化」などのさまざまな鞭を振り上げ、事務作業を膨大にして、ついには「思考停止」に追い込んで、屈服することを強いているのである。とことん、肉体的精神的に疲労の極地に追い込んで、「アキラメ」させる。そして、「日の丸・君が代」を日常化する中で、今度はそれを「命じる側に置いてさらに実践させ、被害者を作る」ことで逃げられないように縛るわけである。ついには、自らの行いに疑問を持つことに常に「思考停止」が生じ、命じられるがままに与えられたノルマをこなす人間ができるというのである。すでに「日の丸・君が代」強制の先進県では、生徒の役割の中に「国旗」係があり、雨が降り出すと授業中でも、旗を降ろしに走る光景が見られると聞く。

これを宗教で言えばまさに「洗脳」というのである。

「滅私奉公」という洗脳

国家が「国（天皇）」に有為な人材を育成するための教育」をまさに行ったのが、戦前の教育であった。「個」を徹底的に矮小化し、国家という「公」のために自己を犠牲にしていく「滅私奉公」が教えられ、「（個人の）いのちは鴻毛《こうもう》より軽し」という教育が徹底してなされていった。その中心に「教育勅語」があった。

そして、その極めつけは戦死した兵士への讃美である。国家の命令で戦死した兵士を、特別に「英霊」として讃え、「後に続け」と教育していった国家神道体制の下での「靖国思想」は、まさに国家あげての「洗脳」であったといっても過言ではない。

その時代を生きたある先輩僧侶は、自らの体験を表してこう語ったことがある。

戦前の日本の国家体制は、宗教に譬えてみれば、ご本尊は「現人神・天皇」、その教義は「教育勅語」「軍人勅諭」、信者は「国民総氏子制度の下の国民」である。その布教の場は学校。学校にご本尊の分身が「奉安殿」に置かれ、校長先生が「教育勅語」を語り生徒を洗脳していく。軍事教練という特別授業で、神社参拝という課外授業で、ますますその信仰を固めさせ、お国のための滅私奉公以外には脇目もふらぬ軍国少年・少女（信者）を次々と生みだしていくというものであった。

そして、寺院もその学校に劣らじと、「仏教」「親鸞」の名の下に、国家の洗脳を推進していく役割を果たしていた。

戦前に、本願寺教団はまさに国家体制に積極的に貢献し、「戦死は菩薩の行」とまで布教する「戦時教学」なるものを作り出した。そこでは、天皇を現人神《あらひとがみ》とする国家体制へ、浄土真宗の信仰理解を合わせて、教団あげて国家体制を護持するための「教学」が作り出され、布教がなされていた。『念仏護国論』『真宗の護国性』など数え上げれば枚挙にいとまがない。

その象徴的な出来事として、仲尾孝誠が本願寺同和教育センターの論文（一九八八年『同和教育論究』一〇号）に「肉弾三勇士」の場合を取り上げているものを以下簡単に紹介する。

一九三二年上海戦線の膠着状態を打破するため、爆弾を抱いて敵陣に突入した三人の兵士を国は「肉弾三勇士」として新聞などで大きく報道し、その後の戦意高揚・戦争遂行に大いに利用した。特に西本願寺では三人が門徒であったことから「宗門の誉れ」として東京・築地別院において一大法要が営まれ、一年後には京都大谷本廟に「肉弾三勇士之墓」が建てられた。

一九三三年三月十日の大谷本廟での納骨式の時、参列した師団長の式辞を次のように本願寺の新聞「教海一欄」（一九三三年四月三日）は紹介している。

世の中で最も尊いものは、自ら損をして、人のために益することである。而して身を殺して人のために尽くすに至つては、この行ひは即ち神仏の御心に通ずるものと言はねばなりませぬ。これが最も尊い値打ちのある所であります。また他の動物ではどうしても得られぬことは、恩を報ずるということである。浄土真宗は親鸞聖人以来このことを深く教えられて、今に至るまで恩を報ずる、即ち報恩講といふものが行はれ、報恩思想の養成に努められていることは非常に有り難きことである。今や三勇士の墓碑、この大谷の地に建設され、三勇士が非常の働きを以て、身を殺して国の為に尽くし、それが国家報恩の為めであることを思へば、この魂は永久に朽ちざるものであります云々。

国家のために死ぬことは、国家報恩の為であり、神仏の御心に通じ、それが親鸞の報恩思想であるとする言葉に、まさに国家と教団あげて国民を洗脳していく様子が見事に表れている。もちろん本願寺がこのことを最大限利用し、国家への「滅私奉公」が親鸞の報恩思想であると、教団内外に教化・宣伝したことは言うまでもない。

さらに「肉弾三勇士」が被差別部落の出身者だとして、「まさに肉弾三勇士こそは、部落の内に向かっては絶対の融和主義の武器として、外に向かっては逆に部落差別意識を煽っての殉国精神強要の武器として、巧妙に使い分けられつつ活用されたのである」という言葉（『上野英信集』5長恨の賦、二〇六頁、一九八六年）は、国家の戦争遂行に「部落差別」が直接利用されていったことをハッキリと物語っていると仲尾は述べている。

「没我」と「依存」の構造

戦時教学においてもっとも強調されたのが「没我」という意味の「無我」ということであった。しかしここで言う「無我」(「没我」)とは、何か特別な境地があるわけではなく、一言でいえば、「自らの考えを思考停止させる」ということに他ならない。個人個人の考えを「空っぽ」にすれば、他の思想は簡単に注入することができ、強制しなくても、その思想に依存して生きている人間は自ら進んで行動することとなる。「小我」を捨てて、「大我」に生きることを説いた一九三七年の『国体の本義』にはこうある。

忠は、天皇を中心とし奉り、天皇に絶対随順する道である。絶対随順は、我を捨て私を去り、ひたすら天皇に奉仕することである。この忠の道を行ずることが我等国民の唯一の生きる道であり、あらゆる力の源泉である。されば、天皇の御ために身命を捧げることは、所謂自己犠牲ではなくして、小我を捨てて大いなる御稜威に生き、国民としての真生命を発揚する所以である。天皇と臣民との関係は、固より権力服従の人為的関係ではなく、また封建道徳に於ける主従の関係の如きものでもない。それは分を通じて本源に立ち、分を全うして本源を顕すのである。

ただし、個人個人の考えを「空っぽにする」といっても、生きている限り何もなくなるということはない。人は「縁」によりてどのような心も起こるというのが親鸞の言う人間の実相である。

だから、心を「国家の思想」に矛盾しないように常に「心のもちよう」のネジを巻き続けることが必要になる。学校での教育、社会での教育そして、仏教用語を駆使した説教までも、その役割を担ったのである。

その論理構造は「無我」「大我」（実際には「没我」）ということを強調し、徹底的に自己を否定し、「人為の超越」として現人神・絶対天皇制の「国体」を置き、絶対服従していく人間を作りあげるというものであった。

本願寺教団あげて戦争翼賛体制に邁進していったわけだが、ここではただ一つ、今も親鸞の書いたものと同じ「聖教」に準じて位置づけられている、門主の消息を一つ記すこととする。

殉国ノ章

凡ソ皇国ニ生ヲ受ケシモノ、誰カ天恩ニ浴セザラン。恩ヲ知リ徳ニ報ユルハ仏祖ノ垂訓ニシテ、マタコレ祖先ノ遺風ナリ。各々ソノ業務ヲ恪守シ、奉公ノ誠ヲ尽サバ、ヤガテ忠君ノ本義ニ相契フベシ。殊ニ国家ノ事変ニ際シ、進ンデ身命ヲ鋒鏑ニオトシ、一死君国ニ殉ゼンハ誠ニ義勇ノ極ミト謂ツベシ。一家同族ノ人々ニハ、サコソ哀悼ノ悲シミ深カルベシト覚ユレドモ、畏クモ上聞ニ達シ、代々ニ伝ハル忠節ノ誉ヲ喜ビ、イヤマシニ報国ノ務ニイソシミ、其ノ遺志ヲ全ウセラルベク候、（略）（『真宗聖教全書』五、七九二頁）

この「進ンデ身命ヲ鋒鏑ニオトシ、一死君国ニ殉ゼンハ誠ニ義勇ノ極ミト謂ツベシ」との消息に象徴されるがごとく、戦争遂行のために、自らの生命をよろこんで投げ出すことを最高の善としていったのが、本願寺の「戦時教学」であった。まさにそれは国家のエゴ（大我）に、教育により洗脳され、「没我」の状態を、「無我」として説き、個人の自己犠牲を強いるという、擬似仏教・擬似真宗に転落した姿が露わとなったのである。

この無我の心持を人生生活の上に実践することを現在のわが国家が要請しているのであります。所謂「高度国防国家」の建設には、一億国民は人力、物力の総力を挙げて国家の要請のままに奉公せねばなりません。個人よりも国家が、私益よりも公益が、我よりも無我が、先に考えられなくてはなりません。（中略）自己を犠牲にしてでも、社会のため、国家のために奉仕したいという滅私奉公の気持ちが必要であります。

（「無我の実践」『奉公の心得』本願寺審議局、一九四一年、『戦時教学と真宗』第一巻、四〇頁）

「洗脳」の「宗教」の再登場

一九七〇年の安保闘争の終息とともに、社会は「運動による変革」の時代に急速に終わりをつげていった。そして一九八〇年頃より、「心の時代」とか、「宗教の時代」といわれるようになり、いわゆる「新宗教」が社会の前面に登場してきた。一見、新宗教の登場は、唐突に見えながらも、その持っている内面の構造は、驚くほど戦前の国家体制下での洗脳の構造と似通っている。それは同質のものが新たに誕生したというよりも、戦前の国家体制化で培われた、「没我」と「依存」の構造がそのまま、戦後の日本国憲法の下でも、精神土壌の中で問い直されることなく引き継がれ、戦後社会の矛盾が大きくなる中で再び社会の前面に再登場したといったほうが当を得ていたといえよう。それは決して戦後教育の「「個」を尊重しすぎた権利意識の増大による、個人主義の行き過ぎ」などと保守派が現状批判のためにいうようなものから派生したものではなく、戦後の「個」を尊重する教育の不徹底さがもたらした結果であるというのが本当であろう。

一九九五年のオウム真理教事件以来、マインドコントロールとか「洗脳」という言葉が宗教に関して使われるようになってきた。マインドコントロールと「洗脳」の違いは、強制力を伴って行われるか、そうでないかで一般には分けられているが、ハッキリと境界線の引けない所もある。たとえば、TVのコマーシャルなどで、特定の商品が繰り返し繰り返し私たちの脳裏に焼き付けられるのをマインドコントロールと言い、一方で学校の中で、罰則や点数評価をちらつかせながら進められている「日の丸・君が代」の定着化は「洗脳」というようなものである。しかしどちらにしても、一定の価値観を個人に刷り込んで、刷り込みを意図した人間の思うがままに行動させようというもので、まさに「脳」を支配の手段とする、人間のロボット化に他ならない。

人を洗脳するには大きく三つの段階があると言われる。「洗脳」について説明した『別冊宝島三〇「特集　素晴らしき「洗脳」」の論旨を紹介することで、洗脳の仕組みを見てみたい。洗脳には次の三つの段階があるという。

①今の意識状態を半覚半醒状態にする。

②そこに新しい理論の埋め込みをする。

③最後に埋め込みを強化する。

最初の「今の意識状態を半覚半醒状態する」ためには、「社会生活から隔離をする」とか、「空腹状態にする」、「集団で精神的に追いつめる」などのテクニックが用いられ、いわゆる人間を精神的に「幼児状態」に戻すことが行われる。中にはオウム真理教がやったようにＬＳＤや覚醒剤などを使うという手法をとる場合もある。人は子どもの状態に戻されると、論理的・理知的な思考が弱くなっていろいろなものをとても受け入れやすくなるという。

そして第二段階は、半覚半醒状態の人間に、新しい価値の埋め込み作業を行うことになる。ポイントは二つ。埋め込む内容は「単純なもの」、たとえば「○○は神の生まれ変わりである」というようなものである。そして埋め込む内容は、本人がまったく拒絶しているものではなく、心の底のどこかで欲求している内容であることだといわれる。別の言い方をすれば、心の中にある隠れた欲求に許可を与えることでもあるといわれる。たとえば、「人を殺したい」という欲求を心の奥深くに持っている人に、「その隠していた欲求を出してもいい」と許可を与えるということでもあるとされる。

最後の段階の「強化」は、一度埋め込みをしても、そのまま環境が変われば元に戻ってしまうので、定期的に埋め込んだものを反復させていく作業にあたる。それは今度は、「信者の勧誘」とか「物品の販売」とか、本人に実践させることで強化していくことになる。

宗教法人ではないが、「全人幸福社会」をうたい文句に、「貨幣の存在しない無所有の共同社会」

を目指している「ヤマギシ会」の「洗脳」、七泊八日の「特別講習研修会」の様子を『別冊宝島』三〇（二六頁）では次のように伝えている。

最大のポイントは〝怒り研鑽〟によって腹が立たない人に変えてしまうことにあります。（中略）すべての問題は相手（対象物）ではなく、自分の問題にすりかわる。

自分の我をいちど解体し、そして意識をヤマギシ向けに再構築するわけです。（中略）特講・研鑽学校を受けてもロボットになるわけではないから、腹を立てる我がどうしても首をもたげてくる。その我を抜き取るのが研鑽の目的です。確かに村の中では争いがない。外部から見れば「仲良い楽しい村」に見えるかもしれないが、矛盾をその人個人の内面に原因があるというようにいつも研鑽でネジを巻きコントロールをかけているからなんです。

ヤマギシの人にとってはヤマギシズム（全人幸福社会）、オウムにとっては尊師が絶対、だけどどちらも自分のフンドシを「絶対」に預ける。生き方の依存といってもいい。そうなると、団体が悪いことをしても合理化しようとする。自分の頭で考えようとしなくなる。家畜と同じです。

仏教でいう「無我」

「諸行無常《しょぎょうむじょう》　諸法無我《しょほうむが》　涅槃寂静《ねはんじゃくじょう》」を仏教では三法印《さんぽういん》として、これが悟りとされる。『仏教語大辞典』（東京書籍）によれば、万物は常に変転してやむことがない。すべてのものは、因縁によって生じたものであって実体性がない。それを悟れば安らぎの境地にいたる。

となっている。しかし、これだけでは概念の説明でわからない。そこで二葉憲香が「無我」について書いたものを引用することとする。

我《われ》にあらずを知るということはどういうことかというと、これは現代仏教研究はすっかり見落としているのですけれども、我ではない、思議すべからざるはたらきにおいて一切が存在するということへのめざめなのです。私というものを私が考えたのではない。私の力で生きているのでもない。それなら何故、人と人のいのちが存在するのかということになると、我にあらざる思議すべからざるはたらきにおいてすべては存在する。

（『親鸞　仏教無我伝承の実現』一九頁）

二葉はその「思議すべからざるはたらき」である「無我」という視点より、「我あり」として自己の利益追求のために、「他者」を利用するあり方を「非ず」として批判していくのが本来の仏教だという。そこに知らされる自己とは、固定的な我ありという存在の自己ではなく、不可思議な縁の中に生きる自己である。思議できないいのち、それに「目覚める」ことを本来「無我」なる自己を「悟る」といい、そこにいのちの平等性と尊厳性を見るわけである。

そしてその「無我」なるいのちの一点から、国家が宗教（「仏教」を含む）を取り込み、国家としての「自我」拡大に、世俗的なものも、宗教的なものも、すべて利用していくあり方を、国家仏教として「仏教という名の偽《にせ》もの」と断じたのである。そしてその国家がからめ取ろうとする自我拡大の縄縛からの解放を説くのが真の仏教だと位置づけた。また同時に、地域・会社・家族などの集団、そして根っこには個人個人が持つ「自我」拡大意識からも、その集団・個人を解放していくのが「真の仏教」であるとしたのである。

そして親鸞においては、その手段は念仏であった。もっと詰めていえば、「ただ、念仏して弥陀にたすけられまいらすべし」ということが唯一の手段であるとしたわけである。

たとえば「自己を相対化する」「自己が問われる」という言い方があるが、それはいかにして可能か？。自己が自己を反省したり、振り返ることでは、反省する「自己」、振り返る「自己」はどこまでも残っており、本当に自己全体が相対化され、問われたことにはならない。自己を超越したものによって自己が知らされる時、はじめて「相対化」「問われた」といえよう。では親鸞において「超越したもの」とは何か？。

「弥陀仏は自然のやうをしらせんれうなり」（「自然法爾章」『浄土真宗聖典』六二三頁）と親鸞は門弟への手紙に書き送っている。阿弥陀とは本来、人・自然・事件・生き物、何であるかと特定しえないから阿弥陀（アミータ＝無量）といわれるわけであるが、個々人の体験においては具体的な出遇いである。では、親鸞においてその「自己が問われる」出遇いはどうであったか？。親鸞は、最晩年八十八歳の時、「善悪の字しりがほはおほそらごとのかたちなり」「名《みよう》利《り》に人師《にんし》をこのむなり」（『浄土真宗聖典』六二二頁）と二首の和讃を作り、自らを問う存在として出会いつづけ、共に生きた、「いしかわらつぶて」といわれた人々の存在について語っている。

　よしあしの文字をも知らぬひとはみな
　まことのこころなりけるを
　善悪の字しりがほは
　おほそらごとのかたちなり

　是非しらず邪正もわかぬ
　この身なり
　小慈小悲もなけれども
　名利に人師をこのむなり

　親鸞は、この人々を「縁」に、もっといえばこの人々に映し出された自らの姿を和讃としたわけである。さらに言えば、親鸞は、その人々の声の奥に「阿弥陀」を受けとめたといえよう。親鸞が「ただ、念仏」こそとして説いたのは、その声の奥の「阿弥陀」を受けとめるものこそ「信心」であり、人間の尊厳と平等性を受けとめる無我なる「主体」であると教えている。

　我　くずれさる音
　　南無阿弥陀仏
吾　生まれいずる音

南無阿弥陀仏

念仏の道を歩む、先人の言葉をもらって寺の掲示板に書いたことがある。

しかしなお「主体」を自己が我として主張し、他者との壁を作った途端に、すでに「無我」ではありえない。「我有り」として自分の手に握ってしまった途端、ちょうど「シャボン玉」のように消えてしまうのである。

おわりに

労働運動が盛り上がり、安保闘争が盛んな時には、権力者は万国博覧会やオリンピックという国家的イベントでその視線をそらせ、世論の権力者への批判を押さえていくというのが常套手段であった。また、同時に自国のナショナリズム高揚にそれらのイベントは最大限利用されてきた。二〇〇二年六月に開催されたサッカーワールドカップの日韓開催における、朝から晩までの「ニッポン、ニッポン」の繰り返しは、まさに異常な状態である。それに「異論」を差し挟むことをまったく許さない、日本あげてのまさに「祭り」であった。

江戸時代に幕府や藩は「祭り」を奨励したといわれる。封建身分制の中での権力者へ対して向かうエネルギーを、町どうし、村どうしの競争・争いにすりかえ、そこにエネルギーを集中させた。全国各地の「祭り」で「山車《だし》」を出して競いあうさまは、今にそのことを伝えている。かつて日本の高度成長時代には、「3S　スポーツ・セックス・スクリーン」によって、社会矛盾を覆い隠す権力者の三種の神器といわれたが、今は「スクリーン（映画）」がテレビに代わっただけで、まさに状況は変わっていない。それは「個」を育み、確立させていこうというものではなかった。いや変わっていないどころか、世界のグローバル化、アメリカの一極支配の矛盾によって、弱肉強食の状況が顕著となり、その中で生き残っていくためには、国が強力な強制力を持って、「国家に有為な人間の育成」をすすめていくということが、「国旗・国歌法」を露払いとして、そして次は「教育基本法」の「改正」だとして前面に押し出してきたわけである。いうまでもなく、最後の本丸は憲法「改正」である。

国家的「公」なるものを国民に浸透させようとする時、戦後築き上げてきた価値観を思考停止状況において、新しい国家思想を注入しようという体制が、ハード面（法律）でもソフト面（文化）でも急速に進められている。

とりわけ「自然」「和」「没我」というような戦前の「国体」を支えてきたものをリニューアルして、国家思想が受け入れられやすい土壌を作りつつある状況を見逃してはならないと思う。畑をつくる人は十人が十人「土がいのち」だといわれる。どんな土壌をつくるかで、どんな実がなるか、すでにそこで決まってくるからである。

（二〇〇三年一月）

＊　戦争中の門主の消息については「教団の戦争責任と戦後処理を問う真宗者ネットワーク」

が、一九九五年に「一、戦争遂行のために発布された戦前の「門主消息」の失効宣言を行うこと」を本山に要求している。しかし本山が一九九五年四月十五日に勤めた「終戦五十年全戦没者総追悼法要」では失効宣言は出なかった。翌一九九六年一月、本山の「「戦後問題」検討委員会答申」には「第二に、「終戦五十周年全戦没者総追悼法要」での門主の「ご親教」及び千鳥ヶ淵法要の願いの精神と課題を教団の全体に徹底するため、それに必要な研修条件を整備し、実質的に戦時下の「ご門主消息・裏方訓諭・執行長訓告、達示」などの適切な取り扱いに取り組むべきである」と示している。

＊　この章を書くのに『同和教育論究』第一〇号（「「靖国」問題と「同和」問題」、仲尾孝誠）。そして二葉憲香『親鸞　仏教無我伝承の実現』（永田文昌堂）。『別冊宝島』三〇「洗脳」。以上の書物を参考にし、内容を引用した。

Ⅲ 「神道——文化・習俗論」を問う

「神の国」発言の背景

ついに、「神道」が正体をあらわした

森喜朗首相は二〇〇〇年五月十五日夜、神道政治連盟議員懇談会の会合であいさつをし、「日本は天皇を中心とした神の国である」と発言したと新聞は報じている。また「神社を大事にしているから当選させてもらえる」「命というものは端的に言えば、神様からいただいた」「鎮守の杜やお宮さんを中心とした教育改革を進める」「神社中心に地域社会を栄えさせる」とも強調したと。(「毎日新聞」五月十六日)

森首相は神道議員連盟発足以来三十年のメンバーだそうだが、「天皇を中心とした神の国」ということを伝えるために活動をしてきたと述べている。この発言自体は失言癖のある森総理の口が滑ったということであろうが、なぜ森総理がそういう失言をするかということは、見逃すこと

のできない状況である。一言で言えば、「神道」が国の側の政治課題として前面に出てくるところまで状況はすでに来ていると考えねばならない。

備後・靖国問題を考える念仏者の会では、五月十七日、森総理大臣に抗議文を送ると同時に、本願寺に抗議声明を発表するよう要請文を提出した（資料一）。さすがに腰の重い本願寺もこの森発言に対しては、抗議文を五月十七日に発表している。

この森発言は一九九九年八月、広島県庄原市人権センターにおいて「広島県の公教育を考える」ということで行われた広島県議会の文教委員長・石橋良三県議の発言とも一貫するものであると見なければならない。

石橋曰く、「私は教育の指針をこれから神道に求めていこうと思う」「多くの宗教がある中で、まとめることができるのは神道である」「神道を日本人の指針にしなければならない」というものであった。

浄土真宗本願寺派の備後教区と安芸教区は石橋県議本人と、県議会議長、そして十月に県知事に申し入れをし回答を求め催促もしているが、本人及び議会からの返事はいまだにない。

そして二〇〇〇年四月二十七日、再び石橋県議は庄原市田園文化センターで開かれた庄原市教育会議第六回設立準備会での講演でこういう意味の内容を述べている。

前回、庄原で話した内容が本になり、今あちこちで出回っています。しかし、この内容が一部の浄土真宗の方、県会議員、教育委員などから「石橋の発言を撤回せよ」との要望がありました。わたしは四十年間、広島県の公教育の崩壊を見てきました。マイナスをプラスまでもっていこうと頑張ってまいりました。しかし、プラスにするための公教育の指針ができていません。

文部省は子どもに生きる力をつけることを大きなテーマとしています。しかし、これだけではダメです。「神ながらの道」の教育が必要です。しかし、わたくしがこれを言いましたら、これが神、神道教育ととられました。

日本人として、何千年もの間、一つの道をもって日本民族はあゆんできました。世界に数ある中の天地自然の中にその敬虔な思いを見い出し、生かされているという天地自然を受け入れる思いをもっているのは日本民族だけです。それを言葉にすれば、「神ながらの道」というのであります。

この発言は、「神ながらの道」としての神道を説明すればこうなるということで何ら目新しいものではないが、ただそれをもう一度公的なものに位置づけようとするための発言であることは言うまでもない。ズバリ言えば身も蓋もないので、少し「自然を大切にする」等というオブラートにくるんでいるが、実質は「神道は宗教以上の日本人の国民道徳である」としてきた戦前の「国家神道」そのままの内容であることはいうまでもない。

国においては森総理の「日本は神の国」という発言がその先駆けをし、広島県においては石橋県議が先頭に立って露払いの役をやっているということである。

政府は、「神道」の宗教性を隠蔽し、「日本人のこころ」「宗教はこころの文化」というようにオブラートにくるみながらもついに打ち出す時がきたと考えているということが、森発言の上にみえる。失言癖のある現総理の時代錯誤的アナクロニズムなどとこの発言を扱うと、状況を見誤ってしまう。

靖国神社の特殊法人化発言

一九九九年八月六日、野中広務内閣官房長官は、突如として「靖国神社の特殊法人化」の発言を行った。この発言は、今回の森発言とは違って、緻密に計算された観測気球としての発言である。

曰く、「首相や閣僚の公式参拝、また各国首脳も献花などができるようにするため」ということで、次の二点を実行しようというのである。

①靖国神社に祀られているA級戦犯を別の場所に分祀する。

②靖国神社は宗教法人格をはずし特殊法人として国家が管理する。

「衣の下に鎧」と言うのはまさにこのことである。一方では神道を「日本人のこころ」と持ち上げるかと思えば、もう一方では政府の都合で、靖国神社を神社でなくして利用しようというのである。何という政治の傲慢であろうか。「宗教を文化」として扱うとは、「政府の都合でその宗教の中に土足で踏み込んで、都合のいいようにいかようにでも変える」ということが、この野中発言に端的に顕れている。

今日まで本願寺教団をはじめ多くの宗教団体は靖国神社の国営化と、国営化への道筋をつけるための総理大臣の公式参拝に反対してきた。ただしその反対は、国家が戦争をするための施設として靖国神社を再び利用することへの反対なのであり、一宗教法人として靖国神社が存在することに反対するものではない。

すでに一九六〇年の後半から七〇年にかけて靖国神社国家護持法案が国会に提出された時、実は「靖国神社特殊法人化」も含まれていた。しかし、特殊法人化するということは、「神道的儀礼」を行うことはできなくなることであり、その時政府は結局法案成立を断念したという経緯をもっている。

また考えてみればもっともなことだが、靖国神社の宮司自身が靖国神社の特殊法人化に強く反対しているということは意外に知られていない事実なのである。いくら国営化されるといっても、神社が公民館と同じ位置づけとなり、「祝詞《のりと》」一つあげられないことを推進する宗教者はどこにもいない。

政府にとって、靖国神社もひいては神道も、利用できるだけ利用する「道具」であり「都合よく利用するイデオロギー」にすぎないことを、野中発言はいみじくも暴露している。

今回の森総理は次のように述べたとも伝えられている。

神様であれ、仏様であれ、天照大神であれ、神武天皇、親鸞聖人さん、日蓮さんであれ、宗教は自分の心に宿る文化だ。それを大事にしようと、もっと教育の現場ではなぜ言えないのだろうか。神も仏も大事にしようと学校でも社会でも家庭でも言うことが、日本国の精神論から言えば一番大事なことではないか。

（「朝日新聞」五月十七日）

まさに宗教を一括りにして「文化」と位置づける、「宗教文化論」ともいうべき正体の背後にある意図を見抜かなくてはならない。

「部落差別の原因を穢れ意識」（本書Ⅳで論じる）としていく手法と同じものが「宗教は文化」「神道は日本人のこころ」という論調に隠されているのである。

教育基本法の改悪

現憲法と一体である教育基本法の「改正」の動きもついに政治日程にのぼってきた。政府からすれば、国旗・国歌法を成立させた次のターゲットは教育基本法ということがはっきりしている。まさに森総理の発言がそうであるように、今日の青少年犯罪の原因を「歴史・伝統・愛国心・道徳教育などの欠如」とすり替えて、改悪を押しすすめようというものである。

すでに全国教育問題協議会で発表している教育基本法を「改正」しようという彼らの教育基本法「改正」案を見れば、何を削って何を取り込もうとしているのかがわかってくる。

二〇〇〇年二月一日、当時の森自民党幹事長は衆議院の代表質問にこう答えている。「戦後教育を支えてきた基本理念である平等・自由・権利を考え直すべきだ」と。

また、彼らの「改正案」には前文に、「国を愛し、国を守る国民の育成」を挿入。第一条の教育の目的には、「日本の伝統及び文化を尊重」と「感謝の念と奉仕の心を持ち」を入れる。そして、第九条の「宗教教育」には、「宗教心の涵養、宗教に関する知識、寛容の態度の形成及び宗教の社会生活における地位は、教育上これを重視しなければならない」に変えるとしている。ここでいう「宗教教育」とは「公」を重んじる中で「奉仕・感謝・謙虚・反省」などが強調されるものである。そして、その「宗教」をどこから持ってこようとしているのか、その中心が神道ということだ。

新しい教科書を作る会の高橋史郎副会長が、一九九七年三月、「神道は仏教とともに、わが国の伝統に根ざした宗教です。にもかかわらずいつまでも「神道指令」（敗戦後、連合国軍総司令部が、日本軍国主義の中心的なイデオロギーだった国家神道を国家から分離して公的財政援助などの支援を禁じるために出した指令）に呪縛され、神道のみをことさら国家から分離することは、国民生活を混乱に陥れることになる」と産経新聞に書いていることともピタッと符合してくるのである。

しかし、この教育基本法の改悪も、今になって急に言い出されてきたものでないことこそ問題の根の深さだ。すでに一九六六年十月の中央教育審議会答申「別記」として「期待される人間像」が発表され「五、畏敬の念をもつこと」の項目の中に、「①正しい愛国心をもつこと」、「②象徴に敬愛の念をもつこと」がうたわれ、すでに天皇（象徴）への「畏敬の念」と「愛国心」がセットで盛り込まれている。

それ以降、学習指導要領の中に、こうした観点をいかに盛り込んでいくか、そして教育基本法そのものを「改正」していくかということが文部省を中心になされてきたわけである。

一例をあげれば、近年、小学校の社会科・生活科の授業として、「地域の文化・伝統を大切にする」として「祭り」等が取り上げられるようになってきたのも、政府の側の長年の戦略の一環である。

政府の側は、「靖国神社国家護持・公式参拝」、というようなハードな面だけで、「神道」を公的に位置づけ、利用しようとしてきたのではない。むしろ、それよりはるかに恐ろしいのは、私たち一人ひとりに、学校教育の中で、地域社会の中で、そういう政府の意図があることをも知らず、神道を、それも神道という宗教として意識するのではなく、地域の文化として、受け入れてしまう土壌がそうとうできてしまっていることである。つまり、神道が宗教と認識されないほど、文化・習俗として私たちに意識されるようになることが、政府のねらいとしてきたものである。

曰く、「公式参拝などは問題があるかもしれないが、地域の祭りという文化まで目くじらをたてなくてもいいではないか」。「まして奉仕とか感謝ということは今欠けている大切な心ではないか」という思いをまず社会意識として定着させようとしてきたわけである。そしてその意識を相当広めた中で、満を持して教育基本法「改正」を打ち出してきたのである。

二〇〇〇年四月二十九日の「憲法改悪を許さない広島県民会議」での「憲法改悪をすすめるの

は右翼的発言をしている連中ではない、「そうはいっても現状ではしかたがない」という民主党、これが改憲の中心を担う」という小田実の言葉は傾聴しなければならない。それは教育基本法「改正」にもあてはまるのである。つまり、声高に復古主義を叫ぶ人間が改悪をすすめるのではなく、「文化や伝統ということでなら神道的なものも公的に許容せざるをえない」という者が多数となった時、それが実質、改悪を押し進める中心を担ってしまうという実態である。

政教分離と信教の自由

憲法「改正」の中心は第九条とされているが、第九条と同じくターゲットにされているのが第二十条「信教の自由」と第八十九条の「政教分離原則」である。

政教分離をめぐって一九六六年の津地鎮祭訴訟から、自衛官合祀訴訟、箕面忠魂碑違憲訴訟、岩手靖国訴訟、愛媛玉串料訴訟、中曽根首相公式参拝違憲訴訟、「即位の礼・大嘗祭《だいじょうさい》」違憲訴訟、その他にも地方でさまざまな政教分離訴訟が闘われてきたし、今も闘われている。

現在、すべての政教分離訴訟の判決はアメリカで判例理論とされている「目的・効果基準」を用いて出されている。「目的」とは、その行為が「特定の宗教を広めるという意識をもって行われたかどうか」ということを問題とするものであり、「効果」とは、その行為によって、「特定宗教を援助・助長・促進し、他の宗教に圧迫・干渉を加える」という結果をもたらしたかどうかという点で判断するというわけである。

愛媛玉串料訴訟や岩手靖国訴訟のように「目的・効果基準」を厳しく判断することで、政教分離を求めて訴えた原告勝訴の判決もあるが、多くは「社会通念」に照らしあわせて、特に最高裁では、原告の敗訴の判決も出されてきた。「目的・効果基準」の適用の仕方が裁判官によって違うということもあるが、もっともここでポイントとなるのは「社会通念」なる言葉である。裁判官は「社会通念に照らしあわせて、支出は社会儀礼の範囲を超えている」(愛媛玉串料訴訟)とか、「社会通念に照らしあわせて、宗教というよりも社会的慣習とみなす」(津地鎮祭違憲訴訟)というように、「社会通念」を基準に合憲・違憲の判断をしているのである。

これは逆に言えば、社会意識として、神道を限りなく宗教ではなく、文化として、習俗・社会的慣習として位置づけていけば、「社会通念」もかぎりなく、神道を文化・習俗として受けとめることになるということである。社会通念という基準の線を思い通りずらしていきさえすれば、文化・伝統・習俗として、公的なものに神道とその内容を取り込むことができるということでもある。

おわりに

政府は日本の敗戦以来、いかに社会意識として「神道は文化である」と位置づけるかということに大変な精力をついやしてきたといっても過言ではない。そして一方では、靖国神社特殊法人化のように、いかに一人ひとりの生命を国家に差し出させるかということにも精力を注いできている。

今までバラバラに見えていたその動きが、教育基本法「改正」、さらには憲法「改正」という段階になって、一つになって姿をあらわしてきたということである。

それを迎え撃つには、法律として現れたハード面を問うだけではなく、政府がその土壌として、宗教、とりわけ神道を「文化・習俗」として位置づけてきた私たちの「内なる意識」を問うことが、社会通念を政府の思うままに操られないためには、重要であるといわざるをえない。

〈資料〉

抗議文

二〇〇〇年五月十七日
浄土真宗本願寺派
備後・靖国問題を考える念仏者の会
代表　川上三郎

内閣総理大臣　森喜朗様

五月十六日の新聞報道（「毎日新聞」）によれば、森総理大臣は、十五日夜東京都内のホテルで開かれた神道政治連盟議員懇談会の会合で挨拶し、「日本は天皇中心の神の国である」と述べたと報道されています。

また、「神社を大事にしているから、ちゃんと当選させてもらえる」「命というものは端的に言えば、神様からいただいた」「鎮守の杜やお宮さんを中心とした教育改革を進める」と強調したとも報道されています。

「天皇中心の」というこの発言は、明らかに国民主権という憲法の原則を大きく踏みにじるものであることはいうまでもありません。

そして続く「神の国」であるという発言は、同じく憲法の「信教の自由」「政教分離」の原則を侵すものであり、断じて放置できるものではありません。

「天皇中心の神の国」という発言は、大日本帝国憲法下で、「天皇を現人神《あらひとがみ》」とし、「日本は神の国であり、神道は宗教以上の国民道徳である」として、国民一人ひとりに神道を強制した、「国家神道体制」の時代の発言そのままであります。

また森総理は、「鎮守の杜やお宮さんを中心とした教育改革をすすめる」とも述べたとされますが、「鎮守の杜やお宮さん」は紛れもない神道という宗教であるということも深く認識して戴くことを求めます。また森総理が神道の「情操面」のみ都合よく強調して、教育へ取り込もうとすることは、「神道は宗教以上の国民道徳」と位置づけたことと何ら変わりがないことを指摘させていただきます。

私たち宗教者にとって、一人ひとりの信仰が何ものにも侵されることがないという、「信教の自由」とそれを保障する「政教分離」の憲法の条文が守られることは、自らの信仰を守ることと同じ意味を持ちます。この二つを踏みにじることは、まさに総理がよく使われる「いのちの尊厳」を踏みにじることであります。

すみやかに、公の場で、発言を撤回し謝罪されることを求めます。

備後・靖国問題を考える会　事務局

広島県三次市東河内町二三七　西善寺内

＊　この章を書くにあたり、歴史的経緯は『新教育課程と道徳教育』（山口和孝）の資料によった。

町内会と神社――自治会神社費拒否訴訟

「神の国」発言の露わにしたもの

二〇〇〇年五月十五日、森首相が「神道政治連盟国会議員懇談会結成三十周年記念祝賀会」で発言した、「日本は天皇を中心とした神の国」という発言は、首相の「時代錯誤的発言」としてマスコミにも大きく取り上げられ、六月の衆議院選挙は「神の国選挙」などとも評された。衆議院選挙期間中、森首相は相次ぐ「国体」発言もあって、総理大臣来訪の応援演説の予定がキャンセルされたり、総理と一緒に写っている選挙ポスターを張り替えたり、というドタバタぶりが展開された。

問題は、首相の「神の国」発言に、「国民」がいかに「NO!」という意思表示を示したかである。たしかに選挙は自民党など与党の議席減、民主党など野党の議席増になったが、選挙後に

「神の国」発言で自民党が負けたと論じた新聞はなかった。森首相の発言以前に「景気の低迷」のために自民党の敗北はすでに語られていたのである。「「神の国」発言は、何の変化ももたらさなかった」と言えば言い過ぎであろうか。

民主党などの野党にしても、自民党を攻撃する選挙用の恰好の材料が手に入ったぐらいにしか思っていないことは、「国民」の誰にも見え見えであった。一時大きく取り上げたマスコミも、選挙が終われば、「水に流した」かのごとく取り上げようとしていない。森首相の失言によって垣間見えた本音に対しての、危機感と問題意識の欠如がマスコミにも、そして「国民」にも充満していると言ってしまえばそれまでなのだが。

ただそんな中で、朝日新聞大阪支局の記者が、「はたして日本は本当に神の国ではないといえるのか?」といって、全国を取材し「神のいる国」として連載した記事は、貴重なものである。

①「修学旅行で毎年伊勢神宮に行くことへの変更を求めてもいっこうに変わらない学校の姿」、②「村の公立保育所が、「神楽を文化」として、神楽の発表に全員に参加を求める様子」、③「町内会費に神社の氏子費が入っていることへ異議申し立てをして、「村八分」の目にあう」等々である（この中で報告された②と③の二例は、備後・靖国問題を考える念仏者の会のメンバーの報告であり、会として課題としてきたものでもある）。

この連載は、「神の国」は決して、〇〇大社や〇〇神宮というような、大神社にあるのではなく、地域の神社・氏神さまという中にこそ、私たちを縛っているものがあることを報告している。

なぜ、「神の国」発言が「信教の自由」「政教分離」という意味で問題とならないのか?。
それは、日常生活のレベルにおいて、問題がないのではなく、問題を問題と感じないほどに、「神」(それは「神の教え」ではなく、神を利用する共同体の集団)に縛られているからである。

神道は「共同体」の宗教である

今、「あなたは(神道の)神さまを信じていますか?」と聞けばどれほどの人が、「はい」と答えるだろうか。神社本庁が一九九六年から行った「神社に関する意識調査」の結果が「中外日報」(一九九七年二月四日)に掲載されている。その調査の中で、「神道を信仰している」と答えた人は三・八パーセントであったと報告されている。しかし、「神棚のある家」は五一・三パーセント、「氏神さまに年に数回程度お参りしている人」は、七〇・四パーセント、逆に「氏神さまにお参りしない」と答えた人は一六・四パーセントしかいない。

この結果を神社本庁の教学研究所はこう分析している。
「(信仰が三・八パーセントというのは)同種の調査から予想していた。個人的な面もあるが、基本的には神社神道は、共同体での祭祀」であると。

この数字とコメントは、神社神道の姿をよくあらわしている。「私が神さまを信じるか信じないか」が問題なのではなく、「地域社会の一員として、神さまの氏子として共同体の意志に従う」ことこそが、神社神道の本質なのである。

「こころの内」ではまったく信じていなくても、地域社会の慣例・伝統という名の決定に従って神社への寄付をし、祭りの役をこなしていれば、問題になることはない。しかしいったん、その慣例に異議を唱えれば、「理屈なし」の排除（「村八分」）が待っている。地域社会に「同化」するか、「排除」されることを選ぶか、神道の行事はそれを一人ひとりにせまるまさに踏み絵である。

福岡で一九八五年の中曽根首相靖国神社公式参拝違憲訴訟を闘ってきた先輩僧侶の言葉を思い出す。「毎年七月は「博多祇園山笠」で山車《だし》が各町ごとに出る。毎年多くの人が参加して、一大観光行事にもなっているが、元は櫛田神社の祭りにすぎない。山車は各町ごとに出し、祭りとなるとみんな命がけで、とてもそれに反対できるものではない」という。中曽根訴訟を闘ってきた先輩にとって、国相手の訴訟より、町内会の山車の方が超えるハードルは高いのである。

規模の大小はあれ、これと同じようなことは、日本全国ないところがないといっていいのではなかろうか。そして、この先輩住職も反対を言わない限り、神社の氏子として実質みなされているのである。「教えを信じているものはいない。しかし、みんな氏子であるとする」。ここにこそ、問題の本質がある。

また、先ほどの意識調査に対して神道時事問題研究会の世話人代表の宮司はこうコメントしている。

日本人にとって神道は宗教というより、生活習俗。信仰しているという意識はなくても、生活そのものが神道なのである。だいいち自分が神道の信者であると自覚している人は殆どいない。（中略）従来の氏子依存型から脱皮して地域社会とのつながりの強化を図りつつ、「各家庭に神棚を」のスローガンを、掛け声運動だけではなく、鳥居の外に出て汗をかきながら主張することが必要である。また神社を地域の広場にするよう、地域社会に対し積極的にチャレンジしていかなくてはならない。

こうした「神社を地域の広場に」というような神社神道の戦略は、すでに三十年以上前から取られてきたのである。それまでは、都市周辺部に新しく引っ越してきた人たちを、氏子として入れることのなかった神社側が、逆に地域ごと神社の氏子としていく方針がとられるようになる。高度経済成長の中で、都会に人口が集中し、従来型の氏子制度が通用しなくなった中での神社の方針転換であった。

町内会と神社をめぐる「自治会神社費拒否訴訟」

町内会と神社をめぐって訴訟になることは大変まれである。一九九九年十二月、佐賀の地方裁判所に、「神社の崇敬者（氏子）団体ではない地域の自治会が、会員個人の宗教に関係なく、あるいは無視してその会費から神社関係費などを支出するのは、個人の「信教の自由」を侵し違憲だ」とする「自治会神社費拒否訴訟」が起こされた。

かつて、町内会と神社に関しては、浜松で神社費をめぐり住民監査請求がなされ、和解がなされたということがある程度で、自治会と氏子費をめぐっての訴訟は前例がない。しかし同種の問題はないのではなく、全国のいたるところに今ある問題といっても過言ではない。備後・靖国問題を考える念仏者の会（略称・靖念会）の取り組みが始まって十五年になるが、あらゆる所でこの種の問題が渦巻いている状況が明らかになってきているのが実状である。

ではなぜ今日まで訴訟にならなかったのか。靖念会に集うメンバーの何人もが、町内会と神社の繋がりの問題を問う行動を起こしている。中でも、備後護国神社と福山市の町内会との繋がり（初穂料として町内会が一軒百円ずつ集める）など、裁判へという意見も起こったことがある。しかし、訴訟というまでにはいたっていない。

一つには、国を相手の訴訟とは違って、訴える相手が、「町内会」という日常的に顔を合わせる相手であることが訴訟になりにくい最大の原因である。そして二つ目には、町内会の法的位置づけ（どこまで公的機関として認知されるか）という問題から、勝訴という見込みがどこまで立つかという問題がネックとなってきたのである。

その意味で、今回の佐賀で起こされた裁判は、「町内会と神社費」の問題をめぐっては初めてと言ってよく、したがってその判決の持つ意味も大変大きい。私は、この問題が全国の隅々にある問題であることを思う時、今まで国や県を相手にした政教分離訴訟に勝るとも劣らない影響力を持つと考えている。だからこそ、そのことを知っている神社側は、一神社が対応するというのではなく、神社本庁が力を入れて町内会の尻を叩いているということが、裁判が進む中で原告側から報告されているのである。

雑誌『世界』二〇〇〇年六月号の「自治会神社費拒否訴訟」田中伸尚のルポによりながら、訴訟にいたる経緯を少し年表的に追って、その問題の根の深さをみる（裁判中、原告の男性には、無言電話やさまざまな圧力がかかっていた。したがって町名をあえて記載せず、Aさんとする）。

＊一九九一年夏にAさんは他県より佐賀のこの地域に引っ越し、地域の自治会に入会する。

＊一九九二年自治会総会で、「天満神社の建物を自治会の財産にして、自治会を地域法人にする」という提案が会長からあり、「自治会が宗教法人の建物を財産にするのはおかしいんではないか」と発言、翌年まで結論が持ち越しとなる。

＊一九九五年に「宗教関係費を含めた会費の徴収は信教の自由侵害」として、佐賀地方法務局人権擁護課に人権救済を申し立てる。自治会側は少し軟化の兆しをみせ、口頭で、「氏子費」等の控除を認める姿勢をしめし、和解寸前までになる。が、鳥栖市の弁護士が「和解条項」を作成したが、最後の段階になって自治会側が、宗教関係費を控除した会費徴収を認める条項の削除を渋り不成立となる。

＊一九九六年四月、自治会費に含まれている神社費などの費用を控除した金額の会費納入の申し入れと、自治会会計と氏子会計の分離を申し入れるが拒否される。

＊Aさんはやむなく、会費の納入を拒み、宗教関係費を除いた会費相当額を供託することにしたが、自治会側は会費を納入しない以上、「自主脱退」したとして、会員名簿にも登録せず、

総会議案書などの送付もストップ、一時は自治会を通じて配布される市の広報も配布されない事態が起きる。

＊一九九六年九月に佐賀県弁護士会の人権擁護委員会に三項目の人権救済の申し立てをする。
①自治会の構成員確認とその権利の全面承認。
②自治会は宗教関係費を除いた会費納入を認めること。
③宗教関係費と自治会費の会計処理の分離。

＊一九九九年一月に、県弁護士会は二年半に及ぶ関係者からの事情聴取を含む調査を終え、Aさんの申し立てをほぼ全面的に認めた勧告を自治会に送る。

＊自治会は弁護士会の勧告を無視。しかし、Aさんは再三申し入れを続けるが拒否される。

＊一九九九年十二月に提訴に踏み切る。

原告のAさんが指摘している自治会費の中の宗教関係費目は四種で、書証として提出されている九六年度予算書の場合は次のようになっている。

①氏子社格割　六万一五〇〇円　内訳は「氏子費」五万八五〇〇円、「社格費」三〇〇〇円
②仏教婦人会費　二万円
③諸手当　六万円　内訳は伝統行事実行当番手当、割方給各三万円
④村行事費一二万円

原告のAさんは、①は氏子が払うべきもの、③④についても、天満神社の行事を伝統行事とし

て、それを執行した神職と働いた人への手当と考えられるし、②も当然特定宗教の関係費であり削除の必要を訴えたのである。

氏子の費用は、氏子が払うべきものであり、現在の「信教の自由」が完全に謳われた憲法下においては、神社の氏子と町内会や自治会の構成員は同一ではない以上、自治会費に氏子費などの項目があるのは当然問題となる。

しかし訴えられた自治会側の姿勢は、「気にいらなければ、出ていけ」ということで一貫している。そして訴訟での論点として、被告自治会側の準備書面で、天満神社の地域社会における「公共性」を強調したのである。田中は自治会側の準備書面の次の点を指摘する。

（天満神社の）境内の主要部はゲートボール場となっている。よく手入れされていて、鳥栖市の大会の時は会場として使用される。余地部分のうち北東部には相撲場、中央部の近くにシーソー二基がある。相撲場はお祭りの時の子ども相撲用に区費で作られ、シーソーもまた子どもたちのために区費で作られた。休日など、他に広がりのある空間がないため、この境内は恰好のコミュニケーション広場としての機能を果たしている。

このように天満神社は、神社というより地区の人々の公園化しており、演芸、スポーツ、盆踊り、子どもの遊び場などの共通の使用目的に供されることが多く、同神社固有の宗教的儀式が行われることはまずない。

さらに、天満神社の祭礼についても、「農耕社会に根付いている「伝統的風俗や習慣」で、そこに集まる人は、特に神道に帰依しているというわけではなく、きわめて宗教色が薄い」と徹底して、地域社会における「公共性」と「文化」を強調する戦術であると。

こうした神社の位置づけは、先の神社本庁のアンケートのコメントにもあったように「神社を地域の広場」にという全国の神社の方針とピタッと一致したものであることは注目しなければならない。そして「神社の公共性、習俗性、文化性」を打ち出して、「宗教色を薄める」というやりかたは、町内会と神社をめぐって論議が沸騰しているところでは、まさにもっとも中心的問題の一つとなっているのである。そして、このことこそが国家神道体制下で強調された、「神社非宗教論（神道は宗教以上の国民道徳である）」の申し子であり、それを現代的にリニューアルして用いようとするものであることも、決して見逃してはならない点である。

では再び田中の被告の準備書面への指摘を引用する。

被告の心情を土着的に表現すると、それら社寺仏閣は地域を守る氏神である。それら社寺仏閣が社寺名としては特定宗教を名乗るものであっても、その他の氏神として住民に受け入れられるときは、特定の宗教宗派を代表するものではなく、没個性的な地区住民の一人ひとりを分け隔てなく守る、産土《うぶすな》の神としての尊崇を受ける存在なのである。

日本人の氏神に対する宗教観に基づく住民の心情は決して宗教心にのみ根ざすものではなく、宗教・宗派を超えた、その地域に居住する者ひとりの素朴で純真な住民感情なのであるから、それは信教の自由の問題ではない。

「純朴」「住民感情」「心情」という言葉で、被告側の「宗教色」を隠そうとする戦略は見え見えであると。

原告のAさんの計算によれば、宗教関係費は月額五百円の自治会費の中で四十三円にあたる。金額の多寡でいえば、「わずか四十三円」であるが、自分が信仰していない宗教に強制的に協力させられることは苦痛でたまらない「されど四十三円」なのである。

今まで、神道と国や県をめぐって争われてきた政教分離訴訟は、金額でいえば決して多くない。最高裁で原告勝訴となった愛媛玉串料訴訟でも、知事が出した玉串料は年一回五千円であった。「なぜわずかのお金を問題とするのか?」という声が現在も日本においては圧倒的多数であろう。

戦争中軍国少年であったという原告のAさんの言葉を田中はこう紹介している。

　戦争中、神である天皇陛下のために死ぬべきだ、と思わされてきた精神的支柱の一つが国家神道だと戦後になってわかりました。それ以後、国家神道、神社神道を信じたり、協力も一切したくないと思ってきました。

明治憲法下においては、「思想・良心の自由」や「信教の自由」は、完全には保障されておらず、国民は「神社は宗教以上の国民道徳である」とする国家神道を実践する義務が国から強制された。そのため、多くの思想弾圧・宗教弾圧が行われ、植民地支配や侵略戦争の遂行に大きな役割を果たしたわけである。

町内会と神社の関係を、金額の多寡の問題でなく、わたしたちの「信教の自由」の問題として考えることができるかどうか、そこにはたして戦後ははじまったのかが問われている。

二〇〇二年四月十二日に佐賀地裁の判決が出された。「(自治会の神社費徴収は)、他の自治会費用と合わせて強制的に徴収する方法は信教、信仰の自由を侵害し、憲法の趣旨に反し違法」として事実上違憲とする判決を下した。そして、自治会側が控訴しなかったため、この判決が確定し、大変大きな意味を持つこととなった。四月十三日の「毎日新聞」はこう報じている。

判決は①（自治会の法的地位）について、「当該自治会は任意加入の団体としては加入率が九十八％と極めて高く、脱退すれば疎外されるという心理的不安は軽視できない」として、公益性を認めた。
②（神社費の性格）について、夫妻が指摘していた支出のうち、神事の際の宮司に対する手当などを特定宗教関係費と認め「事実上、宗教上の行為への参加を強制するものであった」と違法性を指摘した。
しかし、その後自治会側が判決に従って、Aさんの自治会への名簿掲載を行っていないなどのことにより、再度Aさんにより自治会を相手に裁判が起こされ、二〇〇四年三月に判決が出されることになっているというのが実状である。

町内会と神社が結びつくようになった歴史

総理の「神の国」発言を取り上げる中で、石川真澄は、『週刊金曜日』（二〇〇〇年六月二日号）

でこう述べている。

柳田（国男）は、戦前の一九一五年、二八年のそれぞれ天皇即位の大嘗祭について、それが「村で繰り返して来た秋ごとの祭礼と、……まったく方式を同じくする点の存する」ことに注目しています。村の固有信仰、つまり首相の言う「わが国に昔からある」素朴な「人間を超えるもの」への畏敬の念は、国家にとって天皇制にきわめて結びつけやすいものだったといえるでしょう。

さらにその中で石川は次の丸山眞男の言葉を引用している。

同族的紐帯《ちゆうたい》と祭祀の共同と〈隣保共助の旧慣〉とによって成り立つ部落共同体は、その内部で個人の析出を許さず……また〈固有信仰〉の伝統の発源地で……〈国体〉の〈最終の細胞〉をなしてきた。

（『日本の思想』岩波新書）

このように見てくると、「特定の宗教ではない」固有信仰を持つ「鎮守の杜、お宮さんを中心とした地域社会」こそは、明治国家によって天皇制と関連づけられ、国家神道を成立させた大もとの存在だということが現れてくる。

もともと神道という宗教は、個人の信仰の中身を問わない、共同体・地域社会の宗教である。したがって、常に支配イデオロギーに利用されてきたのが神道のいつわらざる姿でもあり、神道の行事や文化が「民衆の純朴な心情を反映」というフレーズで語られることは、間違いであると言わざるをえない。

ただし、「国民」全員が一人の例外もなく氏子になることを強制されてきたのは、明治の国家神道体制からであることはいうまでもない。一八七一（明治四）年に「国民総氏子制度」が施かれ、日本「国民」を一人残らず国家神道の氏子にし、神棚の設置の強制や神社参拝の強制、また伊勢神宮のお札を受けることが義務づけられるなど、日本の侵略戦争の拡大とともに徹底されていった。

しかし、日本の敗戦により一九四五年十二月、国家神道体制は解体され、それぞれの神社は一宗教法人となり「国民総氏子」ということはなくなった。そして国家神道体制の復活を断つために、公共団体と宗教に関する厳しい規制が施かれたのである。

一九四六年十一月、町内会と神社の結びつきに対し、文部次官通牒を通じて厳しい禁止令が出ている。（『現代天皇と神道』徳間書店、二八〇頁～）

一、神社の寄付金、祭礼費等の募集や、神符等の頒布に町内会、部落会、隣組等よりの援助、又これらの機関を利用することは、「国家神道、神社神道に対する政府の保証、支援、保全、監督並びに弘布の廃止に関する件」の第一条第一項に反する。

二、市区、町、町内会、部落会等が種々の祝祭行事を行う場合は、如何なる場合でも、神社等の祭礼と厳密に分離し、誤解を生じないようにすること。なおその費用を神社等の名義によりて居住者に対して募集しないこと。

しかしこの通達は「国民」の上に徹底されたかといえば、そうではなかった。一九九七年の『宗教年鑑』によれば、神社神道系の信徒統計には、約一億二百万人の氏子の数が記載されており、これは日本の人口とほぼ等しく、この数字は、神社の側で明らかに「国民総氏子制」を保持しているといえる。

この禁止令そのものはサンフランシスコ講和条約で失効となるが、その精神を受け継いだのが一九四七年に施行された現憲法である。すなわち直接には第二十条の「信教の自由」、並びに第八十九条の「政教分離」の原則である。

憲法がいかに、空洞化しているか、解釈改憲がなされているかは、絶対平和主義を表した第九条だけではなく、政教分離の面においても危機的である。しかし、それは政治家の独断専行のみが、この状況を推進しているのではなく、それを問題視する人権感覚を私たち民衆が獲得していないということも見逃すことはできない。ただし政府の側から言えば、私たちが気づかないように上手にマインドコントロールしてきたとも言えるのである。

おわりに

佐賀県は西本願寺系の九州龍谷短期大学もある、真宗信仰の厚いと言われてきた所である。訴訟を起こした原告Aさんの地域も真宗門徒の圧倒的に多いところで、自治会費の中にある、「仏教婦人会費二万円」は地域で法座を開くための費用だそうである。この訴訟が起こって、真宗僧侶は真宗門徒は支援にたちあがったか?。訴訟の支援団体として「信教の自由と自治会を考える会」ができ、事務局を本願寺派の先輩僧侶が担っている。彼はいく人かの仲間に支えられ孤軍奮闘している様子が聞こえてくる。訴訟の支援を兼ねて真宗遺族会の集会が、佐賀のこの訴訟をテーマに二〇〇〇年五月三十日に佐賀教区教務所で開かれた。参加者三十人あまりだったろうか。しかし、地元佐賀出身の僧侶や門徒は十数人いたであろうか、後は遠来の支援者という様子であった。

それどころか、Aさんの自治会の地域の住職から、教務所が裁判を支援することにブレーキをかける働きかけがあったという話も聞いた。この佐賀の訴訟は、地域社会と神道の問題のみならず、寺院と地域、そして神社の構造が見事に重なっていることも明らかにすることとなった。地域社会や、ひいては国家にズブズブにつかってしまって、「信教の自由」とか「内心の自由」という信仰の生命をまるで失っていることを、はからずもさらけ出すこととなった。それは地域に「神社」という「氏神」を祀る場所と、「寺院」といっても「氏仏」を祀る寺があるにすぎないということでもある。自らの信仰を貫き、真宗門徒たらんとするAさんをもっとも苦しめている地域の人たちが、「信仰の厚い真宗門徒」を自負していることに、やりようのない悲しみを持つのである。

（二〇〇〇年九月）

＊　この章は、『部落解放ひろしま』の二〇〇〇年九月号として書いたものに、その後出され

た佐賀の自治会神社費拒否訴訟の判決の結果を書き足した。

＊　この章を書くにあたって、佐賀の「自治会神社費拒否訴訟」について、雑誌『世界』二〇〇〇年六月号の「自治会神社費拒否訴訟」田中伸尚のルポ、『寺門興隆』七月号の「鳥栖自治会費訴訟」に詳しく報道されているものを引用・参考にしている。

＊　「町内会と神社」については、筆者が事務局を行っている、備後・靖国問題を考える念仏者の会（靖念会）より、『町内会と神社』（靖念会出版）、『靖国を問う』（永田文昌堂）を出している。また同じく筆者が事務局をしている「備後護国神社と町内会の関係を考える会」より、ビデオ『政教分離を問う―備後護国神社戦没者慰霊祭』を制作し啓発活動を行っている。

公教育と神楽

「神の国」発言その後

二〇〇〇年五月十五日の森喜朗首相の「神の国」発言は、政府や自民党・保守層が密かに押し進めてきた、「神道を文化というオブラートで包んで浸透させ、再び国家が国民統制をするのに利用しようとしてきた」その一端を見せてしまったものであった。そして、私たち民衆の側にとっては、その企みに気づく絶好のチャンスであったにもかかわらず、その発言が生かせないままで来ている。

さらに、事態は次々と進行しつつある。二〇〇〇年の八月十五日は、首相の「神の国」発言だけではなく、七月十九日に首相の靖国神社公式参拝に道を開くために、自民党の議員等で「靖国問題懇談会」(座長・野中広務幹事長)が作られるということがあり、一挙に首相の公式参拝となるのではないかと警戒された。

しかし、靖国推進側はそう単純ではなかった。首相が、アジア諸国の反発を畏れて参拝しない隙間をぬって、石原東京都知事が、「公人として参拝して何が悪い」といって都知事として初めて公式参拝を行ったのである。石原都知事に対し、アジアなどの近隣諸国や市民団体から怒りの声があげられたことは言うまでもないが、問題はマスコミがそれほど批判の報道をしなかったということだ。もちろん、石原都知事の公式参拝は、首相と都知事の連繫プレーというよりも、大向こう受けを狙った石原のスタンドプレーというところであろうが。そしてマスコミだけでなく、「国民」も、「核開発は必要」「不法入国した〝三国人〟による騒乱事件」などの挑発的暴言を繰り返す石原都知事に対しての批判は、他の政治家に比べて大変甘いことに気づく。いや、「南京大虐殺」や「従軍慰安婦問題」についての発言で、歴代の大臣が、辞任していったことと比べてみると雲泥の差がある。もちろん、自由主義史観の教科書が学校現場に入り込もうという、今の日本の右傾化があることはいうまでもないが、それだけではない。

森首相の「神の国」発言で、「心地よさ」を感じる「国民」はまずいないだろうが、石原都知事の「〝三国人〟発言」の暴言・差別発言は、どこまで操作されたデーターか疑わしいところがあるにしても、六割が賛同したということはよくよく考えてみる必要があろう。なぜ石原発言に多くの者が賛意をよせたのか。ズバリ言うなら、単なる政治家石原に賛意を寄せたのではない、「文化人」（とマスコミが取り上げる）石原が発言した言葉だからである。石原のスタンスの取り方は実にうまい。「自分はいつでも政治家を辞めて、作家に戻る」と公言して、他の「金まみれの政治家とは違う」というイメージをうまく作り出しているのである。また、金まみれの他と同じ政治家になってしまった前大阪府知事の横山ノックや、パフォーマンスを演じられなかった前東京都知事青島幸夫とも異なり、保守化し排他的になっている民衆心理をうまく摑み煽ることに長けたデマゴーグ石原に、見事にマスコミは乗せられている。

また、この夏政府が打ち出した、「十八歳になっての一年間ボランティア構想」は、「徴兵制」につながるとすぐにマスコミも批判したように、ボランティアを利用しようという意図が見え見えで、現在の段階では、まだ少し時期尚早という判断か、いったん引っ込んだ形ではあるが、いずれ「ボランティア」も政府のコマの一つとして確実に登場してくることは間違いない。

自民党が二〇〇一年の参議院選挙に向け、全国区においても、政党だけではなく個人に投票できることを認める「非拘束式名簿」の法案が検討されている。もし法案が通過すれば、石原慎太郎ほどではなくても、政府や自民党など、権力の意図をオブラートに包む役割をする「文化人」がゾロゾロと出てくるであろう。

なぜ、日本「国民」は、コテコテの政治家には騙されなくても、「文化人」「有名人」には騙されるのか。一言で言えば私たち民衆の側に、「文化」そのものの排他性、普遍性を問う訓練がまったくできていないということである。私たちが「文化」と呼ぶものが、異文化との摩擦の中で、磨かれ問われていないというツケは今も変わっていない。

では、「鎮守の杜やお宮さんを中心とした教育改革を進める」「神社を中心にした地域社会を栄えさせる」という面についてはどうなったか。森首相は二〇〇〇年末の通常国会を、「教育改革国会」として開会すると言ったということをマスコミは報じている。いよいよ教育基本法の改悪に直接手をつけようというのである。手法は首相の諮問機関である教育改革審議会答申の内容を国民に問うという形で、前面には、必ず「教育の荒廃」と「日本人の伝統・文化の喪失」を打ち出してくるはずである。教育における国民の管理の総仕上げはこの二つの露払いで確実に進められていく。

二〇〇〇年七月十六日の「神社新報」では神社本庁が、国の動きに呼応するように、次のような記事を掲載している。

　国会の「憲法調査会」の内容の分析や憲法改正の世論を喚起するための「憲法問題対策室」を発足するという内容と同時に、まつりを通して地域社会の連帯を深める教化策を強化するための活動を推進することが決議

また同じ「神社新報」では、自由主義史観の高橋史郎明星大学教授の「荒廃の一途を辿っている青少年の心を癒すには、地域の教育力の拠点としての「いやしろ」・鎮守の杜《やしろ》を癒《いや》しの場として現代に蘇らせる必要がある」とし、「祭りをし踊りや相撲があって心がいやされる」という講演を掲載している。高橋教授によれば、「社（やしろ）」は「いやしろ」で「癒す」という意味があり、その行事が「祭り」「踊り」「相撲」などの行事であると述べたと。

使えるものは何でも使えということか、現代の流行「癒し」も国家の側にキッチリ取り込もうということである。

内舘牧子、横綱審議委員に

二〇〇〇年九月十三日の中国新聞は、一面に、「内舘牧子《うちだてまきこ》さん、ひらり！　横綱審議委員に」という記事を大きく掲載していた。女性で初めての横綱審議委員就任ということが、大きく取り上げられた理由である。内舘は何年か前、ＮＨＫの朝の連続テレビ小説「ひらり」で相撲好きの少女を描いた脚本家であり、その功績が認められたということでもあろう。

しかし、内舘のコメントを読んでおどろいた。「(女性が土俵に上がることについては) 大反対。お話にならないですね」と。さらに、女性の土俵への立ち入りについては、「伝統文化に男女平等を持ち込む必要はない」と。そして自らが横綱審議委員になったことについては、「横綱審議委員会は昭和二十五年にできた制度だから、ここまではギリギリ女性も入れる。まつりごと、神事に端を発する相撲の土俵に女性が上がれないことは差別ではない」と。

ここまでハッキリと言われると、相撲協会が内舘を横綱審議委員にした意図が明白になってくる。「女性が土俵に上がれないことは男女差別ではなくて伝統文化だ」と有名人であり、文化人と思われている女性の側から、ＰＲするということである。言うまでもなく、土俵に女性が上がれないということは男女差別の一つの象徴でもある。しかし、相撲協会は「相撲の伝統文化」という言葉で、問答無用の姿勢で批判を突っぱねてきた。しかし相撲協会もいつまでもこのままではいかないという空気を感じとったのであろう。森山真弓官房長官、太田房江大阪府知事と、役目としては表彰式に土俵に上がるはずでも、保守層の支持の中から出てきた女性の場合は辞退してもらえたが、いつもそうとばかりはいかないかもしれないと。

「伝統文化」を「聖域（タブー）」として位置づける役割は、差別されている側に、「そんなことはない」と言わせるのがもっとも効果的というのが支配者の常套手段である。内舘も、そんな相撲協会の意図をもちろん知って審議委員になったに違いない。

「そこのけそこのけ、伝統文化のお通りだ」とでも言う声が聞こえてくる。

「神楽」を「伝統文化」として公教育へ取り入れてきた問題

中国山地のある村の副住職をする備後・靖国問題を考える念仏者の会（以下、靖念会）の会員の一人が、一九九八年に「神楽と公教育」をめぐって問題を提起し現在にいたっている。副住職夫妻の取り組みを「中外日報」（一九九八年九月十日）は次のように紹介している。

〝神楽熱〟の波紋

この村は何度か過疎率日本一になったこともある村であるが、石見「神楽」が盛んに演じられ、教育現場にも神楽熱は及んでいる。公立保育所では毎年発表会で年長組全員が神楽を演じ、中学校では文化祭で男子全員が神楽を演じることになっている。

行政は「地域文化の継承」との名目で補助金を出し、地域の人々は郷土芸能による村おこしと受け止めている。

この村の寺院で暮らす副住職夫妻の長男が二年前公立の保育所に通い始めた。寺から三百メートルほどで近く、当初何も問題がないように思われた。だが発表会の神楽のことを知り夫妻は困惑した。

保育所で多く演じられているのは、酒呑童子《しゅてんどうじ》が退治される「大江山《おおえやま》」など、いわゆる勧善《かんぜん》懲悪《ちょうあく》（正義が悪としたものを退治する）のものばかりである。先生によれば、園児たちは一生懸命に練習を積み、発表会で一体感と達成感を満喫して卒園していくという。副住職夫妻は、長男がいずれ神楽の輪に加わらない訳にはいかなくなると思うと、二月の発表会が苦痛に思えてきた。

そこで夫妻は申し出た。「神楽を通して、子どもたちが勧善懲悪の考えを身につけるのは危険であること。氏神《うじがみ》信仰に根ざす宗教を、教育現場に持ち込むのは問題があること。せめて、選択演技にしてほしい――」。

先生は困惑した顔で応えた。「地域の皆さんは、お孫さんやお子さんの活躍を楽しみにしておられます」「お寺さんも地域から浮き上がらない方がいいのではないでしょうか」。いずれも善意の思いだった。それならばと保護者会で提案したが、到底思いが通じそうにない雰囲気が伝わってきた。反対に声を上げた副住職夫妻に対して、地域の圧力は大きかった。夫妻は三ヶ月悩んだ末、長男の保育所を変えることにした。今は寺から二十四キロ離れた別の幼稚園に通わせている。こんなことになろうとは、思ってもみなかったという。

当初夫妻は、長男を神楽に参加させるのも止むを得ないか、と思ったこともあった。が、声を挙げて話が進むほどに、問題の大きさに直面した。行政と住民が手を携《たずさ》えないとやっていけない過疎地では、地域活動に参加しないと怠けものかわがまま扱いされ、著しい批判を受ける。では皆が皆、神楽が心底好きかと言えば、必ずしもそうではない。また神楽が本当に村おこしになっているのか、と多くの人は疑問を持っている。要するに、村の政治的な力関係の中で皆が動いているにすぎない。その中で誰もが支配感や責任感を自覚しないまま、お互いがお互いを〝公益〟に貢献させていく。その上、肝心の子どもたちが演じている神楽の内容に、教育的な配慮はまったくない状態だ。夫妻はまず地道に時間をかけて、この問題に取り組むことにした。

最近になって「よう分からんけど、むつかしい時代になったなあ」という声も聞こえるようになってきた。今は皆が一概に、副住職夫妻の主張に反対しているわけでもない。中には「村の人権啓発になった」と、協力者も出てきた。せめて中学校の神楽は、選択可能なクラブ活動にしてもらいたい。夫妻は、今後も人権の問題として、この件を提起していきたいという。

毎日幼稚園の送迎は往復で延べ百キロ近く、負担も大きい。それに長男から「僕も皆と同じ保育所に行きたい」と言われるのが辛い。だが長男の感じる寂しさや戸惑いを常に家族で受け止めて、この問題を乗り切っていきたいという。

夫妻は、「国や地域を自慢する子より、優れた人間性を持つ子を育てたいんです。文化の異なる人とも、人間的な素直な気持ちで接することができるような、おおらかな優しさを持つ子になってほしいと思います」と語っている。

副住職夫妻の問題提起の後、保育所の神楽発表会が「神楽遊び」に切り替わり、全員参加はなくなった。しかしまだ中学校では、授業で神楽が教えられている。村の教育長は「教育の場で神楽を強制しているわけではない。しかし、現実には一学年が二十人を切るような状況で、全員が参加しないと神楽は成り立たない」（二〇〇〇年六月三十日『朝日新聞』「神のいる国」中）と述べる状況への副住職夫妻の取り組みは続く。

神楽と公教育の問題

神楽を公立保育所や小・中学校で行う問題点は整理すると三つある。（靖念会編『神楽と神道と公教育』より引用）

一つには、神楽は神道という宗教に根ざす、宗教儀式であるということ。あえて伝統文化というなら、神道に根ざした神道的伝統文化といわなければならないこと。

二つには、神楽を文化として扱っても、個人の思想・信条の自由は侵してはならないものであること。

三つには、神楽の持っている勧善懲悪という思想の問題点。

特に、近年の神楽熱は、神楽を神道行事ではなく、地域の伝統文化として切り離して位置づけ、公共性を持たせようとする傾向が顕著である。靖念会では、「神楽」とはいったいどのようなものなのか、講師を呼んで学習会を重ねた。

第一の問題、神楽は神道に根ざす宗教儀式であることを見てゆくこととする。

＊神楽の起源

神楽の起源、起こりは『古事記』、その中でも「神代の巻」、「天岩戸（アマノイワト）」、「八岐大蛇（ヤマタノオロチ）」。さらには『日本書紀』に出てくる「天尊降臨（テンソンコウリン）」や「出雲の国譲り」、「八幡（ハチマン）」という応仁天皇を讃えたものや「塵輪（ジンリン）」という外国からの悪魔を払うものなど。さらに『古語拾遺』というようなものの中にある神話から起こってきたというのが常識となっている。

「庭火《にわひ》炊《た》く　天の岩戸の夜神楽は　これぞ神楽のはじめなりけり」という歌は、神楽の初めを見事に伝えている。

＊神楽の語源

なぜ「カグラ」というのかということでもっとも有力とされているのは、「カミクラ（神の座）」

ということから来たというもので、「カミクラ」がつまって「カンクラ」になり、さらに「カングラ」から「カグラ」になったというものである。

神座《かみのざ》（カミの座）というのは、「ここに神さまがおられる」という意味で、「神楽がある所には、神さまがおられる」ということで、そこにおられる神さまを、お祭りしたり、慰めたりする行事が、また神楽になっていった。

神楽にも、一番古い形の宮中で舞う、御神楽《みかぐら》、それが里へ出てきて、大八車に御神輿を積んで、それで辻々で舞う里神楽《さとかぐら》になり、お金をもらって歩くという庶民化した神楽まで出てくる。そして、劇化され大衆受けするような神楽になって、娯楽の要素が強くなっていくわけである。そこから、「神さまを喜ばす神楽」から「神さまもみんなも喜ぶ神楽」に、そして「みんなが喜べば神さまも喜ぶ神楽」へと、意識は変わっている。

＊神楽は神道である証

しかしいくら、「みんなが喜べば―」となっても、神楽から神さまが切り離せないことは現在の神楽でも明らかである。舞の演目がさまざまあっても、すべてが「神迎《かみむか》え」「神降《かみお》ろし」という舞から始まっていることである。そのために「穢れ」を払い清める舞をするわけで、その後、さまざまに劇化された舞が舞われるのである。

＊神楽の広まり

神楽が広まっていったのは、地方地方の氏神信仰と結びついたということが大きい。地域共同体を括《くく》る神道という氏神信仰の中で、神楽が位置づけられ、神社の儀礼・行事となっていったわけである。

第二の問題は、たとえ神楽を文化的に取り扱ったとしても、それが強制されてはならないものであるという点である。「伝統文化」であるから、「嫌だ」と思う者にも強制されていいわけはない。意識的に強制していなくても、もし拒否しづらい状況が作られているなら、それは拒否する者を許さない、排他性・独善性・全体主義に他ならない。「日の丸・君が代」を「国旗・国歌」の名の下に強制していくのと同じことである。その違いは、一方の強制する主体が国家であり、一方が地域社会というだけである。ただし、その地域社会の強制力を国家が再び巧く利用しようとしていることは今まで述べてきたとおりである。

ここまで述べてくると、神楽がその内容として勧善懲悪《かんぜんちょうあく》の思想を表現しているというのは、たまたまではなく、必然的に備えている思想だということがいえよう。それは、一言でいうなら、文化は文化でも、支配者の文化、強者の文化、差別の文化に他ならない。

人権とは、国家と結社（中間集団）からの自由である

人権思想は、国家権力といえども個人の内面に立ち入ってはならないという、「国家からの自由」を保障したものであることは言をまたない。それが自由権のはじまりである。国家から丸裸の個人が侵されないためのバリアーとして憲法は存在する。

しかし、現実には国家と個人が直接向き合うというのではなく、家、地域社会、自治体、企業という国家と個人との中間に位置する中間集団がある。フランスなどでは「結社《けっしゃ》からの自由」という ことが人権として大きな問題とされているが、今まで日本の人権思想ではこの中間集団の権力性はほとんど問題にされてこなかった。しかし日常的には非常に大きな権力として中間集団は個々に対して存在している。

この場合中間集団が、国家の権力性の防御になる時は、人権を守る上において大きな盾となるが、国家の権力性を直接個人に加えるという働きをすると、個人にとっては何重もの圧力と闘わなければならなくなる。日本の地域社会の機能がまさにそうであり、国家が手を出す前に、地域社会という中間権力が個々人を押さえこんでしまうようになっている。

その時、錦の御旗として掲げられるのが「伝統文化」を守るということであり、目的は「地域の活性化」、そして手段は「神楽」であり「祭り」である。たしかに善意で取り組まれている方が多数であろう。しかし、その取り組みが善意であればあるほど、個々の人権を奪い、主体性を奪っていく構造になっている。

おわりに

国が「伝統文化」を掲げる背景には、個人の人権を踏みにじり、個人を国家に奪っていく凶暴な「靖国思想」が隠されている。しかし、建て前と本音の距離はだんだんと接近してきており、両者が一緒になる時はそう遠くない。

かつて「国体護持」という名の下に、すべてが押しつぶされていった時代を日本はもっている。いままた、「地域社会の活性化」「伝統文化」という名で、すべてを押し込めようとしている。

この伝統文化という風にのってきたファシズムに飲み込まれていかないために、その背景を見抜く眼を養う反差別の文化を育てることができるか、そこに反戦・反差別の運動の正否がかかっている。

（二〇〇〇年十一月）

＊　この章は備後・靖国問題を考える念仏者の会編集の『神楽と神道と公教育』を引用・参考にしている。

Ⅳ 「穢れ意識」を問う

日本文化の因習と部落解放運動

はじめに

最近、人権学習会という場面で「六曜」や「ケガレ意識」の問題を取り上げることが全国的に急増しているように思う。「六曜」や「ケガレ意識」を解放運動の課題として取り組むということはもちろん以前からあったことである。しかし、以前の取り上げ方と今の取り上げ方は位置づけが大きく異なっている。

「日本文化の因習」である「六曜」「ケガレ意識」「イエ意識」等が、今までどのように権力に利用されてきたのか、今また利用されようとしているのか、まず基本的視点を最初に明確にする必要があると思う。

そこでまず、具体的な一つ一つの問題に入る前に、今政府の側がどのように「因習」を利用しようとしているのか、部落解放運動との関係で整理しておきたい。

部落解放運動と「六曜」「ケガレ論」等の因習

部落解放同盟中央本部の綱領は、一九四六年に策定した綱領を、一九六〇年に新たに作り、そして一九八四年に改正した綱領を、一九九七年の第五十四回大会で大幅に変更するという経過がある。このたびの綱領の基本目標の三にはまず次のようにあり、「イエ意識」や「ケガレ意識」が前面におし出されている。（一九九七年　第五十四回部落解放同盟全国大会資料）

三、われわれは、部落差別を支える非民主的な諸制度や不合理な迷信・慣習、またイエ意識や貴賤・ケガレ意識など差別文化を克服し、身分意識の強化につながる天皇制、戸籍制度に反対する。（『綱領』）

今回の「綱領」とそれまでの「綱領」とでは、何が違うのか。一言で言えば、これまでの「綱領」が、「身分と階級の統一的把握」を柱としていたの対して、新たな綱領の中では、「階級史観」の視点がまったく捨て去られたものになっているという点である。九七年までの「綱領」の前文の一部を引用する。（『部落解放同盟綱領・規約・規定集』）

今日なお、部落差別が解決しえないのは、先進資本主義国として発展をとげ高度に発達した生産技術を駆使する段階になって、更になお、資本主義の私的所有からくる矛盾は拡大の一途をたどり、労働者の無権利・低賃金によるコストの安い商品生産のために、支配階級は依然として、部落差別を利用し女性差別や民族差別などとあいまって、労働者階級、勤労者階級層に分断をかけ、管理主義を強化し続けているところにある。

階級史観の視点を捨て去った解放同盟中央本部は、自らの綱領に対して「人類史観」であると命名しているが、それが何をさすのかまったく明確ではない。「階級史観」を否定せんがために、苦しまぎれに名づけたといわれてもしかたがなかろう。（「解放新聞」一九九七年一月五日号広島県版に指摘）

九八年の「綱領」を反映した運動方針を見ると「基調方針」の前文、「一、部落解放運動をめぐる情勢の特徴」というところにはこうある。（「解放新聞」一九九八年四月六日）

この天皇を頂点とする同族主義的な「イエ」社会は、身分意識や「ケガレ」意識と結びついて、「身内一統に部落の血を入れるな」となり、部落解放のみならず、女性解放を妨げ、障害者や外国人への差別も生んできました。

また、部落解放運動の基本方向と課題の項目の七番目には次のように書いている。

七、「イエ意識」「ケガレ意識」、「貴賤・浄穢」の観念や戸籍制度などへの問題提起を通じて、社会意識の変革と制度改革の実現をめざそう。

①　部落問題が社会問題であり、その意識での現象が社会意識として存在している以上、部落にたいする予断や偏見といった「心理的差別」は、今日の社会実態総体の反映です。部落問題にかかわる正しい知識の普及と、部落の実態の改善が、市民の意識変革に正

比例しないもどかしさは、必ずしも啓発活動のあり方だけの問題だけではなく、「イエ意識」や「ケガレ意識」、そして「貴賤・浄穢」の観念など慣習・伝統にもとづく社会意識やそれを支える社会構造に大きく起因しています。

③ 東西両本願寺などは、葬儀などで「塩」を「キヨメ」と称して使用することや、「死」あるいは「死者」を「ケガレ」とみることは誤りであり、「キヨメ」の「塩」の使用を行わない運動を教団として展開しています。こうしたとりくみを宗教界に広めていくことが重要です。（中略）また、冠婚葬祭の儀式や「六曜」問題などを解説する出版物にも、多くの問題点が存在します。出版各社へ問題提起もしています。

「貴賤・浄穢」の観念は部落差別のみならず、女性差別や障害者差別などを生む土壌でもあります。

反差別共闘を強め、この意識を支える社会システムに強力にメスを入れていきます。

この文章はどう解釈されて、今具体的な運動に結びつけられているであろうか。端的に言うなら、「被差別部落の環境改善はもう済んだ。しかし差別意識がなお残るのは、「イエ意識」「ケガレ意識」による。したがって東西本願寺が「キヨメ」の塩を廃止する運動をしたり、「六曜」迷信を廃止したりする運動を通して、差別の根本原因である「ケガレ意識」をなくしていこう」と、読まれているのではないか。

本願寺教団に籍を置く私から見てこの運動方針は、「部落解放運動を、対策主義ですませようとしている東西本願寺の一部の勢力」からすれば大変に都合のいいものであるといえよう。なぜなら、キヨメ塩や六曜の「因習」に取り組めば、部落解放に取り組んでいるというお墨付きをもらったように受けとめるからである。「キヨメ塩」を止めて部落差別がなくなるのか、「六曜」を止めて部落解放が達成できるのか、そんなことはないのである。

政府の部落解放運動への攻撃

一九六五年、今日の部落解放運動の基本となる『同和対策審議会答申』（以下、同対審答申）が出された。そこにおいて、部落差別の社会的存在意義は「経済の二重構造」の矛盾をおおいかくすために「沈め石」として位置づけられていた。そして、「経済構造の特質は、そっくりそのまま社会構造に反映している」と押さえたのである。その上に封建的因習を次のように位置づけている。

このような経済構造の特質は、そっくりそのまま社会構造に反映している。すなわちわが国の社会は、一面では近代的な市民社会の性格をもっているが、他面では、前近代的な身分社会の性格をもっている。今日なお古い伝統的な共同体関係が生き残っており、人々は個人として完全に独立しておらず、伝統や慣習に束縛されて、自由な意志で行動することを妨げられている。また封建的な身分階層秩序が残存しており、家父長制的な家族関係、家柄や格式が尊重される村落の風習、各種団体の派閥における親分子分の結合など、社会のいたるところに身分の上下と支配と服従の関係がみられる。

さらにまた、精神・文化の分野でも昔ながらの迷信・非合理な偏見、前時代的な意識などが根強く生き残っており、特異の精神風土と民族的性格を形成している。

つまり、一九九七年に新たに策定された解放同盟の綱領でいうところの、「イエ意識」は、「古い伝統的な共同体関係」「封建的な身分階層秩序」「家父長的な家族関係、家柄と格式」という部分であり、また綱領の「ケガレ意識」とは「昔ながらの迷信・非合理的な偏見、前時代的な意識」ということにあたろう。しかし、それは「経済構造」「社会構造」の反映であると書かれていることは、まず銘記すべきである。

さらに一九六五年の答申では、「心理的差別」と「実態的差別」とは相互に因果関係を保ち相互に作用しあっているとした。すなわち、心理的差別が原因となって実態的差別をつくり、反面では実態的差別が原因となって心理的差別を助長するというのである。そして、この相関関係が差別を再生産する悪循環を繰り返すと位置づけたのである。

心理的差別とは、人々の観念や意識のうちに潜在する差別であるが、それは言語や文字や行為を媒介として顕在化する。たとえば、言葉や文字で封建身分の賤称をあらわして侮辱する差別、非合理的な偏見や嫌悪の感情によって交際を拒み、婚約を破棄するなどの行動にあらわれる差別である。実態的差別とは、同和地区住民の生活実態に具現されている差別のことである。たとえば、就職・教育の機会均等が実質的に保障されず、政治に参与する権利が選挙などの機会に阻害され、一般行政施策がその対象から疎外されるなどの差別であり、このような劣悪な生活環境、特殊で低位の職業構成、平均値の数倍にのぼる生活保護率、きわだって低い教育文化水準など同和地区の特徴として指摘される諸現象は、すべての差別の具象化であるとする見方である。

このような心理的差別と実態的差別とは相互に因果関係を保ち相互に作用しあっている。すなわち、心理的差別が実態的差別をつくり、反面では実態的差別が原因となって心理的差別を助長するという具合である。そして、この相関関係が差別を再生産する悪循環をくり返すわけである。

ここには、「実態的差別」と「心理的差別」の関係が、「相互に因果関係を保ち相互に作用しあっている」とし、決して心理的差別が一方的に実態的差別を生み出すというような関係にはなっていない。

部落解放同盟は、解放運動をすすめていく上で部落差別を規定する「三つの命題」を生み出した。

一、部落差別の本質

二、部落差別の社会的存在意義

三、社会意識としての差別観念

そして、運動方針として、「社会的立場の自覚的認識」という言葉でそれらは提示されてきた。

自らの社会的立場における差別・被差別の関係を自覚的に認識するところから、解放への歩みも連帯もはじまると。

しかし、部落差別の原因が何か（部落差別の社会的存在意義）ということが、経済構造とはまったく違って、「ケガレ意識」「イエ意識」ということになれば、他の命題も当然変わらざるをえない。九七年の新しい綱領のように、同和対策事業等により環境整備はととのったが、しかし差別観念だけが残って差別事件が起こっているということになれば、「差別の本質」は当然違った形で表現せざるをえないことになる。一九九七年以前の綱領からすると譬えてみれば、「根のない花がいつまでも咲いている」という話になってしまうからである。そして、具体的運動方針も違ったものが柱とならざるをえなくなってしまう。

残念ながら、みごとにと言うべきか部落解放同盟中央本部の新たな綱領と運動方針の変更は、その轍を踏んでいるといわざるをえない。

政府の側は一九八五年に「地域改善対策協議会　基本問題部会報告」（以下、地対協部会報告）をしかけてきた。その内容は、それまでの部落解放同盟が積み上げてきた、解放運動を真っ向から否定するものであった。項目だけでも挙げてみると、「①糾弾の否定。②部落責任論の展開。③法の打ち切りと一般行政への円滑な移行。④行政責任の放棄。⑤「エセ」同和批判に名をかりた解放運動つぶし」というものである。（「「地対協」基本問題検討部会報告に対する抗議声明とわが同盟の見解」部落解放同盟中央本部編、一九八六年）

しかしその政府の攻撃に対し、部落解放同盟は、連帯する同和問題に取り組む団体、社会党などの支援の政党によって全国民的な反対運動が展開され、地対協部会報告は葬りさられた。私たちの本願寺教団においても『宗報』などで「地対協部会報告」批判の論陣を張り、研修会も行われた。その中で五年の「地域改善対策特定事業に係る国の財政上の特別措置に関する法律」（一九八七年）が勝ち取られた。（九二年に五年延長）

しかしそれからちょうど十年、政府の「地域改善対策協議会、基本問題部会報告」という形で新たに解放運動潰しをはかってきた。その実質的内容は、一九八六年の「地対協部会報告」と同じもので、ただ円滑に一般対策に移行するため五年の猶予期間をもうけたというだけのものである。（『九六「意見具申」批判草稿』小森龍邦）

しかし状況は十年前とはちがって総保守化の体制はできあがっており、労働運動は労使協調の「連合」に流れ、政党では社会党が崩壊するという状態で、すべて外堀は埋められた状況である。政府の側はここぞとばかり、被差別者の主体的な解放運動を封じ込め、差別の実態を糊塗し、解放運動を権力主導の下に屈服させて、一日も早い終結宣言を出すよう手をうってきたのである。

その中で部落解放同盟中央本部は、九八年には「地対協部会報告」を「第二の同対審」（「芸備人権新報」一九九八年四月二十四日）と呼ぶ所まで追い込まれたのが実状であった。十年前には総力をあげて反対し葬りさったものを、十年後には、これほどすばらしいものはないというまでに社会全体は総保守化・反動化したわけである。

十年のうちにどれほどの事業がすすんで、部落解放に大きな進展がみえたのか、何の説明もないまま、「これからは解放運動の第三期だ」「二十一世紀は人権の世紀だ」と打ち出された。(『新たな解放理論の創造にむけて　中央理論委員会〔提言〕』一九九三年、部落解放同盟中央本部)

しかし全国調査で明らかになった一千部落の未指定地域は、いまだ何の手もうたれることなく、一般対策の円滑な移行で切り捨てられようとしているのではないか。

一九九五年、政府は世界で一四六番目で「人種差別撤廃条約」の批准をした。このことを部落解放運動という視点からいえば、多くの国は条約を批准すれば「規制法」をもうけるが、日本の場合は、罰則の規制もない。はては予算措置も行われないというのである。そして政府の関係者の声として、人種差別撤廃条約には「部落差別は含まない」というのである。部落解放という点からいえば、この条約の批准によって長年の念願である部落解放基本法の制定が近づくどころか、部落解放基本法を作らないダメ押しをしたようなものであろう。

また政府は一九九七年「人権擁護施策推進法」を制定し、審議委員会を発足させた。一般対策への円滑な移行が行われるためである。そしてその中にはついにというべきか、新たな融和主義の象徴的言葉とも言うべき、「国民相互の理解」という言葉が語られている。これは差別される者も差別する者も、お互いに理解しあって差別解放に向かっていこうという、「自らの立場」をまったく喪失したものとなっており、行きつく先は言うまでもなく、被差別者が悪いという部落責任論以外にはない。(「芸備人権新報」一九九五年十二月一日)

政府が法をもって強制するだけでなく、解放同盟中央本部までそれに迎合した中で、融和主義という古くて新しい問題を一人ひとりが打ち破っていくことができるか、本願寺教団の同朋運動においてもその問題を抜きにして「信心の社会性」の実践はありえない。

新たな融和主義は、「差別の原因」を「心理的差別」にのみ求め、教育・啓発の活動が強調される。そして「実態的差別」、差別構造としての社会構造、そしてそれを生み出す社会の生産関係ということはまったく置き去りにしたものとなっている。

「イエ意識」、「ケガレ意識」等の社会の「因習」の強調は、差別の問題が再び「心の問題」「思いやり」「感性」の問題にのみ矮小化された証であるといえよう。

それは目の前に、「もう社会意識としての差別観念も大してなくなってきたから、人権一般の問題にして、かえって部落差別の問題は言わない方がいい」という考えが見えるところまできてしまっている。今まで「寝た子を起こすな」ということこそが差別を温存助長していく誤った考えであるということからまったく逆の主張をするということになりかねない。政府はそれこそ手を叩いて喜ぶであろう。またそれは今まで融和主義として批判してきた「部落差別は封建遺制の残滓《ざんし》であり、特に近代民主主義社会となり基本的に部落差別は解消しており、もうすぐ差別はなくなる」という国民融合論と何ら変わりのないものになってしまうということではないか。

「六曜」「ケガレ意識」の利用

解放同盟中央本部で提起されてきた差別の原因としての「イエ意識」「ケガレ意識」という視点では、差別の原因を「心の問題」のみに帰結していくものであり、権力者の支配のイデオロギーの一つとしての「ケガレ意識」の利用という意図はとても問えないという危惧を持つ。

一面では、支配イデオロギーとしての天皇制に「神聖性」を保とうという権力側の策謀は戦後ずっと続いており、神道を文化・習俗としてみていく世論を作りあげ、また、国家による「国民」管理、さらには、天皇の神聖性への布石として、今日の「日の丸・君が代」強制がある。

権力側が強制してくる「日本文化の麗しき伝統」などという美名にくるまれた天皇制からくる「浄穢観」にこそ「NO!」と言えるか、そこに「ケガレ意識」等の因習を社会構造のどのレベルまで問題にしているかの証となるであろう。

「日の丸」「君が代」も「天皇制」も視野に入らない「因習」論は百害あって一利なしである。それは「六曜」についても同様である。「六曜」は問題にしても、同じ暦としての「元号」は問題にならないようなら、どこかに、権力側と衝突することのない「内にとどめる境界線」をすでに引いてしまっているわけだろう。

そして、権力側の巧妙さは、こうした因習を社会意識を操作するためとことん利用しつくすところにある。

封建的「因習」を権力の側がどのように利用してきたか、部落問題ということからみるなら、三つの段階で見ることができるのではないか。

第一には、江戸幕藩体制下における被差別部落への差別意識を助長する有効な手段として積極的に利用したといえよう。

第二には、明治以降の国家権力は、天皇の神聖性の対極に被差別部落を置いたため、因習を温存・助長することはあっても部落差別と結びつけ正面切って問題であると、取り上げていくということはなかった。

第三段階の今、権力の側は解放運動を潰す手段として、「ケガレ意識」などの因習を取り上げ、心の問題へ差別の原因をすりかえるのに利用している。

解放運動を潰してしまえば、政府の意図する「ケガレ意識」等の役目は終わり、次の日からいわなくなるということであろう。

おわりに

一月の終わり、京都の研究会で「今、「ケガレ論」と融和主義」というテーマで以上のような発表をしたら、大阪の部落解放研究所に籍を置く方がこう言われた。

私は今日の発表はまったくそのとおりだと思う。解放運動の中央本部が突然に「差別の原因はケガレ意識やイエ意識だ」と言いだしたが、組織の中で議論が煮詰められたわけではまったくない。

そして、水平社の運動を担った井元麟之の最後の逸話、「うかつの責任」という話を、水平社の設立以来、政府や権力との闘いの中で解放を勝ち取ってきた井元が、「自分の身の回りの日常の生活レベルでのこと（六曜やケガレ意識）を見落としてきたのは、「うかつの責任」であった」と語ったというのである。

家に譬えるなら、部落差別を作り出している中心の柱とそれを補助している補助柱を間違えたのでは部落差別はなくならないということである。しかし「ケガレ意識」等という補助柱も部落差別を再生産する働きはしているのだから放っておいていいわけではないことはいうまでもない。しかしそれはあくまで、補助であって、補助柱を切ることだけで、部落差別を生み出す大黒柱がのこっている以上、部落差別はなくならないのである。

＊「ケガレ」と「穢れ」

「ケガレ」は（文化人類学では）一つには、〈安定した秩序を攪乱する異分子〉〈既成の文化体系を破壊する危険な要素〉〈境界領域にあって分類できない曖昧なもの〉をさす。もう一つは、異分子を特定して、その内部から外に追いやって自分たちの中心性や共同性を確立していくものをいう。

「穢れ」は、〈浄・穢〉の観念から、とくに死・産・血にかかわるものをケガレとして忌避し、排除するようになった。今日、部落差別、女性差別、障害者差別などの思想的基盤となっているのは、このような〈浄・穢〉観念に基づく。（『新修　部落問題辞典』）

本書においては、部落差別を温存・助長してきた意識において「穢れ」を用い、より広い「秩序の破壊」や「異分子を特定して中心性を確立する」という意味の場合には「ケガレ」を用いている。

＊　身分と階級の統一的把握

今日の部落解放理論では、封建的身分制に歴史的起源を持つ部落差別が、資本主義的階級関係に組み込まれて現在にいたった問題と把握されている。階級論を基底に置きながらも、しかも階級のみに焦点をあてることのない理論を、部落の実態と、差別の現実のなかから構築しつつある。

（「身分と階級」『新修　部落問題辞典』）

（一九九九年八月）

＊　この章は拙論「部落解放運動における「ケガレ論」の位置づけ」（九州・沖縄同朋運動推進協議会『解放と連帯』第一号）を要約して転載している。

「六曜」を問う射程

はじめに

「江戸時代の本願寺教団の過ちをもう一度繰り返してはならない」、現在の部落解放運動の動向を知るにつけ、本願寺教団に身を置く者として痛切にこのことを思わないわけにはいかない。「観念（ケガレ観・家意識）こそが部落差別の本質」という主張が解放同盟中央本部の考え方として提起されるにおよんで、ついに日本の最後の砦であった部落解放運動の危機を思う。

しかし、だからこそ私たち本願寺教団は、特に江戸幕藩体制以来、国家権力の支配に取り込まれる中で、穢れ観をどう位置づけてきたのか、今こそその痛恨の歴史を振り返る時であろう。それを顕著に示すものが、江戸時代中期の儒学者・太宰春台の『聖学問答』に示した真宗門徒の姿である。

一向宗（浄土真宗）の門徒は、弥陀一仏を信ずること専らにして他の仏神を信ぜず、いかなることありても祈禱などすることなく、病苦ありても呪術・お守りをもちいず。みなこれ親鸞氏の力なり。

いわゆる「門徒もの知らず」「門徒物忌みせず」の生活が江戸幕藩体制下において成り立っていたことが知られる文章である。これは日常生活が「六曜」などの迷信にまるでとらわれない生活がなされていたということでもある。「門徒もの知らず」とは今でこそ失われているが、戦前ぐらいまでは真宗地帯といわれる地域では受け継がれてきた習慣であった。

しかしながら、「門徒もの知らず」という生活において「士農工商エタ非人」という封建身分制度は破られていたのか、相対化されていたのかを問うてみると、その生活の内実が明らかとなる。「門徒もの知らず」ということは社会体制とは無関係な生活レベルの範囲内のことであり、封建身分制度は真宗門徒においてもがっちりと守られていたのである。

それは本山・寺院というところでいえば、本山も各末寺の寺院も、封建身分制度の維持と、「門徒物忌みせず」という真宗門徒の生活習慣そのものを、何の矛盾もなく守ることを真宗者のあるべき姿として説いていたといった方が正確である。

一八四二（天保十三）年に著された『妙好人伝』（仰誓編）には、真宗門徒の生活として「物忌之事」という項目をあげている。

物忌のことは当流に嫌い捨ててかつて沙汰なし、しかるに在家の者その道理を知る人も少なし。よって今その惑ふ人を導かん為に聊か記しはんべりぬ。

と、物忌みしない道理を説いてその趣旨の徹底をはかっていることが知られる。そしてその同じ『妙好人伝』には「国恩」という項目もある。

其仏法王法は一双の法なり。よって上代と云い、今時と云い、国を治むる名君賢主は皆仏法を崇め給う故に諸宗の寺院何れも仏道を行ずる僧徒忝《かたじ》けなくも天下安穏の起請を致し奉る。これまったく仏法護持の洪恩の謝せんが為なり。ひそかにおもんみれば、洪恩一ならず。今五種をあげて其相を示す。一つには治世安穏の恩。二つには善悪賞罰の恩。三つには邪法退治の恩。四つには仏法外護の恩、五つには生涯撫育の恩。

ここには、「天下安穏の起請を致し」「治世安穏の恩」として、社会体制を擁護することを説く本願寺教団の姿がある。みごとな「真俗二諦」といわざるをえない生活が説かれている。「物忌しない」という「真諦」と、「治世安穏」という封建身分制度の遵守という「俗諦」である。江戸幕藩体制の側から言えば、幕藩体制に背かざる範囲において、真宗門徒の社会生活、「門徒物忌みせず」を許容したともいえようが、本願寺教団においては、真諦を幕藩体制の枠の中に限定し、積極的に幕藩体制を維持する役割を果たして権力者に認められようとしていったともいえる。

近年、全国的に部落解放の学習会の場で、「六曜」を取り上げていく傾向が顕著に増えているように思う。なぜか。

一つには、従来行われてきた、「差別の現実」からの訴えを受けとめるということが受け入れられにくくなったので、受け入れやすい課題として六曜が取り上げられた。

二つには、行政の側も、環境改善につながるような内容より、意識啓発の、その中でも、当たりさわりのないものとして六曜となった。

そんなところではなかろうかと推測するが、部落解放という視点で言えば、「国民」の側も行政の側も明らかに後退した姿だといえるだろう。

六曜の流布

「「六曜」がもっとも流布しているのはいつの時代だと思いますか?」と問いかけると、たいていの人は江戸時代か近代でも明治から敗戦にいたる時だろうと思われていることがわかる。どこまで深く、「友引」「大安」に本人がこだわっているかということを別にして、行動が結果的に六曜に左右されているということでいえば、「現在」の比率がきわめて高いということは言えるだろう。僧侶となり葬儀にかかわるようになって二十数年、「院号」や「衣体」など葬儀にかかわるいろんな変革をしてきたが、今も徹底するのに労力が必要なのは「友引」の問題である。一見、「友引に葬儀をしたら、親しい者が早く亡くなる」などというものは本気で誰も信じるわけはないと思われるが、根っこはそこにあるのではなく、「理屈はどうあれ、〝みんな〟の言うことには、〝昔から〟言うことに逆らえない」という心理的抑圧こそ元凶である。「人が悪いということはしない方がいい」という集団主義への埋没こそが「友引」の正体である。

特に葬式という、地域社会と親戚、場合によっては会社をもひっくるめた共同体の寄せ集めの中で、「無難な選択」をする時、よほど啓発が徹底しているか、「門徒もの知らず」の伝統が残っているか、遺族の中の誰かが強い意志を示さない限り結論は概ね見えている。

六曜とは

『現代暦読み解き辞典』（一五四頁）には「六曜」についてこう記してある。

（六曜）は中国で発生したものには違いなく、日本へは十四世紀頃、鎌倉末期から室町時代にかけてつたわったと考えられる。中国では六壬時課《りくじんじか》とか小六壬《しょうりくじん》と呼ばれ時刻の吉凶占いに用いられていた。これらを記した『事林広記』や『万宝全書』は、江戸時代に和刻出版されており、中国式の時刻占いとしての六壬は天保年間（一八三〇―四四）までおこなわれていたようである。その一方で貞享年間（一六八四―八八）頃から、日本式の日の占いへの変化も見せ始めており、名称・順序・解釈も日本独自のものへと進展していった。（中略）享和から文化（十九世紀初頭）にかけて今の形（先勝・友引・先負・仏滅・大安・赤口）に落ち着いたと考えられる。

つまり、中国から伝来したものは、先勝は午前中が吉・午後は凶、先負は午前中が凶・午後が吉というような時刻の占いである。それが日本式の占いに変化していった。それも伝来当初の六曜の読みが変化しながら伝承されている。「友引」のもともとは「留連（りゅうれん）」、そしてそれが「流連（りゅうれん）」となり、そして「友引（ゆういん）」となる。音読みの伝承の中での変化と思われる。

また、六曜は陰暦の一月・七月は先勝で始まる、二月・八月は友引で始まると決まっている。したがって太陽暦に直すと、途中で飛んで不思議にみえるが、理屈を知ってみれば何ということはないわけである。

六曜へのとらわれと部落問題への意識調査

いろいろな所で、六曜へのとらわれと部落問題への意識調査が行われている。結論から言えば、結婚において、本人の意見より周りの意見を重視すると答えた人ほど、六曜などの迷信にとらわれたりするという傾向は明らかである。

広島県福山市の調査（一九九八年発行　市民学習資料「六曜」について考えてみましょう）においても、結婚は当人の合意があればよいという人で、迷信について気にする二七・五パーセント、気にしない五六・九パーセント。身元調査について、当然だ二二・二パーセント、なくすべき五四・四パーセント。周りの人の意見を重視すると答えた人の場合、迷信について気にする六二・八パーセント、気にしない二〇・〇パーセント。身元調査について、当然だ六七・八パーセント、なくすべきだ九・四パーセントとなっている。

結婚に関する意識	「迷信」について		身元調査について	
	気にする	気にしない	当然だ	なくすべき
当人同士の合意があればよいと答えた人	27.5%	56.9%	22.2%	54.4%
まわりの人の意見を重視すると答えた人	62.8%	20.0%	67.8%	9.4%

結婚に関する意識（福山市教育委員会市民学習資料）

ちょうど譬えてみれば、部落差別の問題を山の頂上とすると、「六曜」の問題は山のすそ野とでもいえるだろう。問題の重さがまるで違うので手のひらを返したように裏表ということにはならない。その地域の部落差別への啓発の状況もあるだろう。

しかし、部落問題も六曜の問題も自己の主体性を問われるということにおいては、山の頂上とすそ野の違いはあっても、通じる面があるということも事実であろう。「みんながいうから」という集団主義をどう克服していくかという点において。

時間を自らの手に取り戻す営みを

「六曜」の問題がただ「六曜」だけのところにとどまっていたのでは、主体的力量を高めることにも、部落差別への視点を持つことにもならない。「六曜」を課題にしながら、どこまでの射程を持てるかということが、「六曜」を課題にする時の鍵となる。

結論から言えば、どこまで、自らが生きている時間を自ら拠り所とする価値観のところに取り戻していくかということになろうかと思う。

元来、暦を作るというのは、支配者が時間を支配するということの一つと考えられてきた。それをどこまで自らのところに取り戻すか。たとえば今年を平成十一年というか、一九九九年というか、そのこと一つで、その人の考え方の一端は知られる。

言うまでもなく、平成は天皇の即位に由来するものだし、西暦はキリストの誕生からの年月日である。世界的にもっとも多く使われているから国際暦として元号を相対化する意味で私も使うが、あくまで元号に対してのもので、それ以上の意味があるわけではない。

今、世紀末というふうに言って騒いでいる者がいるが、西暦で言う世紀末であって他の暦では何も関係ない。

たとえば私が仏教徒としてこだわっている「仏暦」、今二五四三年（国際暦一九九九年）だが、これはお釈迦さまが誕生してからの計算である。したがって正月も五月の第一満月の日ということになる（仏暦はタイなどで使う暦は国際暦に合わせて一月一日で年号が変わるとするため、インド仏暦の方が約半年早く年号が変わる）。

またイスラム暦でいうと今年は一四一九年にあたる。また最近の自由主義史観の中から、皇紀などというアナクロニズムな暦が持ちだされてきたが、何でも今年は二六五九年。これは神武天皇の即位から数えるそうで、計算すると紀元前六六〇年になり、日本はいまだ縄文時代、荒唐無稽な話でもある。

ともかく、自分が何の暦をもって自分の一生を区切るのかそのことが問われているわけである。

私の先輩に世界人権宣言（一九四八年）から何年（一九九九年は五十一年）といって年賀状を送ってくれる人がいるがこれも大切なこだわりの一つであろう。

また一年間の暦についても同様である。一年にある祝日のうち、「一月一日（元旦、旧四方拝）、二月十一日（建国記念の日、旧紀元節）、三月（春分の日、旧春季皇霊祭）、四月二十九日（緑の日、昭和天皇誕生日）、七月二十日（海の日、明治天皇が横浜港に帰港した日）、九月（秋分の日、旧秋季皇霊祭）、十一月三日（文化の日、旧明治節）、十一月二十三日（勤労感謝の日、旧新嘗祭）、十二月二十三日（現天皇誕生日）」と十四のうち九つまでが天皇制につながるものである。「国民」の祝日は、「一月十五日（成人の日─今は第二月曜日）、五月三日（憲法記念日）、五月五日（子どもの日）、九月十五日（敬老の日─今は第三月曜日）、十月十日（体育の日─今は第二月曜日）」と、わずか五つにすぎない。

一年の区切りを自らの価値観で生活の中に位置づけ、共有していけるか、そこにかかっている。その意味では、その伝統が薄れてしまっているが、浄土真宗においては、「報恩講《ほうおんこう》（宗祖親鸞の年に一度の法事）」が年の終わりであり、始まりであるとしてきたのである。そして「修正《しゅしょう》会《え》─一月一日のお勤め」「春秋の彼岸」「お盆」「御誕生（宗祖親鸞の誕生を祝う法座）」「安居《あんご》法座─本山の教学研鑽の安居開催に合わせて勤める」だけでなく、「泥落《どろお》とし法座─田植えがおわって」「虫干し法座─宝物を虫干しの意か?」「お紐《ひも》解《と》き法座」などという生活に根ざした法座を持つことで暦としてきたわけである。

そこには、近年の商業主義によって始まったクリスマスとか、明治以降に天皇制を認知させるために政府の音頭とりで始まった初詣などが入り込む余地はなかったと思われる。

「元号」と「日の丸」と「君が代」は天皇制を象徴する三点セットといっていいだろう。その強制をどう打ち破っていくか、内的根拠を確立し、運動としての広がりをもっていくところまで「六曜」の問題が昇華された時、取り組んでいく意義が大きく開かれてくる。

元号が「昭和」から「平成」にかわっても、問題は何も解決していないし、同じ「昭和」でも敗戦前と敗戦後では、いうまでもなく日本の国家体制はまったく違うのである。それを天皇史観を象徴する元号で時間を区切ることでごまかす虚偽を打ち破っていかねばならない。

おわりに

六曜を手がかりとして、その先に何が見えてくるか、何を課題とすることができるのかで、この問題を問う意味は決まってくる。もし六曜の学習が部落差別という差別の現実を隠蔽する内容であるならば、まさに部落差別を問うまいとする勢力の思う壺である。そして、あっという間に人権学習としての六曜の賞味期限・利用価値は切れたとして忘れさられていくに違いない。もしそうなれば、部落解放という視点から問題だというだけではなく、まがりなりにも「門徒もの知らず」の伝統を守ってきた、先人に対しても申し訳ないといわねばならない。私たちに託された課題は、「門徒もの知らず」を、社会秩序の枠内から、社会秩序そのものを問う内容に発展させていくことであるはずだ。

（一九九九年十月）

＊　この章に関連する内容に、拙著『あらゆる迷信と部落差別』（広島県同和教育研究協議会）、拙著『真宗と葬儀』（本願寺出版社）、拙著『ひとすじの道』（探究社）の「クリスマスと報恩講」がある。

部落問題と穢れ意識

はじめに

「差別の本質はケガレ意識である」とする辻本正教著『ケガレ意識と部落差別』（解放出版社）を読んだ。一言で言って、この本の狙いはズバリ「政治起源説の否定」にあるといってよかろう。なぜこういう論が生まれてきたのか。ただ学問の積み重ねの結果であるとは私は思わない。辻本の本は論文ではなく一般読者に読まれることを主眼に書かれたもので、読み易さをことさらに意識して書かれており、イラストなどに工夫をこらしてある。しかし、だからといって、論旨がわかりやすいわけではない。

辻本は、今までの政治起源説、実態的差別と心理的差別の係わりで、十分説明できないこと（と辻本が考えているもの）を、「差別の本質を観念としてこなかったからだ」と強引に位置づけようとしていると私には読める。その立証のために、別の視点からの問題点、「政治起源説では、部落起源論から提起された中世との連続性が説明できない」、「ある日突然、権力が「お前を穢多として、差別してやろう」なんて規制できるわけがない」などの言葉から、「だから差別の本質は穢れ意識・観念である」と結論づけていくのである。私にはなぜ、「だから」と結論づけられるのかその必然性が理解できない。

パターン化された近世政治起源説そのものを補強していかなくてはならないという点はあるにしても、だから「政治起源説はダメ」とはならない。辻本の論はそれにとって替わる論旨の基が語源論で、「穢」という漢字がどうしてできたかという解説がはじまる。この漢字の成り立ちの解説で、目の前にある差別実態を十分説明できるのだろうか。

部落起源論争をたたかわせる学者においても、結論は全部が同じではないが、「被差別部落は、中世以来の社会的差別を前提として、近世権力の政治的影響力によって固定された」という考えに収斂されると私は考えている。このことに大きな示唆を与えられたのが沖浦和光『部落史論争を読み解く』（解放出版社）である。一文を引用する（同、二八六頁）

経済・社会だけではなく、同時に文化や宗教の領域での支配の確立を目指す権力者は、上からの一方的な政策の押しつけと、暴力による強制だけではうまく統治できないことをよく知っている。知的・道徳的ヘゲモニーがなければ、権力は長く続かないのだ。したがって、権力の意向を当然とみなす思想や意識が、民衆の間で普遍化していくように、さまざまのコミュニケーション・メディアを丸抱えにして動かそうとする。前近代社会では、知的・道徳的活動において、国家権力と民衆社会を結ぶ最も重要な環になるのは、あらためていうまでもないが宗教組織である。

つまり、〈強制の体系〉として軍事警察力と官僚制の整備をはかるとともに、社会・文化・宗教の分野で広汎な〈同意の体系〉の確立を目指す。そして、そのような〈同意の体系〉を実現するために、聖職者・学者文人を参謀として抱え、巨大な官僚機構を構築して、文化・教育・情報のネットワークをはりめぐらすのである。

このようにして、在野の諸勢力を〈同意の体系〉の中に巻き込んで、ほぼ馴致《じゅんち》させることができると判断した段階で、その政策意志を法に基づいて制度化していく。そのような過程を経て身分制度が社会的に定着していくのだが、近世の幕藩体制においても、同じような道筋をたどっている。

そして辻本の本が出てきた動機をこう読めばよく分かる。「実態的差別はなくなっても（と考えている人がいる）、差別が残っているのは、差別の本質が観念にあるからだ」（（　）内は筆者）という単純な発想から結論がまず前提とされ、後での立証を語源論によらざるをえなくなったと。そして部落解放運動の側面から言えば、行政闘争を考えて、「差別実態はなくなった」とは政府の側から押し込まれた結果言っているという本当の理由を前面に押し出すことはできないので、理由づけに「差別の本質は観念だ」という論を展開せざるをえなくなったと推測するのである。

　では、辻本の差別克服のプロセスはと読みすすめると、「多文化主義」と「死生観の克服」という大命題があげられる。そして、彼が差別を読み解く「語源論」と、解放のプロセスの「多文化主義・死生観の克服」を重ね合わせた時「煩悩が差別の原因である」と語ってきた僧侶の語り口調と見事に重なって見えるのである。部落差別の原因を煩悩という人間の本質にのみ求めていけばいくほど、実際の差別解放への歩みと遠いところにあぐらをかいている教団・僧侶の陥ってきた姿がそこにある。僧侶の場合はこう続ける、「だから差別は永遠の課題である」と、さらに「だから差別はなくならない」というふうに。

　漢字というものは人間の文化をきわめて的確に表現した優れたものだということは言うまでもない。だから時代を超えても使用されるということであろう。

　しかし、日本人が「穢れ」という意識をもってきたことと、その意識を利用する権力構造・社会構造があり、そこから作り出される差別イデオロギーを民衆が受け入れていくということを混同してはならない。このことを考える視点を一つ提起すると、何がただちに「変えられること」であり、何が「変えられないこと」であるのかということである。「穢れ意識がなくならない限り、部落差別はなくならない」という論法に陥ってしまっては、差別解放の展望は見えなくなってしまう。「民衆の中にたとえ穢れ意識があっても、それを支配に利用させない、利用できない状態を作る」、その中にこそ部落解放の展望は見いだせるのではないか。

行政の「清め塩廃止」運動

インターネットの「神社オンラインネットワーク連盟」のホームページに、「「清め塩」問題を考える」というコーナーがある。論旨を要約すればこうである。

福岡県の人権啓発情報センターが出した『啓発冊子』には、「清め塩」を「古い迷信」や習慣にしばられたものであるとし、偏見や差別につながっているからと、廃止する運動を繰り広げているとある。仏教の教えの上で「穢れ」を言わないから、仏式の葬儀に「清め塩」を使わないというのならまだしも、行政が「清め塩廃止」の旗を振るのは「憲法違反」である。なぜなら、神道というのは、「清めて清めて」ゆくのが基本であり、その行為を真っ向から否定されたのだから大問題である。謝罪広告を出すか、県の広報紙に反論文を載せさせるべきである。今日の憲法を取り上げるまでもなく、基本的人権として、何人も差別されるものでないことは言うまでもないが、そのことと日本人古来からの「清浄観」にもとづく「きよめ」や「塩」とはまったく別問題である。

そして神道でいう「穢れ」については、次のように書かれている。

穢れとは、「気枯れ」であり、「もののけ」の〝け〟、「元気」の〝き〟、これがなくなってしまった状態である。さらにそれが、自らに与えられた命の本来の輝き、使命を果たせないことを「罪」とし、その「罪」を払っていくのに、ちょうど山から流れる川の流によって海まで運ばれた「罪・穢れ」が海の潮に飲み込まれなくなっていくところから、塩が清めとして用いられるようになった。

ホームページの文章は神社本庁からの正式抗議でもないので、「清め塩」廃止を進める側がこの文章を無視することも今はできよう。少し良心的に、「神道（ここでは穢れ意識）が果たしてきた、差別を作り出し、温存・助長してきた事実」をあげて反論することもそう難しくはない。本当は何を受けとめるべきなのか。問題は「清め塩廃止」を言う論法にある。明確に言えば、部落差別の原因（最近では解放運動の中では「源流」という曖昧な言い方が使われる）が「穢れ意識」であり、その克服のための運動に「清め塩廃止」が前面に押し出されてくる中で、部落問題における穢れ意識の位置づけを、結果的には矢面に立った形の神道の側から厳しく問われたと受けとめるべきであろう。もしそう受けとめなければ、「清め塩廃止」を言っている側はますます蟻地獄に落ちていくことになってしまうだろう。

先にも言ったように今の段階でなら無視もできる。しかし、はっきり言って、権力の側に押し込まれる中で、階級史観を放棄し、言わばちょうど「悪玉探し」のようにして「清め塩」を槍玉に上げているという実状の中では、権力側の意図が変化すれば、「清め塩廃止」運動は一度に吹き飛んでしまうのである。

戦後五十四年、権力側が神道を民衆にいかに位置づけようとしてきたかを振り返ると、権力側の意に添う解放運動・同朋運動は、別の「アリバイ」を作らなければならなくなるのも、そんな遠い先ではないだろう。

神道がさらに巧妙に再び前面に押し出されてくるのは確かであろう。広島県議会の文教委員長の石橋が、「これからの日本人の指針を神道にしなければならない」というのは時代錯誤で言っているのではなく、時流を読んでのことであると考えるべきである。はたしてその時、「清め塩廃止」は雲散霧消してしまわないか、このまま「穢れ意識は差別の根源である」と言い続けることができるか、はなはだ疑問である。

またこの神道ネットワーク連盟の文章に反論して、「穢れ意識こそが差別の根源」と歴史事実をあげて反論したとする。それは「穢れを清めることを神道の根本とする」とした神道の否定ということであったと指摘されたことと向き合うこととなる。「清め塩の廃止」は「神道の否定である」と言われた時、今「清め塩」廃止を言っている多くの人たちは立ちどまってしまわないか。そこが問われている。どれほど神道に対して搦めとられているか、「町内会と神社」の関係を問おうと一度でも発言した者ならよくわかるはずである。

現象としてまだ大きな問題になっているわけではないが、「清め塩」の問題はまさに「清め塩」の所だけにとどまるものではないし、とどまってはならないというべきであろう。

「部落差別の本質は穢れ意識である」とすることに対しての揺り戻し

『部落解放』一九九九年十二月号に、「部落史における権力と穢れ（上）」という上杉聰の論文が掲載された。「部落差別の根源はケガレ意識・イエ意識」という論調を述べてきた中央本部への揺り戻しであると思われ、今後どう反映されていくのか注目される文章である。論旨はこうである。

部落差別は、権力のイニシアチブが働きながらも、差別の実態には、権力によって作られた面と、民衆が下から分業により生み出した両側面がある。それを忘れるなら、歴史における主要な要因と副次的な要因を区別出来ない構造的な欠陥を生む。

政治起源説という権力側の責任を、「権力によってつくられた面」として再び打ち出したのである。しかし、この論旨も、「民衆の下からの分業により生み出した差別」というものが、いかなる状況で形成されたとするのか、そこに権力がどうかかわったのか、かかわらなかったとするのか未定の部分を残している。

人権テキスト『部落問題と穢れ意識』の中より

一九九九年十月、広島部落解放研究所の宗教部会より『部落問題と穢れ意識』という冊子を編集し発刊した。小森龍邦部会長と門馬幸夫駿河台大学助教授との対談を筆者がコーディネーターを務める形で行ったものを収録している。その中で論じられた内容は、「部落意識の本質は穢れ意識である」とする部落解放同盟中央本部への反論である。

門馬は「穢れ意識」をこう対談の中で規定する。

穢れ意識というのは、「誰かが誰かを、穢れとしていく事」という、「関係性の中にある事」としてとらえる。別の言い方をすれば、「社会の株序からはみださせられた（排除された）」、それが穢れとして位置づけられていく。（一七頁）

そして差別とは、差別する側が、差別される側にレッテルを貼る作業で、しかも貼られた側は容易に貼りかえせない。穢れの場合もそうで、いったん穢れと名指しされた側は自ら剝がすことはなかなかできない。（一八頁）

小森部会長もほぼ同じ考えとして「穢れ意識」をこう語っている。

権力とか支配のシステムからはみ出そうとする対象となる物を、誰にとって都合がよいか、誰にとって都合が悪いかという事ではみ出させようと、「穢れている」とあれこれ理屈をつけて穢れなる思想を展開したのである。（二四頁）

人間はそういう己の有利か不利かという事で支配階級が特に自分の都合によって、相手に穢れのレッテルを色々な理屈をつけて貼りつけている。しかもそれは貼りつけること自体に目的があるのではなく、それを貼りつけることによって己が天下を支配するのを容易にしていくことにある。（二四頁）

あるべき秩序の設定と、そこからの排除、それを「穢れ」として設定していくのは当然民衆ではなく、権力側であることはいうまでもない。さらには「穢れ」として排除したものをもう一度秩序の中に「穢れを払う役割」として取り込んでゆく、社会の中でいわゆる「キヨメ」の役割に位置づけていく、これも民衆ではなく権力側のなしてきたことである。

門馬の言うように、天皇制を利用しながら、権力者が「政治（まつりごと）」を「祭りごと」としてきたことが、権力側から支配秩序をもとに「何を穢れとするか」を決めてきた何よりの証拠である。

過去の話ではない、広島でのアジア大会（一九九四年）、植樹祭、国体（一九九六年）という天皇が広島へ来る時、それに反対するものへの厳しいチェックが行われた。まさに天皇を利用して、「政治（まつりごと）」は行われ、民衆に意識は徹底されていく。

一九九五年、本郷町で行われた植樹祭への反対集会に参加していた私の元に、チラシが回ってきた。曰く「今日は天皇陛下がお越しになるので、葬儀はご遠慮しましょう」と書いてあった。差し出し人は、自治会とある。しかしこの文章が自治会の純粋な自主的判断でないことはいうまでもない。権力側の意向を庶民の側がおもんばかっての、「穢れを避ける」行動である。権力の巧みさは、直接の強制のみにあるのではなく、民衆自らに「自主的」と思わせながら、秩序維持の働きをさせることである。そのために最大限利用されてきたのが、まさに「穢れ意識」である。

個人の心情を、権力がすくいとっていく

神道でいくら「神道は穢れを払うことを基本とする」といっても、「穢れ」なる実態が存在するわけではない。また同じように仏教でいくら「人間は煩悩の存在である」と言っても、「煩悩

なるもの」が人間にあるわけではない。すべて人間の関係性の中でのこころの状態を説明したものに他ならない。したがって問題は、「穢れ意識」を持つ（持たされている）自己がどうやってそれに気づき、権力の意図を見抜き、そのカラクリを暴いていくかということになる。

たしかに「死への恐怖」というような人間の根本に根づく心情といってもいい心の状態は、簡単に克服できるはずのものでない。「死」を遠ざけたいという感情は、いろいろ納得するための説明をつけて了解したかのように意味づけすることはできても、根本的にはまず克服しえないといってもいいものである。人間の心情において死への恐怖が原初的な穢れ意識と深く結びついていることは容易に想像される。そして「死への恐怖」という心情の克服を実際の部落解放へのプロセスとした場合、必然的に「永遠の課題」になってしまう。もちろん自らの「死とその恐怖」にどう向きあっていくかということは、個人個人にとってはきわめて大きな問題であることはいうまでもない。

そして、「清め塩廃止」は社会的な側面を当然もつのだが、とりわけ死生観にかかわる問題である。「死とどう向きあうか」、日本人にとってそのことは当然、自覚するとしないとにかかわらず、神道でいう「罪」「穢れ意識」「払え」の考えと対峙することでもある。しかしそれはあくまで個々人の思想・信仰の問題であり、国や行政が口を出すべきことではない。つまり、「清め塩廃止」を問題とすることそのものは、「穢れ意識」を支配イデオロギーとして利用してきた差別の事実に直接対峙することにはならないのである。個々人が「清め塩廃止」から自己や社会の「死生観」を問い、それが支配イデオロギーのカラクリを見抜くということはあっても、それが部落解放のプロセスの本流ではない。あくまでも、「穢れ意識」さらには「死生観」を支配のイデオロギーに使っている構造を問題とすることが第一義である。

本願寺教団の課題

かつて本願寺教団は、一八七一（明治四）年、解放令が出された後に差別社会の構造を隠蔽する「悪平等論」を展開した。水平社が設立された後に本願寺教団の中で展開された「一如会」の運動も、「政府の積極的な融和政策に同調した運動」で差別社会の構造を問わない運動であった。では今再び、政府の人権擁護施策推進法により、「国民相互の理解」が語られ、差別の原因は心の問題、そしてそれは直接には「イエ意識」・「ケガレ意識」という論調にどう立ち向かっていくことができるか、まさに本願寺教団の同朋運動の主体性が問われる場面を迎えたといえよう。

そして、もしこの政府や部落解放同盟中央本部の論調にこのまま同調していくなら、本願寺教団がかつて犯した過ちを再び繰り返すことになるのではないか。

本願寺教団が明治以降においても民衆心理の誘導、治安維持における思想「善導」という部分で果たした役割は大変大きかったといわざるをえない。運動にとって何より大切なのは、その基となる視点である。いかに現状の解放運動をとりまく状況が見渡せ、自分の立つ位置に誤りがないかを点検しなければ、解放運動をすすめているつもりが、逆の働きもしかねないということである。

したがって現在の解放運動の状況の中で、本願寺教団の果たすべき役割を明らかにする必要があるだろう。

一には、部落解放運動の置かれている状況の正しい認識を伝えること。

二つには、今差別の原因とされようとしている、「イエ意識」、「ケガレ意識」（「心理的差別」）が、どのように政府によって利用されようとしているか見極めること。

三つには、「心理的差別」を生み出す「実態的差別」を明らかにすること。

それが、具体的には本願寺教団で近年取り組んできた、教団の連続差別事件の総括がどこまでできたか、つまり差別事件の背景を明らかにできたかということと同じ視点となる。もっと直截に言うなら、差別を生み出す、教団内の「お金」と「権威」の問題に迫れない総括は、「心の問題」のレベルの総括にとどまっており、政府が「穢れ意識」を利用して行おうとしている人権啓発と同じレベルになるだろう。一度教団内のことと教団外のことを同じ土俵に乗せてみることも必要であろう。

おわりに

譬えてみれば部落差別という人間の生命を奪う厳しい差別の現実を山の頂上とすると、「清め塩」というのはせいぜい山の麓のようなものだとも言えよう。山の頂上の原因を、一足飛びに麓にありとしたのでは、あらゆるものが混乱する。

麓で対峙しなくてはならないことと、山の頂上の問題として対峙しなくてはならないことを混同してはならない。

まず行政が向き合わなければならないものは「清めの塩」としての個人の「死生観」のレベルではなく、「穢れとキヨメ」を支配秩序に利用していく実態、権力維持として利用されている部落差別・女性差別・「障害」者差別・民族差別等での実態でなくてはならない。

（一九九九年十二月）

＊　この章は『部落問題と穢れ意識——穢れ意識の位置づけを誤らないために』（広島部落解放研究所宗教部会編）を引用・参考にしています。

死に対する穢れ意識

はじめに

昨年も年末に多くの「喪中につき年賀欠礼」の葉書をいただいた。その中には私の仕事の付き合いである住職・僧侶仲間からのものもあれば、市民運動などさまざまな中で出会った人からのものもある。僧侶になって二十三年になるが、最初の頃は僧侶から年賀欠礼の葉書が来るということはなかった。何年かたって僧侶仲間から年賀欠礼の葉書をもらって、「僧侶が年賀欠礼をだすようになって」と驚いた記憶を今も鮮明に憶えている。僧侶が年賀欠礼を当然出さなかった時代から、出しても何とも思わなくなってしまった現代、社会の流れに流された徴がここにもある。

年賀欠礼の基をただせば、服忌令《ぶっきれい》に行き着く。そしてこの場合の思想的裏づけは神道の穢れ意識である。十二月三十一日の「大祓《おおはらい》」で清め、注連縄《しめなわ》で結界を作って、新たな穢れが入るのを防ぎ、門松を立てて、自分に福をもたらす神を迎えるという新年の儀礼である。平たく言えば、新年にあたって自分の家に神を迎えるために、一時神社とするわけで、そうした「神聖」とする場所に、「死の穢れ」を保つとした人間が訪ねて行かないというきまりが始まりであろう。

昔は今のように年賀状のやりとりで新年の挨拶をするというのではなく、直接家を訪ねて年始の挨拶をしていたわけであろう。神道の「穢れ」の約束事からすると、時代によって、日にちは変わるが、自分の家の者が亡くなって五十日は「忌中」といって家に閉じこもる期間としている。これは、「死の穢れ」を外の人にひろめないためということとされていた。さらに一年間は、神道でいう「神聖」とされる場所、たとえば神社とかには近づかないということを決まりとしていたことからくるわけである。

十年ほど前に、「今年は自分の家の者が亡くなったので、神社の初詣にはいけない」「今年はお寺だけにいこう」などという会話を聞くことがあった。しかし、今はお寺も神社化したのであろうか、「今年は家の者が亡くなっているので、神社にも寺にもいけない」という声を聞いたことである。しかしそれは、穢れ意識を実感してそうしたというものではないように思う。むしろ「家の人が亡くなってまだそんなにたってないのに、こんな晴れがましい所に出てきて」という「世間の眼」に縛られているという方が実際なのであろう。しかし、そこにこそケガレ意識の正体がある。ケガレを意識するから、その決まりに従うのではなく、決められた規範のようなものが先にあって、後から「ケガレ」の理屈がついてくるということである。そのような方法で今も加速度的に変化していく社会意識とそこからできてくる社会規範でケガレ意識は再生産されているといえよう。年賀欠礼に見られるように、たしかに「穢れ」という認識はなきに等しいけれど、まず社会常識という形でそれが全体化していれば、それへの理屈をつけることなどいかようにでもできるのである。

神道の「死の穢れ」にかかわる儀式を今でも一番厳格に守るのは、間違いなく皇室であろう。一九八九年一月七日に昭和天皇・裕仁が死去したが、翌月二月二十四日に行われた「大喪の礼」まで、テレビの画面からもお笑い番組がカットされたように、自粛、自粛のオンパレードであった。時代はちょうどバブルの絶頂期であったが。丸一年たって「喪」があけた、つまり「死の穢れ」がなくなったとする一九九〇年の秋に「即位の礼・大嘗祭《だいじょうさい》」が行われたことは記憶に新しい。

この経験を振り返ってみて明らかなことは、「天皇の死」を日本人の中で「穢れ意識」として考える人はほとんどいないということである。しかしことの本質は、私たち「国民」一人ひとりが「喪」ということをどう考えたかということではなく、権力者が天皇の死をきっかけに、天皇制というものを社会規範として「国民」に認識させ、その秩序に従わせる最高の場面として利用したということである。

結論を言えば、いざという非常時に、国の方針に右向け右となればよいわけで、逆に日常は少々無秩序にみえても権力の側が社会秩序の枠さえしっかり握っておれば問題はないとして、後は自分たちの経済さえ繁栄すれば文句はない、まさにそういう裏表が見えた時でもあった。だから天皇の死去にあたって「喪」に服するということの基となった神道の思想は、言ってみればそのための理屈にすぎない。

もちろん「喪」やその中に込められた「死の穢れ」が持ち出されるには、それこそ支配の側にとって都合のよい、長い長い歴史と「伝統」があるからなのだが、それを今、「日本の麗しき伝統」などと前面に打ち出す状況を、国の側は戦後一貫して虎視眈々と狙って、着々と準備をすめてきたのであり、「日の丸・君が代」の国旗・国歌法制化にまで進んだわけである。「君が代」の君を「象徴天皇」として権力の側が平然と表明する、そこにはマスコミを使った用意周到な世論操作が行われ、タイミングを見極めて行ったわけである。意図的なムードが先行し、理屈は後から都合よくつけられるのである。

すでに国会に憲法調査会が作られ、憲法「改正」が権力側には政治日程の上で考えられる最終段階を迎えている。それは同時に、支配思想のイデオロギーとして再び利用していく神道をめぐる政教分離の問題も、すでに神道を限りなく習俗として扱い、民衆の中に再復活させることに成功しつつある国の側は、憲法「改正」と同時に、もう一歩信教の自由を侵す形で、神道イデオロギーを押し出してくるに違いない。そして、その中で支配秩序の手段としての「穢れ意識」の利用が有効とみれば、今度は一人ひとりがどれだけ信じているかどうかまで踏み込んだものとなるに違いない。

今までは、秩序を乱すものを「変わりもの」として揶揄し排除し、自分がそうされないために自己規制する社会意識と構造を作る段階であったとすると、これからは、一人ひとりがどう考えているか、心の内面までも強制できるものに法的に最終しあげをする、すでにその段階に国家の側は踏み込む意図を明確に打ち出してきたのである。まさにそれを迎え撃つ私たちの内面の確かさが問われている時ともいえよう。

服忌にみる「死をめぐる意識の管理」

服忌《ぶっき》というのは、自分の家の家族が亡くなった場合、どのようにふるまうかということを決めた社会規範である。「服」の方は、「服喪＝喪に服す」ということで、喪中につき哀しみを表す時のことをいい、一方の「忌」は、死穢の期間として慎みの中にあるべきことを言うものであった。その法令がほぼでき上がるのが、平安末期の『延喜式』で、まず「何を穢れとするか」について次のように規定している。（『国史大系』延喜式巻三、神祇式）

凡そ、穢悪しき事に触れ、忌に応るは、人の死は三十日（葬日より始め計う）を限り、産は七日、六畜の死は五日、（六畜の）産は三日、鶏は忌の限りに非ず、宍を喰らうは三日云々。

さらに、同じ『延喜式』には「甲乙丙丁の穢の条」を定め、「穢れ」がどのように伝染するかを規定している。

甲に穢れがある時、乙が甲の処へ入れば、乙のみならず乙の処の者全てが穢れとなる。丙が乙の処へ入ると、丙一身のみ穢となるだけである。しかし乙が丙の処へ入ると、こんどは丙の処全てが穢れとなってしまう。そして丁が丙の処へ行けば、丁の場合穢れは伝染しない。さらには『喪葬令』に「服忌の制」を定めて、服喪する期間を非常に細かく定めている。

およそ服忌は、君・父母及び夫・本主のために一年。祖父母、養父母五月。曽祖父母、伯叔父姑、妻、兄弟、姉妹、夫の父母、嫡子三月。高祖父母、舅、嫡母、継母、継父、同居異母兄弟、衆子、嫡孫一月。衆孫、従父兄弟姉妹、兄弟子七日。（『神道大辞典』四三〇頁）

しかしここでまず注目すべきことは、こうした規定は貴族社会に適用された社会規範であったということであり、一般民衆において、服忌が広まっていくのは鎌倉時代から室町時代であった。つまり、服忌は、貴族社会の社会規範が民衆への適用という形の中で広まっていったということである。

次に、「何を穢れとするか」ということも、「どのように穢れが伝染するか」ということも、「服忌として何日喪に服するか」ということも、すべて決めるのは支配者である貴族の側であったということである。まさに支配者の側で作りあげられた「「穢れ」の権力者による社会規範化」は、支配イデオロギーのためであるということはいうまでもない。社会秩序・身分を「聖」と「賤」というイデオロギーで裏づけていくためには、「穢れ意識」を権力者が管理するということはきわめて重要なことであったということは容易に頷くことができる。

「穢れ意識」の掌握はそれぞれの時代の権力者に受け継がれているが、近世封建体制を作り上げていった徳川幕藩体制下においては、朝廷が発布していた「服忌」を江戸幕府が「徳川幕府服忌令」（『神道大辞典』）等を定め、この点においても社会秩序を保つ支配イデオロギーとして利用していることがわかる。江戸時代の服忌の慣例は、

門戸を閉じ、魚肉を食せず、酒を飲まず、髭髪を剃らず、賀せず、弔せず、音楽をなさず、嫁娶せず、兄弟財を分たざるをもって法とした。（中略）吏員にして無服の親族の喪に遇う者にも、汚穢に触れた者として、日数を定めて、遠慮と称して出仕を止め、忌御免の命を受けて出仕せしめた。（『神道大辞典』四三二頁）

というものであった。僧侶に対する服忌も幕府が独自に定め、この点でも宗教を管理下においたのである。

明治以降の絶対天皇制国家の時代になると、一八七三（明治六）年に「自今混穢の制廃せられ候」と「触穢の制」が廃止される。しかしこのことにより、「穢れ意識」の利用を権力者（国家）が放棄したわけではない。それまでの「穢れ」に関する「服忌」「触穢」の規定では社会の近代化に則さないため、従来のものを廃棄し、「新たな「穢れ意識」による支配イデオロギーの再構築」がなされたというのが実際である。天皇を「神聖」とするために、それまでにはなかった近代的な衛生思想まで取り込んで、新しい強力な禁忌が打ち出され、国家神道の下で、よりいっそう「死の穢れ」が社会秩序として組み込まれていったのが実際である。皇室には独自に「皇室服喪令」が作られ、国民にも「服喪」の規範が決められていった。一八七四（明治七）年に太政官

布告第百八号として、「服忌ハ武家ノ制ヲ用ヰ京家ノ制ヲ廃ス」とする布告を出している。

敗戦後、皇室をのぞいては制度としての「服忌」「服喪の制度」はない。現在家族の者が亡くなった時「忌引」として休暇をとることは、労働者の権利としてあるもので、それ以前の「服喪」とは明らかに違っている。ただ「忌引」という言葉には、以前の制度の意識を引きずった言葉であり問題がある。たとえば「葬儀休暇」とかいう言葉として改めることも必要であろう。

たしかに現在は「服喪」の制度はないわけだが、私たち民衆の側にいつ再び制度化されてもおかしくないような社会意識が再生産されつつあるのではないか。「大喪の礼」のみならず、「友引」「年賀欠礼」などの日常の死にかかわる葬儀に関する「穢れ意識」、火葬場建設反対などに見られる住民意識はそのことを物語っている。また「喪のビジネス」といわれるほど葬祭産業が衛生的でおしゃれな感じで営まれれば営まれるほど、死の実際の姿は遠くなり、逆に死への「穢れ感」が増幅されている。再び「穢れ意識」を新たな形で支配イデオロギーとして利用する状態は十分にできつつあるといえよう。

日本人の「イム」という意識とそれを利用した制度化

一つ述べておかなくてはならないことは、私たちが人間としてもっている自然への畏れや恵みへの感謝とする感情とのつながりである。

たとえばもともと「イム」という言葉には「斎」と「忌」の字があてられる。

しかし、「斎む」は「けがれを避けて身を清め慎む」という意味で使われ、「忌む」の方は「嫌い避ける、はばかる、憎む」という意味で使われるようになった。それは奈良時代末期ぐらいではないかとされ（阿満利麿『中世の真実』五〇頁）、それも民衆の間で使い分けが広まってきたのは中世であろうと。このことは、未分化であった「イム」という心が、しだいに「斎」と「忌」に自覚化され、分化していったことをしめす。沖浦和光は『ケガレ―差別思想の深層』（二三頁～）において、その点を「神話的世界の穢れ」として「〈聖・俗・穢〉がまだはっきりと分けられていない混沌の時代では〈聖なるもの〉も〈ケガレ〉も、神々の威力のある一面を表している」とし、アニミズムの時代と表現している。

アニミズムと表現される大自然の驚異の前に、そこに「神」が宿ると感じ、畏れと敬いの感情は今日の私たちにおいてももっとも基層部分にある。がしかし、それが生のままで私たちの上に現れてくるわけではないことは注意しなくてはならない。今日まで積み重ねられてきた「文化」というフィルターを一度通してアニミズム的未分化の感情がそこに残存しているというのが本当であろう。

たとえば、原初の感情のもっとも出てくる人の死・葬儀の時にまつわるさまざまな迷信・俗信とされるものを考えてみればいい。死を恐怖としておそれる感情が、「屏風《びょうぶ》や羽織を逆さにしたり」「守り刀を遺体の上に置いたり」「火葬場に行く道と帰る道順を変えたり」「喪主が裸足で葬儀をすることになっていたり」「棺が家を出る時に茶碗をわったり」等々数え上げればきりがない。そしてそれぞれに、神道的な影響からのもの、仏教的影響からのものと、またそれ以外の儒教的影響からのものというように、特に宗教が人間の原初的感情を文化的にすくい取って、変容してきたわけである。私たちの目の前にあるものは、いかにアニミズム的に見えようともその積み重ねの結果である。

したがって、原初的アニミズム的心情が、宗教的心情としてすくい取られ、それをさらに、民衆支配のイデオロギーとしての権力者・国家がすくいとろうとするという、いわば私流に言うならば「穢れ意識の三重構造」になっているわけである。

おわりに

沖浦和光と宮田登の対談という形で出された『ケガレ―差別思想の深層』（一二一頁〜）は「穢れ」を、①「アニミズムのレベル」を「神話的世界に見られるケガレ」として、②「支配秩序を保つためのイデオロギー」を「安定している秩序を攪乱するかもしれない新しい要素や、バランスのとれたシステムの中に入ってきた異分子を、危険な要素として、それをケガレとみなして排除していくこと」とあらわしている。③神道などのような宗教として形づくられた「穢れ」を沖浦は、「ケガレを不浄としてみて〈清浄〉を維持するためにそれを隔離し排除していく思想」としてまとめている。ほぼ、私が述べた「穢れ意識の三重構造」と同じものである。

「死をどう受けとめるか」ということにおける国家管理、それを打ち返し、「死を受けとめる心」

を自分の処に取り戻すには、死について現在までの積み上げられてきたイデオロギー操作の事実を問い返していかなくてはならないし、マスコミをつかった現在の用意周到な情報操作も見抜いていかなければならない。

『納棺夫日記』という本を書いた青木新門という作家の本がベストセラーになり単行本になっている。本人へのインタビューの中で青木は、「十年前なら「死」という字が書店に並ぶだけでもう敬遠されていた、もう少し前ならまったく売れなかったでしょうね」と語っている。今では「死」に纏わる本が氾濫している。ブームの裏に何があるか、誰がブームをどう誘導しているか、国家の側からの「死生観」などが御用学者を使ってドンドンうちだされている。国家の搦め手は私たちの考え方の中にしっかりしのびこんで、脳死法制化の次の段階を虎視眈々とねらっている。

（一九九九年十二月）

＊　この章は拙論「「忌」を問い直す」（広島部落解放研究所、『研究紀要』一号、一九九四年）に掲載したものを要約・加筆したものです。

V 「葬儀・忌中」を問う

葬儀という習俗

葬儀という習俗の実際

ある日の午後、ご門徒の家から夫が亡くなったので「枕経《まくらぎょう》」に参ってほしいとの電話が入る。住職の私は、電話を掛けられたおばあさんが大変寺参りをされているから、「まあ友引《ともびき》は関係ないな」と思いつつも、日程表を開いて通夜と葬儀の日にちの六曜を一応確認する。ご家族に「友引には葬式を避けたい」と言う人はなくても、親戚の中に強硬に主張する人がないとも限らないからである。

ご当家に行くと、まだ家族の人と近所の方が数人おられるだけ。家族の人は仏間に今しがた寝かせたと思われるご遺体の回りに座っている人、あわただしく電話で親戚へ連絡をし、講中の人と葬儀をどうしようかと話をしている人。おじいさんが亡くなったという緊迫した宗教的雰囲気と、これから葬儀をどうするかというタイムスケジュールが始まったという世俗的雰囲気が渦巻いている奇妙な空間・時間を肌に感じる。

玄関を入り、ご遺族にお悔やみの言葉を言って仏間に入り、まず仏壇の阿弥陀さまに手を合わせる。そして次に、顔に白い布を掛けられたおじいさんのご遺体の方に向き直り、合掌して、ご遺族の人にこう申し出る。「お顔を拝見させていただいてもいいですか」と。白い布を取ると、つい先ほど息を引き取られたおじいさんのその顔は、まるで眠っているようである。手をおじいさんの額に当ててみると、まだあたたかいぬくもりが伝わってくる。時間にすればほんの数秒ほどであろうか。いろんな思いをこめてお別れをする。あえて言葉にすれば「本当にご苦労さんでしたねえ」とでもいおうか。そして再び顔に白い布を掛ける。時間にすれば三十秒にもならないであろう。しかし、亡くなった方との別れを一番強く感じる宗教的場面である。

再びお仏壇の方に向き直り、枕経のお経として「讃仏偈《さんぶつげ》」をゆっくりあげる。お経をあげながら改めて仏壇の荘厳をながめる。ご本尊から順に下に眼を移し、お仏飯・お飾り・花のチェックである。そして位牌やお守り、写真のないことを確認し、この家に神棚のないことを頭の隅において、ご遺族と葬儀についての打ち合わせに思いは飛んでいる。

お勤めの後の打ち合わせが、これからの葬儀を執り行う上でもっとも大事な場面である。まず、喪主の長男さんと講中の人を交えて時間の打ち合わせをする。翌日の夕方七時から通夜、翌々日の朝十時から葬儀の式と三次地域での通常の時間通りの日時が決まっていく。すると講中の人は、すぐにバタバタとその時間の手配を始められる。

（＊この時はそうではなかったが、葬儀の日が友引の日に当たると、スッと日にちが決まらないこともある。「友引に葬式をして何かあるとは思わないが、みんなのいやがることはやはり避けたい」という人から、「親戚が遠いので日にちをのばして貰いたい」という理由をつけて避けたいとする人までさまざまである。説得できる場合もあるが、中には「そんな寺なら変わってもらえ」という親戚の剣幕に、喪主が恐れおののき、「住職さんすいません」と言われたことも一度ある）

次に法名の確認である。亡くなったおじいさんが本山で法名を貰っておられないことを確認し、ご遺族にお尋ねする。「法名は、どうされますか。今までのお経の中から漢字二字をいただいてつける場合もありますし、釈の下におじいさんの名前をそのままつけられてもかまいません。どちらが貴いとか、上下はありません」と。すると、たいてい「どうしようか困った」という顔をされるのが常である。「住職さんどうしたらいいでしょうか」と眼が私の方を向く。私は、ここが肝心とばかり、「名前は、名を呼んで顔が浮かぶものが一番です、それを名前というんです」と言うと、喪主の方は、「じゃあ、名前のままにしてやってください。本人も私も一番親しみがありますから」とおっしゃる。

（＊今、西善寺では年間、六、七軒ばかりのご門徒の葬儀をするが、四軒から五軒までは「釈十生前の名前」を希望される）

その後に、「すでにご承知でしょうが、院号は差別以外の何ものでもありませんので、西善寺では十年前から誰にもつかないことになっておりますのでご了解ください」との一言を述べ、続いて、「葬儀の時の衣も、一九九九年の蓮如さんの五百年の法要を機に、すべて黒衣・五条でつとめさせていただいておりますのでお許しください」と話を続ける。

（＊院号廃止についても、色衣・七条袈裟をやめて黒衣・五条袈裟を着ることについても、当初はかなりの波風が立ったが、三年たてば表面上は落ち着いた。しかし本当に理解してもらうのはこれからの住職の責任である）

もう一つ、「お寺さんは当方の一カ寺にされるか、臨寺をもう一カ寺たのまれるか」の打ち合わせを行い、当方にその交渉がまかされることになる。安芸の地域（三次も含め）では、檀家制度とは別に教化《きょうか》活動の責任地域（化教《けきょう》制度）が江戸時代からあり、ほぼ慣習的に、師匠寺が化教の中の寺だともう一カ寺は一番の隣寺を、師匠寺が化教の外の寺だともう一カ寺は化教の寺を呼ぶことになっている。

ひととおりの打ち合わせの後、亡くなるまでのおじいさんの様子をご遺族の方から伺って、お茶をいただく。講中の方とは、改めて玄関には「忌中《きちゅう》」でなく「還浄《げんじょう》」の紙を貼ること、「塩を撒かないこと」を簡単に確認して、葬儀の式次第の打ち合わせ、葬儀もお仏壇を中心にした荘厳にすることや、そのお仏壇の荘厳の仕方、「魔除《まよ》けの守り刀を置かない」「一膳飯《いちぜんめし》・団子はいらない」「亡くなった人に旅支度《たびじたく》の死に装束など着せない」「逆さ羽織・逆さ屛風《びょうぶ》をしない」などの細かい確認を行い当家を後にする。多くの打ち合わせがあるように思われても、打ち合わせも慣習化しており、時間にすれば、家に伺って三十分ぐらいであろうか。

次の作業は、表白《ひょうびゃく》（一般的には追悼文）を書くことである。ひととおり日常の仕事が終わった夜に書く。字数にして四百字までで決して多くはない。しかし、なかなか言葉が出てこない。山口県から養子に入られて五十年近く、寺にはほとんどお参りされなかったが、JR退職後はおばあさんに言われてということでもあったのだろう、盆と報恩講の年に二回私がお参りした時は必ず座って後ろで聴聞しておられた姿を思いうかべ、言葉を紡ぎだす。また、書いた表白を栞《しおり》にして葬儀の会葬者に配ってもらうため、約二百枚印刷をする。法名を筆でしたため、一応の準備は終わる。

翌日の夕方七時前、お経の本を五十冊ほどカバンにつめ再び当家へ。最近では仕事の都合ということもあろうが、葬儀よりお通夜の方が参列者が多い場合がある。すでに集まって座っておられる人の間を縫って、お仏壇の前へ。仏壇の右手には、枕経の時にはなかった、かなり大きな荘厳壇がセットされており、すでにおじいさんは棺の中へ。本来なら、通夜のお勤めが済んで、家族・親族の者で身体を拭いて納棺するのが普通だが、荘厳壇をする都合上、布団を敷く場所がないので、先にしてしまったということだ。お参りの方全員で、「正信偈《しょうしんげ》」をよみ、ご法話をする。自分の思いと仏さまの言葉を繋ぎながら、「人は死して名前となる。名前の中より死して分かれぬ願いを聞く」ということを話す。しかしどこまで遺族の悲しみに添う話になっているかまったく心もとないのが、正直な気持ちである。お勤めが終わると、まず住職にお茶がでる。続いて家の中のお参りの人にもお茶がでて、しばし、亡くなったおじいさんのことを改めて喪主・親族の方から聞くのが五分ほど。外に立って終わりを待っている人がいるということを講中の人が考えて、夜通しということではじまった「通夜」は四十分ほどで終わって、当家を後にする。

さていよいよ葬儀の当日、十時からの葬儀だから、九時四十分に当家への到着を考えて寺を出る。そこでまた最後の打ち合わせを行う。葬儀の前に従来行っていた「棺膳《かんぜん》」(三次の方では「たちばの膳」)をしないこと、おかみそりの後の「手洗い水」はいらないこと、葬儀の最後に「みほとけにいだかれて」の歌を二番まで歌うことの確認を司会を担当する葬祭業者の人とする。

十時約三分前、隣寺の住職と法務員、そして当方の三人が、荘厳された場所に入るが、すぐにはお勤めとはならない。いったん、お仏壇に手を合わせた後、「おかみそり」を行う。本山で帰敬式をうけ法名を貰っていない人の場合、葬儀に先立って門主の代理として住職が執り行う。「おかみそり」用の「剃り」を懐から出して、仏弟子になる儀式、三帰依文を称えながら、額に三度ほど剃刀をあてる。棺の蓋をしめ、そのお顔とは最後のお別れとなる。家族で行う内葬と会葬者全員で行う葬儀は一連の流れで、実際にはほとんど区別がない。従来は葬儀は「野辺送り」といって、家の外に棺を出して行っていたが、いまでは、家が大きくなったこともあり、家の中で棺を移動させることも少なくなっている。

しかし、内葬と野辺送りを分ける習慣だけはまだ残っており、葬儀は荘厳壇の方を向いて、僧侶は曲彔《きょくろく》に座って、遺族は立って行うため、曲彔の準備や座布団の片づけで、大勢の会葬者の前でバタバタが演じられる。

葬儀の最初に表白を読み上げ、「正信偈」の読経の中で喪主・親族の焼香がはじまる。今は焼香順序を読み上げることもほとんどないので、誰を先にすべきか後にすべきかと、講中の人が気を揉む必要はない。「正信偈」が終わり、今までなら弔電の披露の順番である。しかしこれもここ数年、「講中の申し合わせによりご仏前にお供えいたします」ということが多くなって喜んでいたが、順不同により「三通のみ読み上げさせていただきます」となった。しかし「順不同」であるはずが、「衆議院議員〇〇〇〇」「県会議員〇〇〇〇」と続くのは、不思議である。喪主・親族のあいさつと、「みほとけにいだかれて」の合唱によって葬儀は終わっていく。僧侶と会葬者の葬儀はここで終わるが、遺族の人は、再び棺の蓋をあけて、供えられた花を棺に入れて最後の別れをすることになる。花で飾る習慣は、葬儀に生花を飾りだしたここ最近のことであり、あっというまに慣習が作りあげられることをまざまざと知らされる。

日本全国では、出棺の時に茶碗を割ったり、火葬場に行く道と帰る道を変えて通るとか、喪主は裸足のままで草鞋《わらじ》を履く等、本当にさまざまな迷信・習俗が行われているようだが、いつしか「花」を入れることも「昔からの習俗」になるやもしれない。

葬儀が終わって、僧侶には先に「お斎《とき》の膳」が出される。都会によっては寿司が出る所もあると聞くが、当方はまず一〇〇パーセントが精進料理である。講中の女性が作られた、精進料理に箸をつけ、お酒を一口いただいて家に帰る。しかしここですべてが終わったわけではない。

葬儀の後、ご遺族が火葬場からお骨を拾って帰るのが約三時間後、しばし電話を待つ。「もうすぐ火葬場からお骨とともに帰ります」という電話を受け、再び当家に出かけ、骨壺を仏前に安置して、お勤めとご法話をする。再び「亡き人を仏さまといただくか、迷うものとしていただくかは遺された一人ひとりの責任です」と宿題を残して私の法話は終わる。

話が終わって、「これで葬儀の一連の儀式は終わりです」と言おうとすると、「初七日のお経もあげてもらえませんか」と言われる。初七日をされるのなら「初七日」にされるべきで、「お寺に帳《ちょう》消し」と言って参る習慣もありますし、「当家に私が参って勤めてもいいですよ」と言って、済ませたことにするお経はできるだけお断りする。

そして最後の打ち合わせである。七日七日《なのか》にお参りをするのかどうか、四十九日をいつするのかの住職へのお尋ねである。四十九日が三月《みつき》に掛かると、「始終《しじゅう》苦《く》しみが身《み》につく」からと言って早くしてくださいという人が時にあるが、本当は四十九日めにするのが一番いい。それを後に残った者の都合で日にちを動かすだけでなく、自分に災いが降りかからないようにというのは、「亡くなった人を『タタリ』を与える魔物か何かにするものではないですか」と言う。法事は四十九日前の日曜日に勤めることとなる。

葬儀は習俗？　その概観

ごく最近行った葬儀をタイムスケジュールに添って記してみた。こう書き出してみると「僧侶が仏式葬儀を行うのは、一から十まで習俗である」といっぺん言い切った方が、葬儀として行っている内容が明確になるのではないかと思う。

「なぜ仏式の葬儀なのか？　そして真宗なのか？」「なぜ父の葬式は○○寺で行うのか？」、それは江戸幕藩体制下の檀家制度・寺請制度が、法的には明治になってなくなったが、実態としては現在まで続いている証である。「なぜ仏教は家単位なのか？」、これもまたしかりである。近世封建身分制度を維持していく一装置として、仏教教団が、「民衆を家単位で全国のどこかの寺院に檀家として所属させる（檀家制度《だんかせいど》）」、そして「お寺が門徒の戸籍の管理をし、思想チェックの働きをする（宗門改《しゅうもんあらため》）」ようになったのは十七世紀の半ばである。それ以来、仏教は「わが家の宗旨・わが家の師匠寺」として受けとめることが慣習化してきた。

現代において、まったく新しく寺院に所属する場合も、家単位がほとんどであることも、家単位の檀家制度が意識として生きていることを証明している。

また葬儀について、この点では少しずつ変わってきたが、「門徒・遺族が自分の思いをお寺に言いにくい」という雰囲気が残るのも、江戸時代以来に位置づけられた寺と門徒の関係が生きているからである。「檀徒の法事及び葬式等の事は、師匠寺のいうように行い、門徒の方から意見を言うなどということはもっての外である」「法事の時には檀家の施主、自ら僧を出迎え、平日に僧が来訪した時にも、主人まず座を立ちて上座に僧を据えるべきである」（僧樸「檀中制法」、千葉乗隆『真宗教団の組織と制度』、二二四頁〜）等々、葬式・法事に関する事柄を事細かに決め、寺《じ》檀《だん》関係《かんけい》のあり方を定めている。

その意味では、遺族の方から注文が出るようになったことは、無下《むげ》に否定すべきことではない。しかし残念ながら、そのほとんどが「社会的地位」につながる見栄であったり、「死への恐れ」に取り込まれる迷信であることが、今までの葬儀というものが、ひいては寺院と門徒が、信仰の自覚ではなく、習俗でつながってきたことを顕在化させる場ともなっている。

現在においても、家制度・家意識がもっとも強く残っているのは寺院と門徒（檀家）の関係であり、それが一番鮮明になるのが、葬儀の場面であることは間違いない。

しかれば、その土台の上で行われる、葬儀にまつわる取り決めも、宗教的自覚からというよりも、江戸の封建身分制度下で立法化されることから始まり、明治期以降に国の法律はなくなったが教団の中で意味づけが変えられて、実態として今日まで伝承されてきたというのが実際ではなかろうか。

そのもっとも典型的なのが「法名」である。なぜ仏教・真宗の信仰を持ってもいないのに、亡くなった時に「おかみそり」といって「仏弟子になる儀式」をして、お経の中から「法名（戒名）」なるものがつけられて葬儀をするのか。やはり江戸の初期に幕府から全国の寺院に出された法度《はっと》（命令）に元がある。

住職が、死後死骸に剃刀を当て、戒名（法名）を与えることは、亡くなった人間が、幕府・

藩の禁止する宗教を持っていないことと、一揆を起こすような思想を持っていなかったことの証として行いなさい。（意訳）

と法度の中に書かれている。（「宗門檀那請合の掟」、千葉乗隆『真宗教団の組織と制度』九六頁）

死後法名を受けるということは、社会規範を乱さないためのものであったというきわめて世俗的要素をあらわす意図がその始まりであったことを教えるものである。また同時に「長い法名はありがたい」という意識も門徒の中に植えつけてきたのである。明治以降になれば、それに加えて、国家のためにどれだけ貢献したかという直接的要素で、戦死した人には「褒め称える意味で院号をつけなさい」と国も指令し、教団も従っていった結果が、「軍人院号」である。そして今はいろいろ理屈をつけてみても「お金さえ出せば位の高い院号がもらえる」という意識が蔓延している。

他の宗派だけではなく、真宗でもいまだそうした地域が全国には多くあるが、位牌に戒（法）名を記して、喪主が持ったり、安置するということも、この家の格というものを見せる場でもあった。今もその意識は無自覚なものとしてではあるが継承されている。いや位牌はなくとも、葬儀に仰々しく「院号伝達式《いんごうでんたつしき》」なるものをみんなの前で執り行うことを始めた地域があると聞くが、江戸時代とは形はちがっても、家柄意識ということについては同じ機能である。

こうした檀家制度にみられる家意識は、江戸期に法的裏づけがある時はもちろん、明治以降も、国家の縦社会の秩序維持に有効に利用されてきた。それがやっと崩れはじめたのは、戦後の高度経済成長による核家族化によってである。しかしなお、変わりはじめたとはいえ、仏式の葬式を、それも自分の古里の宗旨の僧侶を頼むということは割合からいえば多いのではないか。これこそが因習の証である。

崩れつつある家意識はどこへ行くのか、先は見えない。政府が「伝統・ふるさと・家族を大切に」と声高に言いはじめたことと、教育基本法の「改正」はリンクしたものである。本願寺教団の「蓮如上人五百回大遠忌法要」のテーマも「家族・環境・いのち」であったが、「お仏壇を一家に一つおきましょう」という以外には、具体的に何も生み出さなかった。

そして、その家意識を土壌として下支えしているのが、「死への恐怖」から作り出された、「迷信・俗信」のたぐいである。己れ自身で「死の恐怖」と向き合わないことの引き替えに、「死」の専門家と称する者にその心情を任せた途端に、従属させる者と従属していく者、という関係ができあがってきたのである。

その意味では、「遺体に守り刀を置こうが置くまいが」「茶碗を割ろうが割るまいが」「行く道と帰る道を変えようが変えまいが」、一見迷信・習俗を破っているように見える「門徒物忌《ものい》みせず」という真宗門徒の信仰のあり方も、行動の規範は、習俗に従う場合とそれほど大差ないと言わざるをえない。「みんながするから門徒物忌みせず」ということである。

もちろん、「死への恐怖」を理由にし、利用し、人の心身を抑圧し同化を強いる習俗・因習をほうっておいていいというのではないことだけは蛇足ながらつけくわえる。

言いたいことは、ただ一つ、社会の権力構造は、秩序維持の制度を、本人が縛られていると思わないほど、習俗といえるまでに日常化させてきたということである。と同時に、習俗を破るような宗教的実践も、権力の側はすぐに新たな習俗として取り込んできたということである。仏教教団も、既得権を与えられて、積極的にそれを進めてきたわけである。

もしその中においても信仰の意味があるとすれば、また信仰に生きた念仏者がいるとすれば、習俗を取り込み・利用を図るものとのたゆまざる対決の中にのみ存在すると言いうるのだと思う。冒頭、私は一人のご門徒さんの葬儀の顚末を書いた。まさに、私自身の従来から伝わってきた仏教的な習俗・慣習とのほんとうにささやかな格闘である。檀家制度までを仏教的習俗の射程に入れた時、「道まだ、三合目にも至らず」の思いしきりである。

（二〇〇一年五月）

倶会一処

くえいっしょ

（「いのち」に還りてまた会わん）

法　名　**釈　サヨ子**　　仏暦2544年（国際暦2000）6月22日還浄
享年　94才
俗名　小武　サヨ子

（追悼の言葉）
「悲の器」　　御慈悲の雨が降り注ぐ

1906年、日露戦争の翌年、島根県邑智郡羽須美村に生まれ、縁あって西善寺第15代住職の妻となって70余年、94年の生涯を生き抜き、昨22日、還浄いたしました。

直接の死因は胸に水の溜まる病、四十五年前に結核でなくなった夫・憲正と同じ症状でありました。年をとっても、誰よりも夫・憲正を慕いつづけた祖母らしい最後かもしれません。

その生涯は、まさに人間は「悲の器」」と言われるような、夫や子どもとの悲しい別れの連続の生涯でもありました。その生涯を支えたものは、間違いなく、死別しても決して消えることのない、夫・憲正との出逢いであったのだと思います。死んだら真っ先に、夫・憲正に会いたいとかたったのは米寿のころではなかったかと思います。きっと、夫との出逢いの確かさの底に、阿弥陀さまのお慈悲を頂いていたようにも思います。

さらに、多くの門信徒の皆様との出逢いがお育てとなり、94年という、戦前・戦後の時代を、文字通り身に刻み込みながら、念仏の中で終えた生涯でありました。

今は、微笑みながら、チョット心配そうに見つめる祖母の眼差しが、私に注がれていることを感じます。

「面影は消えても　その人は消えない
　その人の“深い祈り”は、合わす手の中に還ってくる」との言葉をかみしめ、私も念仏の生涯たらんと、94年の生涯に、深い感謝の思いを捧げて追悼の言葉といたします。

西善寺住職　釈正教

2000年6月23日、西善寺前々坊守の葬儀に配布した栞《しおり》。

われ　いのちより生まれいで
われ　いのちの願いにいき
われ　いのちにかえらん

『還浄』（げんじょう）という玄関の張り紙に気づかけましたか。これは「いのち」がお浄土に還っていくというお経の言葉です。

よく「忌中」という紙を張ってあるのを見かけますが、これは死を穢（けが）れとするもので、亡くなった方の死を尊ぶものではありません。

同じように、「塩」おまいたり、額や写真に白い紙を張ったり、友引の日の葬儀を避けたりすることも慎みたいものです。

「門徒もの忌（い）みせず」と伝えられてきた真宗の伝統を大切にしましょう。

みほとけにいだかれて

一、
みほとけに　いだかれて
きみゆきぬ　西の岸
なつかしき　おもかげも
きえはてし　悲しさよ

二、
みほとけに　いだかれて
きみゆきぬ　慈悲の国
みすくいを　身にかけて
しめします　かしこさよ

＊親鸞聖人、蓮如上人のお姿に還るために、僧侶が黒衣・五条袈裟に。＊
親鸞聖人も蓮如上人も一度も色のついた衣も七条袈裟もかけられませんでした。当時、色衣や七条袈裟がなかったわけではありません。それらのものが僧侶であるにもかかわらず僧侶に身分を作るもの（紫色・朱色は身分が高い、七条袈裟は高い身分しかつけられない）であるとし、拒否されたのでした。

法名
お釈迦さまのお弟子のしるしとして、「釈」の姓をいただくもので、「釈ＯＯ」の文字が本当です。しかし、江戸時代には法名と身分制度が結びつき、身分の高いものにしか院号などはつけられませんでした。また戦争中には国の命令により戦死したひとだけに院号をつけました。
院号は差別を作ってきた、戦争を讃えてきたもので大きな誤りです。
今西善寺ではすべての人が「釈ＯＯ」の文字で統一しています

西善寺の門徒の葬儀に際して葬儀の栞《しおり》を作成し配布している。

「忌」を問い直す

部落解放運動からの問い

全国水平社の元書記長・井元麟之は常に、「部落差別の核はタブーである。タブーが部落差別の核である」と言い続けていたといわれている。現在では多くの研究者や解放運動家の手で、「穢れ意識」と部落差別の繋がりが明らかにされつつある。古代から近世まで、浄穢観が強まっていくにつれて民衆の生活を規制し、「賤民→非人→穢多」へと変遷していくが、その中で穢れ意識と差別は密接に結びついてきた。そして国家がどう穢れ意識を増幅し利用してきたのかを明らかにしていく課題が与えられている。そしてさらには穢れ意識とどう向き合ったのか、仏教教団の「教義」や「制度」、そして実際の活動の上に取り込んでいった歴史の総括がもとめられている。なぜならそれは決して過去のものではなく、現在までそのまま引き継がれているからにほかならない。

最初に、水平社創立から活躍した井元麟之が臨終近くになって真宗の住職に問いかけた、「「忌という言葉を使うのはおかしいではないか」と注意を受けた」（「〝忌〟の意味するもの」『部落解放史ふくおか』一九八五年二月号、四〇七頁）という一言を記しておきたいと思う。はたして、この問いかけに応えるような営みを私たちの教団の同朋運動は展開してきたであろうか。

「穢れ意識」と「忌」

①平安時代の「忌み」と仏教

平安時代の「忌」と仏教については、次の一節を引用して概略とする。

　古代から民衆の間においては、死者の霊鎮めと、死者の菩提をとむらい、追善回向によって成仏をはかるということについては区別をされることはなかった。今日も見られる初七日そして中陰、および百カ日、一周忌、三回忌などの法要が、仏教的追善供養として定着している。こうした追善供養の理論的根拠となったのは、平安末期にわが国で選述されたとする偽経『仏説地蔵菩薩発心因縁十王経』である。略して『十王経』と称されるこの経は、地獄救済の仏である地蔵菩薩と、閻魔大王に代表される冥界の十王への信仰を合体させたもので、死後においての十王の裁判経過の次第を説く。さらには一周忌、三回忌までの死者の守護仏をしめしている。

この思想が中世以降に、七回忌、十三回忌、三十三回忌が加わり、広く一般に普及し、人々はそれぞれの忌日ごとにそれぞれの守護仏をたのむことにより、死者が無事に成仏できると考えた。

(十三仏信仰)	十王	本地仏
初七日	秦広王	不動明王
二七日	初江王	釈迦如来
三七日	宋帝王	文殊菩薩
四七日	五官王	普賢菩薩
五七日	閻魔王	地蔵菩薩
六七日	変成王	弥勒菩薩
七七日	太山王	薬師如来
百カ日	平等王	観音菩薩
一周忌	都市王	勢至菩薩
三回忌	五道転輪王	阿弥陀如来
七回忌		阿閦如来
十三回忌		大日如来
三十三回忌		虚空蔵菩薩

（和田俊昭『日本人の習俗と信仰』、本願寺出版社、一〇二頁〜）

②法然と「忌み」の思想

平安時代、律令制度下の「僧尼令」のもとでの僧侶の役割は、朝廷や有力貴族の安泰を祈る、いわゆる鎮護国家の仏教であった。それは、修行によって得た「霊力」によって「穢れ」を祓い除災招福を祈禱するというものだった。こうした「穢れ思想」を前提にした神道や鎮護国家の仏教に対して、法然の専修念仏教団において画期的な姿勢が打ち出された。法然の語録『和語灯録』の「一百四十五箇条問答」を見ると、庶民の多くが強烈な「災いや穢れ」という禁忌が我が身に及ぶことをおそれる心を明快にうち破っていることがわかる。

一、百日のうちの赤子の不浄かかりたるは、物まうでにはばかりありと申たるは。

答。百日のうちのあか子の不浄くるしからず、なにもきたなき物のつきて候はんは、きたなくこそ候へ、赤子にかぎるまじ。

一、七歳の子しにて、いみなしと申候はいかに。

答。仏教にはいみといふ事なし、世俗に申したらんやうに。

一、三年（三回忌）おがみの事、し候べきか。〔（　）内筆者〕

答。さらずとも候なん。

一、産のいみいくかにて候ぞ、又いみもいくかにて候ぞ。

答。仏教には、いみという事候はず、世間には産は七日、また三十日と申げに候。いみも五十日と申す、御心に候。

（『真宗聖教全書』四、六四五頁～）

③親鸞と「忌み」及び先祖崇拝

親鸞にいたっては「忌」「忌む」という言葉が和語の聖経・漢文の聖経のどちらにも一度たりとも使われていない。当時の時代状況からすればあえて使わなかったと考えられる。親鸞の場合の「穢れ意識」や「追善供養」に対する姿勢は、『歎異抄』や『教行信証』『和讃』の上に窺うことができる。

念仏者は無碍の一道なり。そのいはれいかんとならば、信心の行者には、天神・地祇も敬伏し、魔界・外道も障碍することなし。罪悪も業報を感ずることあたはず、諸善もおよぶことなきゆゑなりと云云。

（『歎異抄』第七条、『浄土真宗聖典』八三六頁）

さらに親鸞は、鬼人を祭り、老壮思想を信奉し、卜占祭祀を行う聖道門の仏弟子を「偽」の仏弟子として厳しく批判している。

かなしきかなや道俗の
良時吉日えらばしめ
天神地祇をあがめつつ
卜占祭祀をつとめとす

（「悲歎述懐讃」『浄土真宗聖典』六六六頁）

しかし、こうした仮・偽への厳しい批判の中に、仮・偽を奉じ行ずるものも、「仮の仏弟子」「偽の仏弟子」として、必ず弥陀の救済にあずかると仏の大悲の普遍なることを『教行信証』「化身土巻」において示している。それは、天神も鬼神も星宿も暦日もそのおこりは、

衆生を憐愍せんがゆゑに、正法の灯を熾然ならしむ（『浄土真宗聖典』四四一頁）

といわれるところにあったのであり、そのもとの意味に早く目覚めよと説いている。また祭祀については、

しかるに祭祀の法は、天竺には韋陀《いだ》・支那には祀典といへり。すでにいまだ世にのがれず、真を論ずれば、俗を誘《こしら》ふる権方なり（『浄土真宗聖典』四六九頁）

と、先祖祀りをはじめとする神々の祀りを「俗をこしらふる」方便であって、一日も早くその方便性に目覚めることを説いている。しかしまた親鸞は当時の民衆の心情とまったく遊離していたところで伝道していたわけではない。師法然の毎月の命日には門弟たちと一緒に「法会」を営み、専修念仏の教えを確かめていったことが伝えられている。

④覚如・存覚と「忌み」

中世という時代は、仏教とはいっても平安時代からの鎮護国家の仏教として、加持・祈禱を中心とした除災招福・追善供養を中心とするものであり、さらに陰陽師による卜占祭祀の浸透、さらには神道思想の普及などによって民衆の習俗というものは成り立っていた。

親鸞はそれらを仮・偽なるものとした。しかし、存覚はとくに先祖供養を当時の顕密仏教と同じ立場に位置づけ、広く民衆の上に浄土真宗が広まる手段と考えたのである。追善供養ということは平安時代すでに『十王経』の成立などにより、中陰・年回法要が朝廷や貴族の間で営まれ、仏教式の死穢の祓いとして機能していた。たしかに中国で「年忌」が小祥や大祥という儒教の影響で成立した時には「死を忌む」ということはない。「先祖の命日」ということである。しかしそれが日本に伝来し日本の土壌の中に定着していく中で、前（本書一八四頁〜）に述べたように「忌む」とは「穢を除く」という言葉として定着し使われることとなった。

年回は先祖の穢を祓い祖霊となっていくという民衆土壌の上に、追善供養として受け入れられたといえよう。存覚は『至道抄』の中で、年忌について次のように述べている。

死亡の日にとりて一年に一度の正忌をば忌日といひ、一月に一度の忌辰をば、月忌といふ。月忌なほもて等閑なるべからず。いはんや忌日をや。さればたとひ年をふといふとも、亡日をむかへては世間の万事をさしおきて必ず菩提をかざるべきなり。

（『真宗聖教全書』五、二六五頁）

すでに顕密仏教体制の下で世間に流布していた忌日をそのまま受け入れ、真宗教義として位置づけようとしたわけだが、その忌日を受けとめている民衆の意識は、まさに死穢につながるものにほかならないことは先の法然の問答でも見たとおりである。

法然、親鸞は、世俗での浄・穢の意識は念仏する者とはかかわりないとしていたが、存覚はそうではなかった。

仏法のなかには生死煩悩をもて穢とし、功徳善根をもて浄とす。これはすなわち仏陀の教をたる、おもむき、菩薩の生を利するのみちなり。世間の儀には生死等の禁忌をもて穢とし、これをさるをもて浄とす（中略）かくのごときのともがら、たとひ仏法の中に死生浄穢等の差別なきことをしるというとも、いかでか世間の風俗をわすれて、みだりがわしく触穢をはばからざらんや　（『真宗聖教全書』三、一七一頁）

仏教からいえば本当は世間の「穢れ意識」等は正しくはないけれども、あえてそれを否定しようとしないもので、神祇信仰と結びついた鎮護国家の仏教と社会規範を守ることでは変わらない真宗になったのである。

このように、死穢などの習俗をいったん正しいことと認めてしまえば、追善供養を繰り返す中で、

人々の祖先崇拝的心情をいったん救いとって抱き留め、何回も何回も仏事法要を重ねていくことによって、真の祖先崇拝が先祖の追善供養ではなく、究極的には祖先崇拝転じて如来に帰依する「真実念仏の行者」に逆転せしめ　（佐々木正典『ポストモダンの親鸞』一五〇頁）

というよりも、はるかに大きな影響力で、その人間を習俗の虜にしていくであろうし、真宗の教えの内容は世間と同じ「穢を祓うもの」、追善供養を行うものとして広まっていく。そこからは真宗独自の救済というより、さらに世間に迎合した帳面に名前を書き込んでもらえば往生疑いな

しとする「名帳《みようちよう》・絵系図《えけいず》」（仏光寺了源―存覚の指導を受ける）といわれるものが出るべくして出てきたとは言えないであろうか。

この『至道抄』の年忌・月忌という「忌」という一字の上にこそ、「死穢」という習俗を受け入れ、それを「追善供養」という「換骨奪胎《かんこつだつたい》」の手段で転じていくとしながら、ついにはそれを説く者も説かれる者も、根本の所で穢れ意識に搦めとられてしまってきた教団・寺院のスタートを見る思いがする。

⑤江戸時代―本願寺教団と「穢れ意識」

徳川幕藩体制下では、仏教教団は身分制度の固定化・強化の一翼を担うものとして位置づけられた。幕府は民衆の管理のために、すべての人間を最寄りの寺に所属させるという寺檀制度を作りあげ、宗旨人別帳によってキリシタン等の邪宗門であるかどうかの吟味の役割を寺院に与えた。江戸幕府自身が『宗門寺檀那請合ノ掟』（十七世紀末頃成立と思われる）を定め、命日・忌日の法事や寺院の修理などを義務づけそれに違反したものは邪宗ノ徒として吟味するというものが十五カ条にわたって出されて本願寺教団にも適応された。

一、頭檀那なりといへども、其宗門之祖師忌日・正盆・彼岸・先祖之命日、絶而参詣せすんハ、判形を引、宗旨役所江断り、きっと吟味をとぐべきこと。

一、先祖之仏事・他寺江持参法事を勤ル事堅禁制。しかりと雖も他国他在にて死する者は格別之事。

（千葉乗隆『真宗教団の組織と制度』九四頁）

また、江戸幕府が発布した「服忌令」は本山の中でも定められ守られていたことが知られる。

まず、本山への出仕に関する「忌み」について、江戸初期に記された『法流故実条々秘録』（『真宗史料集成』第九巻、四三三頁）に、次のように書かれている。

一、二親・兄弟等死去之時、御所御堂へ出仕ノ忌之日数之事、父母ニハ五十日也。兄ニハ三十日、又ハ三七日。伯父伯母ニハ二七日又ハ三七日、此等之日数之多少ハ其忌之厚薄ニヨリ、日比之親疎ニヨリ、少ツツ替アリ。又弟ト甥・姪子等ノ子方ニハ、忌ニ日数無之。サレトモ世間憚アリ、自身ノ卑下ナルニヨテ、一七日・二七日之間ハ法礼ニハアラネトモ令執差体可然也。此忌之儀者、一家衆又ハ坊主分・御家中・奉公人衆等之事也。末々御門弟、在々所々ノ輩ニハ忌穢之日数等無之事也。惣ジテ仏家ニ如此之忌之儀他宗ニ無之、殊更御当家ハ雑修雑行ヲ嫌ヒ給フ一向専修之於真宗ニ、神道社家ノコトク忌穢之沙汰ハ他家之不審スル事也。是聊御当家ニ物ヲ忌給儀ニハアラス、偏ニ王法ヲ守リ給処也。蓮如上人・実如上人・証如上人之御代迄ハ、如此之忌之御沙汰ハ無之候歟。古キ日記之中ニハ不見也。顕如上人之御代御門跡ニ叙セラレ、ソレヨリ以来御代々高官・高位ニ被任候テ、諸寺・公家・禁裏之御作法ヲ被学候故、如此成候トミエタリ。（傍点筆者）

それまでなかった「忌み」の制度が第十一代顕如が門跡に任じられて以来教団内の習いとなり、江戸時代になってからは「王法為本」の立場から、「忌」の制度が守られていたことがわかる。

そして、江戸初期には本山に仕える官吏に限られ、その本山の制度は地方の僧侶におよんだものではないことも知られる。しかし江戸中期（宝暦一七五〇年代）から後期（文化年間一八一七年）にいたる幕府からの尋問への返答を収録した『故実公儀書』（『真宗史料集成』第九巻、七四一・七五〇頁）には、二つの文章があり、忌中において慎む者の対象が宗門全体に広がっていることがわかる。

宗門ニおいて忌中慎之事

一、宗門之僧侶、忌中ハ引籠相慎、読経仕事御座候。尤寺役・法用之儀ハ忌中ニても罷出相勤候。猶又差懸リ候公儀御用幷ニ寺法用御座候節者、忌明申付御用向為相勤候儀ニ御座候

右者寛政十二四月十五日、松平周防守殿江差出返答

宗門忌服之御尋

一、当方宗体ニ忌服之儀者致如何候哉御尋御座候。此儀俗家同様ニ仕候。御尋ニ付申上候

右ハ文化三寅年十二月廿七日、脇坂家へ出ス

その有り様は、江戸幕藩体制下において、外に「王法を立て」て、内に「信心をたくわえ」んとした本願寺教団の行き着いた所であったわけだが、江戸末期において教団の中での「忌み」の有り様は、世間の「服忌令」を守る姿と何ら変わらない「俗家同様」のものになっていたことが

示されている。

⑥明治時代――本願寺教団と「穢れ意識」

明治になり、「天皇ハ神聖ニシテ侵スベカラズ」という天皇の神聖性に根拠をおいて成立した祭政一致の国家体制の下で、本願寺をはじめとする仏教教団は、「天皇制の支配原理」に抵触しない教団的立場を成立させ、積極的に民衆教化を担うことで国家への忠誠、奉仕をはかることに腐心していく。「神道は国民道徳であって宗教ではない」とする国家神道体制の思想善導の役割を担うため、本願寺教団は門主自ら「真俗二諦の御消息」を発して、国家体制に尽くすことを門末に求めた。

真俗二諦の法義をあやまらず、現生にハ皇国の忠良となり、罔極の朝恩に酬ひ、来世にハ西方の往生をとげ、永劫の苦難をまぬがるる身となられ候やう。

（広如「御遺訓御書」『真宗聖教全書』五、七七七頁）

実質的に国家神道が国教とされ、国民総氏子制度が施行され、氏子調べが行われていき、家の中には神棚をおくことが強制された。さらに伊勢神宮のお札を請けることが義務づけられ、神社参拝が強制され、学校には奉安殿が設けられ教育勅語の精神が徹底されていった。それを本願寺教団は「真俗二諦」の教義によってすべて受け入れていったわけである。

言葉を換えれば「死穢」を極度に忌み嫌う神道が、それまでにはなかった氏子・神棚・学校教育・神社参拝の強制というような形を通して、直接に寺院・門徒の中に入ってきたわけである。明治の当初は廃仏毀釈に対して護法一揆を起こし、反対運動に立ち上がり、日本の宗教を神道一つにしていく政策に影響を与えるほどの働きをした本願寺教団も、しだいに国家神道に搦めとられ、一九四五年の敗戦の時には多くの寺院・門徒は神道の受容が何ら違和感のないものにまでなってしまっていた。

一九一二年七月二十日、明治天皇の病気重体が宮内庁から発表されると、当時西本願寺からはただちに見舞いに参内し、派内の門末に「聖恩ヲ想念シ奉リ此際深ク謹慎ノ意ヲ表スヘシ」という訓告を出し、七月三十日に明治天皇が死去すると、「皇恩ニ報イ奉ランコトヲ期シ大喪ノ期間ニ在リテハ特ニ謹慎ノ衷情ヲ尽クシ」と指示をしている。そして、本山においては「明治天皇聖忌法要」を勤め、各末寺においては「奉弔法要」を勤めることを教導している。

また大正天皇の「大葬の礼」に際しても、その喪中に本願寺と地方の寺院において「大正天皇聖忌法要」を営んでいるが、こうしたことからも、当時の本願寺教団の「服忌」は、真俗二諦の教えのとおり社会通念に従っていたことが改めてわかる。また各地の門末においては、神社参拝や神棚の強制の中で、死穢を忌む習俗が同じように強制されていったわけで、地域によっては葬儀に「忌中」の張り紙もこうした時代からと思われる。

⑦敗戦後—本願寺教団と「穢れ意識」

一九四五年八月十五日を境にして、国家神道体制は解体され日本国憲法の成立とともに本願寺教団も新しく宗制を制定し直している。たしかに戦後の平和憲法の下、日本はまれに見る経済成長をとげ大きく社会が変わったかにみえるが、社会の基層部分を構成している「国民」意識は戦前と変わっていないのではないか。国家神道体制は解体したにもかかわらず、実質的な氏子制度は全国各地に厳然として残っている。また葬儀には塩がまかれたり、「忌中」の紙がはられ、年賀状の欠礼は届いてくる。直接国家に強制されるわけではないのに、こうして受け継がれていく神道的習俗は、むしろ直接強制されるものがないだけに、わたしたち「国民」の神道性はより深まっていると言えるかもしれない。それは本願寺教団の門徒においても決して例外ではない。

本願寺教団は、今もなお戦前と同じく「人道世法を護り」（宗風）と真俗二諦の教旨を掲げている。これを守る限りにおいては、それ以前と同様、社会が神道化していこうが、穢れ意識が再び培われようが、異議もとなえず受容していくという姿勢を保つということに宗制上はなる。それはどこに行きつくか、今までの教団の歴史が物語っている。「外儀は仏教の姿にて　内心外道を帰敬せり」「卜占祭祀つとめとす」という親鸞の悲嘆する姿に陥っていくということである。

では、それをどこから切り崩して、国家の意図やその意図によって培われる習俗という土壌から自立できるか、本願寺教団にそして私自身に緊急に問われている課題である。「本願寺新報」（一九九四年三月一日号）に掲載された「忌中」そして「年忌」の「忌」という文字への問いかけの背景には、この現状を切り開こうとする多くの住職の営みや門徒の期待が私には感じられてならない。

七百五十回「忌」

二〇一一年には、宗祖親鸞の「七百五十回忌」が本山で営まれることになっている。昨年は、「七百五十回忌」を「ななひゃく」と読むか「しちひゃく」と読むかでかなり論議となったということが宗教新聞紙上で報じられていた。「ななひゃく」に決着したとあるが、「ななひゃく」と「しちひゃく」のどこで論議になったのか、いっこうにわからないままである。

「回忌」という言い方については残念ながら、一九九八年にすでに蓮如の法要が終わった後に、すでに「七百五十回忌」という言葉が総局により使われ、「回忌」という言い方は、本山では問題にする余地なしということのようである。親鸞はあえて「忌」を使わなかったと思われるが、『教行信証』の制作年代が法然の十三回「忌」にあたっていることなどからして、年回という区切りを無視していたわけではないと思われる。ただ「回忌」ということで営まれていた儀礼の中身を拒否したのだと考えられるのである。

私は親鸞が師法然の毎月の仏事を「法会《ほうえ》」として営み、親鸞亡き後には、門弟がその命日・十六日（明治までは毎月二十八日）に「法会」を営んできたことから、「〇〇回会《かいえ》」と呼称することをはじめて十数年になる。今では少しずつだが「回会」を使う寺院やカレンダーを見るようになった。言葉を換えるだけで中身が同じでは意味はないのだが、言葉には歴史があり、だから言葉のいのちを尋ねるということが意味をもつ。親鸞にならって七年後の法要を「七百五十回会」として、本山だけにとどまらない、それぞれの法要を作っていきたいものである。

＊　この章は拙論「「忌」を問い直す――現在の「忌中」「年忌」の背後にどのような歴史が積み重ねられてきたのか」（『部落解放研究』広島部落解放研究所、一九九四年）の一部を掲載した。

＊　明治・大正期の天皇「大葬の礼」と本願寺教団の服忌については、赤松徹真が「天皇の代替わりと真宗――西本願寺教団の場合」（『龍谷大学史学会』九七号、一九九〇年）に詳述しているものを参考にした。

「忌中」から「還浄」へ

「忌中」から「還浄」へ、運動の広がり

私が葬儀において、「服忌」という死への「穢れ意識」を反映した、「忌中」という紙を貼ることを止めて、真宗者として「還浄《げんじょう》」という紙を貼ることを主張してすでに十五年近くなろうか。今日まで二つの議論の段階があった。

一度目は、「忌中」ということについて、一九九四年三月一日付の「本願寺新報」紙に掲載された「忌中」を「慎《つつ》しむ」の意味に解釈した本願寺中央相談員の文章に私が異論を提出し論議を展開し、「忌中」は「穢れ意識」の反映であるという私の文章がご門徒向けの教団の広報雑誌『大乗』（一九九四年十一月号）に掲載されるということがあった。また私の文章の『大乗』掲載後も、いくつか本山の機関紙に「忌中」肯定論が出されたが、「忌中」否定を押し返すまでにはいたっ

ていない。

問題は「忌中」についてではなく、「忌中」の代わりに「還浄」札を貼ることについて教団全体を巻き込んで論議は展開されてきた。それは、「なぜ「還浄」なのか」という「還浄」の是非をめぐっての論議が沸騰したからである。ただそこで運動の広がりを感じるのは、「忌中」を問題視した段階においては「忌中」否定に論陣をはる者は私ひとりであったが、「還浄」をめぐって、双方に立場や主張を異にした者が、賛成・反対の論陣をはるという展開になっている。そこには、ここ数年で、地方だけでなく、本山から出される文章にも、「還浄」という文字がいつのまにか使われるという実態への反対派の危機意識があったことは間違いない。また広島を中心とした中国地方で、一九九六年十月に、中国新聞の「洗心欄」に、「「忌中」やめ「還浄」に」というタイトルで大きく報道され、一気に「還浄」への流れができ上がり、全国に飛び火しつつあるという現状へ、「還浄」反対派の苛立ちもあったのだろう。（資料1　「中国新聞」）

ただし、「忌中」を止め「還浄」へという流れには、今日の部落解放運動をめぐる、部落解放同盟中央本部の運動方針のブレも関係しているのではないかと推測する。「差別の本質をイエ意識・ケガレ意識とする」ことが、部落差別への取り組みを「穢れ意識」に焦点を合わせることとなり、「忌中」・「還浄」が取り上げられている要素も幾分かあるのではないか。

しかし、そのレベルでの論議では、「紙を貼るのがいいのか、悪いのか」の論議にとどまってしまい、「忌中」の紙を生み出した背景、なぜ、「往生」とか「悲中」の言葉ではなく、「還浄」

「忌中」やめ「還浄」に

「忌中」をやめて「還浄（げんじょう）」へ―葬儀の際に故人の家にはる張り紙の表現を改める動きが、広島県内などの浄土真宗僧侶の間で広まっている。「忌中」とは「死者を忌みきらっている最中」の意味。死者を穢(けが)れと見る思想が根底にあるからで、「清めの塩」を用いるのも同じ動機である。真宗には「忌む」という考えはなく、教義に沿って「浄土へ還（かえ）る」という意味の言葉に変えようという営みだ。

真宗僧俗　葬儀の張り紙で変更広がる

教えに「忌む」なし

「死者の尊厳を損なう」

尾道市の法光寺では「還浄」の張り紙を用いている

浄土真宗の教えでは「如来から賜る信心で、死とともに浄土に還り仏となる」ということで、門徒は、阿弥陀如来一仏に帰依して日の吉凶や祈禱（とう）などを顧みないことから「門徒物知らず」「門徒物忌みせず」などと、他宗派の人が驚きやあざけりを表したことわざもあるほど。

真宗本来の教義に沿ってさまざまな改革を実践している三次市東河内町、西善寺の小武正教住職(三八)は、親鸞聖人の聖教には「忌」という言葉は一度も語られていないと言う。蓮如上人の御文章にも「我が流には仏法について物忌まはぬといへることなり」と忌みを否定する文章があると指摘する。

尾道市美ノ郷町の法光寺は、すでに十年以上も前から「還浄」への改革を先駆的に進めている。季平博道住職(六九)は、約二十年前まで尾道市職員として勤めていた当時、市民学習の場で「人間救済から離れている真宗に対する問題意識がわいて」変更に踏み切った。

数年前には門徒会議で「忌中」を使わないことのほかに、「一回(周)忌」も「一回（周）会」と表記することを申し合わせた。葬祭業者も意向を理解して、季平住職が自ら筆を執った「還浄」の紙をコピーして用いているほか、ちょうちんも「還浄」に書き換えたのが用意してある。

西善寺でも法光寺と同じころから「還浄」にした。「葬儀が仏事になるために」との門徒向け小冊子を作っている小武住職は「真宗の葬儀のポイントは、人間一人ひとりの死が尊厳で平等なものであることを表現できているかどうかにある」と説く。葬儀の時、故人の略歴のほか忌中や清め塩の意味を略説したチラシを配ってるようにしている。

同住職は、古代から現代までにわたって「忌みの思想」の歴史を詳細に点検考証した「『忌』を問い直す」という論文をまとめて「忌中」を見直すよう本山に問題提起しているが、「忌中」の張り紙の習慣は、本願寺が国家神道にからめとられるなかで生まれたとしている。

広島市西区草津本町の教専寺、西楽寺、浄教寺の近隣三寺では合同して住職、総代長、仏教婦人会長の会議を開いて「還浄」に変えることを決めて、今春から実行。お通夜の時に住職が「還浄」の意義を遺族に説明して納得してもらっている。

清めの塩も三十年ほど前から廃止を呼び掛けており、その通りにする門徒も増えている。「一回忌」を「一回会」に改める問題もコンセンサスを得ながら実現したいという考えだが、本願寺がそのまま表現しているため、混乱することを恐れて踏み出しかねている。

教専寺の故選一法住職(五七)は「命は浄土へ還って行く仏にさせていただく身を生きている、というのが真宗の教え。それを死んだ途端に忌中とはおかしい。還浄を広めることによって仏教の教えも一層普及するのではないか」との期待をこめる。

さらに、死者を穢れと見るのは、清めの塩も含めて死者を冒瀆（とく）する行為だと指摘したうえで「学校でのいじめでも『きたない』『けがれ』など排除するが、これは命を損なう言葉だ」と、いじめや差別の背景にある穢れ意識の問題を強調する。

御調郡久井町の光徳寺では、門前に一昨年建立した蓮如上人像に「蓮如上人五百回遠忌」ではなく「蓮如上人五百回会」記念と刻んである。法事も無論「一回会」と呼ぶ。本山の基幹運動本部や伝道院の各部長などを歴任し、法座や数多くの著書を通じて真宗の本義に立って布教を続ける藤田徹文住職(五五)の考えに基づくものだ。

「『忌』にはタブーの意味がある。仏教の集まりは本来『お盆会』『彼岸会』などと呼ばれるように法会なのだ」と明快。同町では死者があると町内放送するので張り紙の習慣はない。清め塩については「やめようと伝えるが、なかなかなくならない」という。

島根県の江津市から大田市にかけての石見地方東部では張り紙でなく、本ぐらいの大きさの木札「門牌（ぱい）」を玄関そばに立てる。そこに記す言葉は「還浄」のほかに「帰寂」（「涅槃寂静＝解脱」に帰る）、「帰真」（「真実の世界」に帰る）など。

大田市、正蔵坊の菅原龍憲住職(五七)は「住職になって四十年近いが『忌中』は見たことがない。塩も不要と業者に伝えてある。たまたま手違いで入れられていた千個近い香典返しから塩だけ取り除いたこともある」と言う。

島根県那賀郡三隅町、浄蓮寺の早川顕之住職(五二)は、石見地方東部で「還浄」と書かれた門牌を四、五年前に見て以来、自坊でも「忌中」を取りやめて「還浄」にした。葬儀のたびに自ら書いた張り紙をはるようにしている。

「葬祭業者の間に『忌中』が浸透しているので、住職がしっかり指摘しないと、つい流されてしまう。真宗としての葬儀をきちっとしたいので、通夜や法話などで意義を説くが、みなさん理解してくださいます」と話す。清め塩の方はまだ抵抗が強いという。

光市内の十カ寺余りの真宗寺院でも話し合って「還浄」への転換を決め、昨年秋から実行している。同市浅井、西福寺の渡辺正善住職([illegible])は「法座などで周知を図っているが、意味の違いを話すと、ほとんどの方が『還浄』に同意されます」と言う。

「念仏者は無碍の一道なり」「御同朋御同行」と自立と連帯を説かれた親鸞聖人の教えに生きる真宗門徒にとって「忌中」「清め塩」の習俗は克服すべき課題と言えよう。僧俗で話し合いながら少しでも真宗精神を体現した営みを進めることは意義深いことではないだろうか。

洗心

題字は武田　智憲師（浄土真宗本願寺派備後教区教務所長）

資料１　「中国新聞」1996年10月１日号

を貼ろうとするのか、その意図は何かは問題となってこない。事実、教団内で交わされる議論は、自己保身とプライドのための論議となっており、何を護ろうとしているのか、何を変えようとしているのかが見えない落とし穴に落ち込もうとしているように思われる。人権擁護施策推進法の実施により、国権的な啓発がなされれば、同質の論議がなされることは用意に想像できる。すでに先取りしている人権学習会は多いのではないか。

論点は「死」の「排除」と「序列化」

今交わされている「還浄」論争で何が直接問題になっているかというと、それは「「還浄」という言葉は、私たちが自分の肉親の死に対して使うことができるものなのか」ということを、親鸞の使った言葉の意図として適切か不適切かを争っているといってもよい。正直私はそういう論議の土俵には一歩距離をおいていた。むろんそれが教団にとって無用とは言わないが、いわゆる「教学論争」は門徒とは無縁のものであり、私の「還浄」という言葉を使う目的は、そこにはない。

「ケガレとは、社会秩序から排除されたもの、それがケガレとして位置づけられていく」としてメアリー・ダグラスは『汚穢と禁忌』で述べる。そして部落差別などの差別実態から、「排除されたものは、必ずもう一度社会秩序の低位に位置づけられる」ということがメアリー・ダグラスの後にくる私の論である。私は死穢とつながる「忌中」を問題とすることは、「死」ならびに

「死」につながる事柄の社会秩序からの排除の意識・実態を課題とする出発としてとらえている。と同時に、本願寺教団は、排除された（「ケガレ」とされた）事柄に対して、どう「平等なる尊厳」を見いだし、確保しえたか、逆に再び縦の秩序の中に取り込んでいったのか、それを問い、改めていく出発として、私は「還浄」を据えているのである。

「差別の実態を作り出す背景には、「お金」と「権威」が必ずある」、これが今日まで私が解放運動や同朋運動から学んだことである。もちろん絡み合っているので一概には言えないが、「忌中」の紙の背景には、「穢れ意識」を取り込んだ「法事」「葬式」を勧めるという、経済に深くつながる問題である。そして「還浄」という言葉で改めようとするものは、「穢れ意識」を、新たに権威として秩序の中に取り込んでいった問題ともいえよう。

「逝去」と「崩御」

一九八九年一月七日、「天皇陛下崩御《ほうぎょ》」の言葉がテレビを駆けめぐり、新聞は号外で書き立てた。前年の秋から容態が悪くなり、いつ天皇が死を迎えるかということが眼前にせまってきた段階で、私は新聞記者がいかに天皇の死を表現するか、記者の良心と新聞社・国家権力との板挟みの声を数多く聞いた。「崩御」それは歴史的に「天皇・太皇太后・皇太后・皇后」に特別に限って使ってきた言葉である。つまり、天皇が「現人神」とされた時代からの言葉であり、「崩御」という言葉を使うことが、「人間天皇」の死というよりも「現人神天皇」の死を指すということである。

普通葬儀には、「ご逝去《せいきょ》を悼み」というように、「逝去」という言葉が用いられるのが一般的である。『広辞苑』によれば、「逝去」とは、「他人の死の尊敬語」とある。天皇の死を「天皇逝去」と書いたマスメディアは沖縄の二誌を除いてなかったと記憶する。死の表記は、人間の秩序づけを反映するという卑近な実例である。

本願寺教団における死の表記

では本願寺教団においては「死」はどのように表記されてきただろう。「往生」「成仏」というふうな言葉が思い浮かぶ。もちろん間違いではないが、本願寺教団の死の表記はそれだけではないのである。

まず、真宗教団における死の表記がみごとにランクづけされた、江戸の後期・文化初年（一八〇四）年頃に編集された『本願寺通記』（千葉乗隆『真宗教団の組織と制度』、三四七頁〜）という書物から拾いあげてみる。

＊源空上人　入滅　＊親鸞聖人　入滅　＊小黒の女房　往生　＊信蓮房　往生

＊善鸞　死の記述なはし　＊覚信尼　往生　＊如信上人　遷化　＊覚恵法印　遷化

＊覚如上人　遷化　以後も歴代法主はすべて「遷化」

＊覚如上人二男従覚　寂　＊存覚　寂　＊蓮如上人嫡男順如　寂

＊興正寺歴代　すべて「往生」　＊父有範卿　御逝去

ここには死の表記として①「入滅」、②「遷化」、③「寂」、④「往生」、⑤「逝去」という五通りの言葉をもって死を語っているが、そこには一定の秩序づけが見える。「入滅」という表記は、法然と親鸞に限る。次に、歴代の法主に対しては「遷化」を使う。さらに、法主にはなっていないが、教団発展に功績が大とするという意味であろう、「従覚」「存覚」「順如」には寂。興正寺の門主にはすべて「往生」、ならびに親鸞の子どもは「往生」。親鸞の父、有範などは「逝去」とする。

ここには、死をどう表現するかということを宗教的自覚によって使い分けているというよりも、教団内の身分秩序・位置づけ、教団相互間の位置づけによって使い分けているということが明らかである。法然、親鸞をトップにすれば、おのずから序列化していったということである。

「遷化」という、信仰を一般化した表現

ここに「遷化」というあまり馴染みのない言葉が出てくる。これはどういう意味かというと、「仏が此の世界において、衆生を導く縁が終わったから、別の世界に教化の場を移した」ということである。

仏教の教えの上で、自己を導いてもらった師に対して、信仰の自覚の上から、師が「浄土に還《かえ》られた」という言葉は今も使う言葉である。親鸞も法然に対して、「浄土に還帰《げんき》したまへり（教

化の縁が終わって、浄土に還られた）」と語っている。しかし、この言葉は、法然に親鸞が単に教えてもらったからとか、ましてや法然が世間から評価されたとかということとは関係ない。法然と出会うことにより、親鸞自身の信心が導びかれたという体験から初めて語ることのできる言葉である。逆にその実感のないものは、どんなに法然が立派であっても使えない言葉である。それを「自分にとっては」、という限定で初めて使える言葉、厳密な意味で宗教言語といえよう。

しかし、「自分においては」という自覚をはずして一般化してしまう時、その教えは一気に差別イデオロギーとして機能していく。真宗教団において、親鸞の血統をひくものが、教団の「善知識（指導者）」であることを教団の律法で位置づけることと、誰を自らの師として親鸞の教えを生きるかということは必ずしも一致しない。個人の信仰・自覚とは無関係に、導く師を決めていくなかに、「貴人《きじん》崇拝」と「生き仏」信仰が重なって、教団の身分構造があっという間にできあがっていく。それこそまさに天皇制である。

実は親鸞は、その文章のどこを見ても「遷化」という言葉を使っていない。当時「遷化」という言葉がなかったわけでない。国家仏教体制下で使われていた「遷化」を、親鸞はあえて使わなかったのだと私は考えている。親鸞以降、再び真宗教団が国家仏教に取り込まれて行く過程で、親鸞の血筋を引く唯一の善知識（指導者）・法主に対してのみ「遷化」という言葉は使われるようになる。したがって「遷化」という言葉は、法主（今でいう門主）を頂点とした、教団内の身分構造を作りあげていく、権威化の装置としての言葉であったといえよう。

親鸞の絶対化・権威化のうみだすこと

「還浄」の紙を使うことに批判的な人の大きな理由に、「法然上人・親鸞聖人の二祖のみは、特別な方で「浄土から現れた方」」という考えがあるが、それは法然や親鸞を「信心」というより権威化の中で受けとめてしまうという過ちに陥っているのではないかと思う。(「中外日報」二〇〇〇年一月十八日)

たとえ法然・親鸞といえど、自らの「信心」と結びついたものでなければ、偉人ではあっても、宗祖(自らの信仰の源となった人)ではない。つまり私たちの普遍的な信心理解の中で、「浄土から現れた方」ということを語る意味を押さえていかないと、法然・親鸞を絶対化し、その権威にただぶら下がっていくことになりかねない。たとえ私自身が本願寺教団に所属していようと、本願寺は言うにおよばす、法然・親鸞であれ絶対的権威となったとたんに語っていることの普遍性が失われ、そこから実体化がはじまる。すると、「人間にはその行為によって、浄土から生まれてきた人間と、迷いの世界から生まれてきた人間の二通りが存在することになる」(筆者の公開質問状に対する、『季刊せいてん』質問箱担当者の返事)という「還浄」批判の人が語る頓珍漢な人間観が生まれてくる。まさに、前世を実体化した「悪しき業論」と同じ所に落ち込んでいくのである。いうまでもないことだが、「このお方は浄土から誕生した」という言葉も、「無始よりこのかた迷いを続けてきた」という表現も、自己の「信心」から出てきた表現で、固定化してはならない。こうした言葉を固定化するところに、魂の実体化が生まれ、人間の上に差別を作るイデオロギーが生まれてきたのである。眼を現代に移せば、現代の宗教も「お釈迦さまやキリストさまの生まれ変わり」のオンパレードで、きわめて新しい問題でもある。

親鸞の「還浄」という言葉を信仰の表現として取り戻す

たとえ「この人は私の善知識だ」といっても、あくまでそれは私がそう受け取っているという話で、まさに自らの上にいただく「竊《ひそ》かに以《おもん》みれば」という内容のものである。あえて言うなら、法然と親鸞の出会いの質が、まさに形は十人十色であろうが、一人ひとりに成立するところに教えの普遍性がある。大経に説かれる、世自在王仏と法蔵菩薩の真実性は、釈迦の「光顔巍巍」とした姿を見た、阿難によって証明されたのである。法蔵菩薩の説話の真実性を証明するものは、自己の宗教体験をのぞいてはありえない。つまり、善知識は他者や教団によって強制されるものではなく、自らの信心の自覚の表現である。そして、『仏説阿弥陀経』にもあるように、その阿弥陀の教えを自らに勧める諸仏も、空中にイメージされた来迎仏のような仏ではなく、娑婆のただ中を生きる生身《しょうしん》の諸仏と私は受けとめる。ただし生身の人間を諸仏と実体視するのでなく、その人の生きる姿や言葉の背後に如来の働きを見るということであることはいうまでもない。

おわりに

「忌中」を止めて、「還浄」の紙を貼ることの先に、「穢れ意識」を取り込み、さらに秩序づけて作りあげてきた教団の差別構造をどう打ち破っていくかということを考えている。そして「忌中」の時の議論も、今回の「還浄」の議論も、論議している者、見守っている者のすべてが、主観的意図はどうあれ、紙一枚ですまない問題だということは、だれもがわかっているのではないかと思う。門主の権威を護るために教学があるのではなく、親鸞の教えを伝えるために教学はあるということはいうまでもない。しかし、「教学」的装いであっても、「還浄」批判に対する教学研究所より出された次の文章は、「教団内身分秩序」が批判の基準であることを露わにしている。

浄土真宗本願寺派広島別院の「還浄」碑。1930（昭和５）年に広島別院仏教婦人会（淑徳婦人会）の物故者の納骨堂に建てられた。

「還浄」の語の成立や、受け取る側の

反応を考えれば、源信和尚や源空上人あるいは親鸞聖人のように、すでに「阿弥陀仏の化身」であったことが認められている場合や、宗主等の人物に対し、僧侶・門徒を化導する立場という位置づけから「阿弥陀仏の化身」と認めていく場合に関して、「還浄」の語を用いようとすることは認められても、そうでない場合に用いれば状況の混乱は必至であり、運動として適切とは言い難いと考えられる。（傍点筆者）

（安藤光慈「『還浄』に対する教学的整理」『教学研究所紀要』九号、一五六頁～）

この文章は、身分構造による秩序維持を第一目的とし、「言葉」による秩序の維持のために統制せんとする姿ではなかろうか。しかし「還浄」論争は、そこにふれる論議にならなければ意味がない。もし本願寺教団が部落解放同盟中央本部と一緒になって、「差別の本質は穢れ意識」という方向に流れても、地方の運動でそれを許さない芽を育ててゆく素地の第一段階はできあがったのである。

（二〇〇〇年五月）

＊　教学的視点より浄土真宗において「還浄」という表現が可能であることを論じたものに、沖和史の論文がある。「還浄運動をどう評価するか？――反差別運動における現場と教学の往復運動覚書」（『同和教育論究』二三号、同和教育振興会）、「「浄土にかえる」という表現をめぐって」（『教学研究所紀要』九号、教学研究所）等である。

＊　この章は、拙論「「同朋運動」と「還浄」問題」（『同和教育論究』二三号、本願寺同朋センター）の内容を要約し、加筆した。

Ⅵ 「本願寺教団の差別構造」を問う

檀家制度と講中差別

檀家制度というもの

「なぜ自分の家が今の寺の門徒になっているんだろうか?」という疑問の声を聞くことは大変多い。現状の寺への所属状況は、一つのお寺の周辺の家がその寺院の「檀家」(*①)というよりも、まったく遠方の寺院の「檀家」であったり、それも数カ寺に分かれていることが大変多い。「なぜこうした所属になったのか?」「なぜ家単位なのか?」。檀家制度がどのように作られ今にいたったのかを見ていく必要がある。

檀家制度の始まりは、徳川幕府が切支丹の禁止と「宗門改《しゅうもんあらため》」にあたって、どこかの寺に所属させるという「寺請《てらう》け」が基といわれている。それは、全住民をどこかの寺に所属させる寺請けの制度が一六六五(寛文五)年に幕府によって始められている。さらに、その寺請けを基として

「宗門改」が実際に行われはじめたのはもう少し後のことである。

「宗門改」とは、全住民は一軒ずつ、人別帳に宗旨・名前・年齢を書き、檀那寺の住職が証明をして、庄屋などを通して代官所が纏めていくものであった。そして一郡ごとに男女・年齢の統計を出し、生死・禄付・奉公の出入り増減を記載させたのである。この調査は毎年定期的に行われていた。

また子どもが生まれれば寺院へ届け出る、結婚して隣り村に行く者があれば、檀那寺の住職が身元証明を書いて相手の檀那寺へ送る、また旅に出る者があれば身元証明書として通行手形をお寺が出す、もちろん人が亡くなれば宗門改帖から抹消し、過去帳へ書き込むというように、寺請け・宗門改とは、今でいうところの戸籍管理の役割であったといえよう。しかしそれと同時に、幕府・藩の禁じた切支丹などの信仰をしていないか、さらには幕府や藩に背いて徒党を組むような動きを押さえるため、信仰の名の下に封建道徳を遵守することを説き、監視する役割もしていた。

つまり、「寺請け」と「宗門改」を基に成り立った檀家制度は、それまでの教えを中心に集まった寺院と門徒との関係とは大きく異なっている。寺請け・宗門改という中での寺院への所属は、「非切支丹」であることの証明であり、さらに言えば、仏教信者でなくてもよく、形式上檀家として寺に所属することが求められたわけである。

檀家は宗旨・所属寺を選ぶことができたか？

江戸時代の封建身分制度と仏教宗派の繋がりを示す言葉の一つに「天子天台、公家真言、公方浄土、武士禅、日蓮乞食、門徒それ以下」と述べた平田篤胤の言葉がある。もちろん仏教批判の中で語ったこの言葉は全国的には当てはまらない藩・地域も多く、今では使われていない。

一例を挙げるなら、美作津山藩では被差別部落を真言宗寺院が檀家としていた事実なども知られている。また福山藩の中で一部の被差別部落が時宗だった所もある。しかし概ね、所属寺院の宗派と封建身分を相応させ、寺請け・宗門改を決めて民衆管理をし、身分秩序を維持していく方針をとっていたということは言えるであろう。

では当初どのようにして民衆の宗旨と所属寺は決まっていったのだろうか。幕府・藩の政策という枠組みと同時に、すでに民衆の中に伝わっていた信仰（法縁《ほうえん》）のあり方も大きく作用したと思われる。

たとえば一向一揆が最後には石山戦争となり本願寺に立て籠り、天皇を仲介者とする勅命講《ちょくめいこう》話《わ》で実質敗北していった本願寺教団を考えれば、信仰として民衆に浸透していた面と、幕府・藩の政策として身分制度の下位に位置づけられたという両面があることを考えなくてはならない。つまり、身分と宗旨の関係は信仰という面と、政治的政策という両面が絡まってできあがっている。

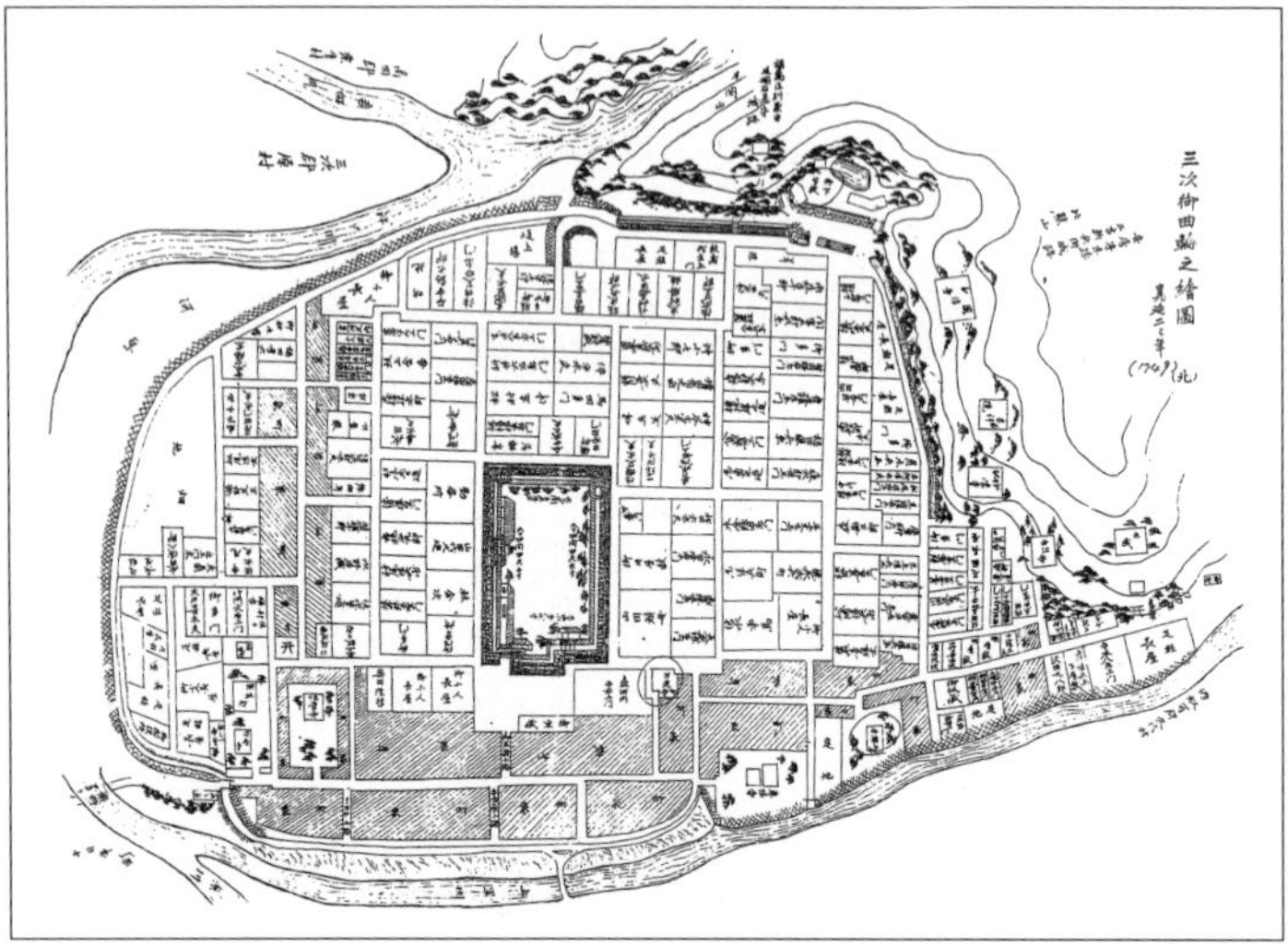

三次城下町絵図（『芸藩揖要』附図）

そしてその身分制と宗旨を基に、城下町も作られている。たとえば三次市三次町は一六〇〇年代になって浅野氏によって作られた城下町であるが、比熊山の麓に浅野氏の菩提寺、鳳源寺等の臨済宗寺院が置かれ、だんだん南へと、浄土宗寺院、日蓮宗寺院が置かれ、もっとも南に浄土真宗の寺院を配置する身分政策を示す構図となっている。つまり城下町を作るにあたっては、封建身分と住居、その寺院の宗旨は藩の政策により城下町のあり方として具現化したわけである。

では、同じ宗旨で所属する寺院は選べたか？　一つの具体例を出すなら、広島藩で言うと一六六五年の宗門改の折、地域ごとに「革田《かわた》」身分の者を一カ寺に集めて掌握していくということが行われている。広島藩では被差別身分を「革田」「非人」の二階層に、福山藩では「革田」「茶筅《ちゃせん》」「非人」の三階層に分けており、幕藩体制の大枠はもちろんあるわけだが、藩によって被差別身分への政策等異なる面があった。

そして、従来あった寺院・道場が「革田」の預かり寺として位置づけられたり、そのために新たに建立された寺もあった。そこでは、自分の所属寺を選ぶなどということはありえず、決められた寺院・道場に位置づけられていったのである。その寺院への所属は被差別身分であることを示し、そこで所属寺を変わることは封建身分制度を破ることであった。逆に一揆を起こした者や、「相対死《あいたいし》（心中）未遂」等の法度を破って身分を下げられた場合は、寺請けが「革田道場」に変わったわけである。

では、百姓・町人と言われる身分においてはどうであったか？　それは概ね、現在の寺院と檀家の所属状況から推測するしかない。大変おおざっぱに言えば、安芸地域では広島藩の意図が寺院の本末関係にかなり影響を与えていることと、逆に備後地域では法縁的に本末関係が決まっていったことを反映しながら、檀家の所属状況も決まっていったと思われる。

たとえば、三次のA寺は、江戸の初期に開拓地で開かれた場所で約四キロばかり離れた、B寺の道場から寺院に昇格して、門徒をA寺の檀家として預かるようになったことがわかっている。一カ寺として独立する時、B寺の地域の数軒の檀家とA寺の回りのB寺所属の檀家をA寺の檀家としたと思われる。当初は数軒であっただろうが、それが今は分家して十数軒の檀家となっている。もう二十年近く前のことだが、B寺の住職から「○○地域の「門徒」をうちに返してくれんか」と言われたというのである。A寺の独立からすでに三百五十年以上、一八七一（明治四）年に宗門改が廃止されてからでも百三十年が経つ。

しかしその間に培われた檀家（門徒でなく）（＊②）という意識は、寺院に本当に深く根づいている。「門徒」をうちに返してくれ」と言った時の住職の意識は、「門徒」を信仰的繋がりというよりも寺院の経済的基盤としか考えていないということではないかと思う。

またこんな話も聞いた。C寺からD寺に娘が「嫁ぐ」ことになって、D寺の回りにあったC寺の檀家三十軒を持参金としてD寺の所属に変更したというものである。

したがってどこの家がどの寺の檀家となっているかということは、いろいろな要素があって一概に言うことはできない。「檀家」一軒一軒のパターンがある。しかしそこには次の①〜⑤として考えられる要素が絡まっていると思われる。

①自然発生的に、法縁としての結びつきの延長が現在まで続いている場合。
②本家が分家して遠方に行っても本家の寺院の所属となった場合。
③寺院間における、独立や争い等で、所属寺の変わった場合。
④藩の介入で、所属寺が変わったと考えられる場合。
⑤寺院の廃寺によって、所属寺変更を余儀なくされた場合。

しかし、いったん檀家制度として所属が決まったものを、お寺の側は変更できても、門徒の側から「所属変更」を実行する方法はなかった。安芸の国・僧樸《そうぼく》の書き記した檀家の守るべき掟「檀中制法」二十七カ条はよくそのことを示している。（千葉乗隆『本願寺教団の組織と制度』二二五頁）

「檀家が他寺の僧侶を招請することを禁じ」「もし招請する時は檀那寺の許可を得ること」としていることから、門徒の側からの所属寺変更を禁じていることがわかる。

またこの「檀中制法」には、「法事・葬式のことについてはすべて僧に委任すること」「法事の時には檀家の施主、自ら僧を迎えるべきこと」等々、寺院との関係がそれまでの信仰中心のものから、葬儀・法事を中心としたものに移っていったことを示している。

さらにもう一つ檀家制度においてそれ以前と大きく変わったことは、信仰が家単位で括られることになったということである。江戸以前には、妻が嫁ぐ以前の寺との関係をそのまま持ち続けるということもあり、夫と妻で所属寺が違うということもあったが、檀家制度によって許されなくなっていったのである。

講という同行組織

檀家制度が寺院と檀家という縦の制度であるのに対して、講《こう》というのは地縁的横の繋がりの中で成立したものである。そこではどこの檀家ということは問われない、地縁を中心とした仏法聴聞の場で、「講」とか「お寄講」と呼ばれていた。この講という組織は全国的に作られていたが、とりわけ真宗門徒の多い地域では地縁を中心にして成立していった。今でも、数は減ってしまったが、僧侶の手を借りずに、布教使の手配や法礼・経費などを講中で分担して運営しているところもある。年に何度か、講を中心とした法座に呼ばれると、寺院で開かれる法座とはまた違って、みんなで法座を維持し続けてきたという思いがヒシヒシと伝わってくる。

しかし講中の働きは信仰伝道というだけではない。葬式等の仏事の相互扶助団体であるばかりでなく、田植え等の互助組織も兼ねている。さらには幕府・藩の法度（国法）や五倫五常を守らせる相互監視と教化の働きをしており、封建身分制を守らせる上でも大変大きな役割を果たすものであった。もし、講中から「講中刎《はじき》」という制裁を受ければ、「葬式」はもちろん、「田植え」などの一切の行事に差し支え、地域での生活は不可能を意味した。

つまり、講組織は、檀家制度の枠を超えつつも、よりいっそう強力に、封建身分制度の中に生活全体を絡め取る働きもしたともいえよう。特に幕藩体制が揺らぐ幕末になると、講は信仰的側面よりも、藩の介入によって封建秩序の維持のための機能という面が強まっていった。

安芸の国にいつ頃から「講」の組織がつくられたか、古い資料は乏しいが、伝承によれば、「安芸門徒」の基となったといわれる、広島寺町・報専坊の慧雲《えうん》が一七〇〇年代の中頃、各寺院の周辺地域を「化教《けきょう》＝教化の責任地域」として、そこに「お寄講《よりこう》」を作ったとされる。そのことによって信仰的・教化的面は、檀家制度からだんだんと地域中心主義のウエートが大きくなり、安芸では檀那寺が檀家をその土地の寺へ預けるという「預《あず》かり門徒」の制度が広まっていった。

つい近年まで、檀那寺は「葬儀」と「報恩講」だけに参り、後の法事等の仏事や法座などの教化伝道については、地元の寺（化教《けきょう》の寺）が行うということが行われていた。しかしここ十数年で、檀那寺が法事などにも参り、教化においても檀那寺を優先するよう働きかけるなど、檀那寺が檀家制度を強く保持しようとする傾向が強くなり、化教制は崩れはじめているといわれる。（『仏教大辞彙』第一巻慧雲の頁、三三二頁）

また慧雲によって始められたとする化教制度と講の組織は、「檀家制度」という縦の組織を越えつつも、信仰の名の下により強力に浄土真宗の門徒を封建身分体制の中に絡み取る上で大きな役割を果たしており、今日において「浄土真宗の盛んな地域（安芸門徒・北陸門徒・三河門徒）は非常に保守的土壌がある」といわれることにもいくらか繋がっているのではないかと考える。

ただし、備後地域（広島県庄原市から福山市の福塩線筋）は真宗寺院の少ない地域であり、化教制はなく、今日までも檀家制度において、寺院と檀家の関係は継続されてきている。

講中差別

講組織が封建身分制を護る働きに大きな役割を果たした証が「講中差別」である。江戸の封建身分制度下において、被差別部落は同じ浄土真宗でも所属する寺院（道場）は「革田道場」または「穢寺（被差別部落の門徒のみを預かる寺院）」へと一方的に決められたわけだが、檀家制度を越える地縁的信仰組織の講中からも排除されていた。

講中差別が部落差別の実態として問題となり取り上げられるようになったのは、一九六五年の同対審答申以降である。講は冠婚葬祭のみならず、日常生活全般にかかわっての相互扶助を行ってきただけに、講中差別にふれることはほんとうに長い間タブーとされてきた。「なんぼうびんぼうしても、葬式だけは別じゃ」(『三次市部落解放運動史』一六一頁〜)というような形で社会意識としての差別観念を助長させる働きをしてきたのである。

まとめ

今日においては、安芸の地域では、どこの檀家ということなく、各地域単位で仏教婦人会や仏教壮年会などの教化団体が各寺院に作られ活動を進めている(ただし、化教《けきょう》がなく備後地域のように檀家制度だけできた地域では、教化団体も檀家制度の上に乗ったものである)。たしかに化教制度は檀家制度の枠を越えることはできても、寺院の持つ保守性、支配秩序の維持に貢献していく部分は容易に克服できないできた。それは、寺院そのものが江戸時代から四百年間、支配秩序の維持に働いてきた歴史の重さ(「業《ごう》」)は並大抵のものではないということを痛切に思う。

今本願寺が基幹運動《きかんうんどう》として進めている運動(同朋《どうぼう》運動・門信徒会《もんしんとかい》運動)がどこまで支配秩序の維持・保守性を越えられるか、江戸時代に檀家制度を越えながらも、支配秩序の維持のお先棒を担がされた「講《こう》」の歴史を学びながら進むことが今求められている。

(二〇〇一年七月)

＊① 信仰的繋がりを示す言葉を「門徒」といい、宗門改制度・檀家制度によるものを檀家として教団内でも使い分けている。しかし「門徒」という言葉を使いながらも、実際には檀家という意識と構造の中で使っていることもまた事実である。

＊② 所属寺の変更は、現在の西本願寺の宗門法規（門徒規定）によれば、「第三条　門徒が所属する寺院を転換し、又は離れようとするときは、予め所属寺院の住職の了解を得なければならない」とある。「了解」というところに、江戸時代の檀家制度を継承していることを思わせるが、実際には、すでにそれは崩れている。寺院の側に、門徒の所属寺変更を拒めるものは、教えの上からも、「信教の自由」からいっても本来はなく、「了解」とは寺院間相互不可侵の協定のようなものである。門徒が自由に所属寺を選ぶ状況も都市部等から少しずつ進んできている。そのために墓地や納骨堂などで繋ぎとめようとするあり方も顕著になってきている。

「色衣・七条袈裟」と黒衣同盟

はじめに

私が「部落問題は自分の立っているところで問い直しなさい」と教えられて十七年、「教団・寺院の制度や慣習がすでに差別構造ではないか」という指摘に暗中模索しながら応答してきた。一九九〇年「院号廃止宣言」、一九九四年「一切、色衣《しきえ》を止める」、同年「内陣《ないじん》でのお勤めを止める」、一九九八年「七条袈裟《しちじょうげさ》の不着用」などを自坊で実践してきた。

「論理だけで変革をよびかけるのでは親鸞さまの教えに順じることはできない」と自ら住職を務める寺院で責任を担うことこそが教団全体の変革への唯一の道であり、まずご門徒に対して責任を取る第一歩と考えたのである。

「あのお寺は立派な建物ですね」「立派なお荘厳（内陣のお飾り等）ですね」という会話が、僧侶・門徒それぞれに交わされることがよくあるが、それが教団内身分の結果でもあり、封建身分制の反映だということはまず問われない。

「立派な衣《ころも》」「立派な袈裟《けさ》」も同様である。そして、「立派な法名」ということも、みな根は身分秩序につながっている。「どこに座るか」という席次《せきじ》も、もっとも明確に身分秩序を維持してきたものである。「どこから手をつけたら波風立てずに改められるか？」といえるようなレベルではない。頭からつま先までズッポリすべてが、身分秩序の現れであり、非仏教的実態である。気づいたところからまずはじめる、それしか前に進む道はないと思い定めて進んできた十七年であった。

一九九九年、住職である私の思いを、無量寿法座《むりょうじゅほうざ》（永代経）の案内に寄せて、西善寺のご門徒の皆さんに次のように表明した。

今年は本願寺の第八代蓮如さまが還浄されてちょうど五百年になります。蓮如さまは親鸞さまによって明らかにされた浄土真宗の御教えを、日本全国の三分の一が真宗門徒といわれるまでに広められました。それは講を作り、平座で寄り合い談義をするということでできたものです。

私は昨年蓮如さまの五百年法要にお遇いする中で、一つの言葉と、一つの促しをいただきました。

一つの言葉とは、「バラバラで（なお）いっしょの社会をめざして——差違《ちがい》を認める世界の発見――」という浄土真宗のみ教えを簡潔にいいあらわした言葉であります。「みんな同じであれ」というのが真宗ではない、自分と相手との違いを認めあうことのできる心を持つことは今一番大切になっていることです。

そして一つの促しとは、親鸞さま、蓮如さまのお姿に一歩でも近づくために、僧侶が黒《こく》衣《え》・五条袈裟《ごじょうげさ》に還るということです。親鸞さまも蓮如さまも一度も色のついた衣も七条袈裟もかけられませんでした。当時、色衣《しきえ》や七条袈裟がなかったわけではありません。それらのものが僧侶であるにもかかわらず僧侶に身分を作るもの（紫色・朱色は身分が高い、七条袈裟は高い身分しかつけられない）であるとし、拒否されたのでした。

私も僧侶になってすでに二十年がゆうに過ぎます。遅まきながら、蓮如さま五百年の法要を機に、葬儀などのすべての法要を親鸞さまや蓮如さまと同じお姿で勤めさせていただきたいと思った次第です。

長い間、お二人のお育てにあいながら、その教えに背いた姿でおりましたこと、まことに申しわけなく思います。

また御門徒のみなさまにこのことを今までお伝えできませんでしたことを、お詫び申しあげます。

これまで私の試みに対しても、御門徒の人たちからまた近隣の住職さんより多くのご批判をいただいた。意見を集約すればただ一つ、変革の善悪を言うのではない。「なぜ住職さん唯一人で行うのか」ということにつきる。たとえばの話、「組でまとまって」という話となれば、どうなるだろうか。今度は「せめて教区がまとまらなければ」となり、さらには教区では、「まず本山が変わらなければ」と、結局は上からの指示をまつだけで、一向に話が現実になることはないのではないか。もし万が一本山より、「院号・色衣・七条」廃止の指示が出たらどういう声が出ると予想されるだろうか。「よしそれならばやってみよう」と喜んで腰があがるだろうか。「本山は何を考えているのか、ついていけん」との言葉が出てくるのではなかろうかと思う。一九九七年の過去帳再調査をして明らかになった「位号」を廃止し、「四字・六字」という長い規定外法名を二字に改めるという「法名の統一」問題が教区で打ち出されても、なかなか前に進まないのが実態である。もちろん一緒に変わってゆく希望を放棄したわけではない。しかし、「みんながまとまれば」ということに寄りかからず、自らの責任で一歩踏み出すことからしか、本当は始まらないということを今思う。

「本山でできないことは教区で、教区でできないことは組で、組でできないことはお寺で始める」。そしてお寺で始めた実践をもって、組へ教区へ本山へと広げていくことで一緒に教団を担っていくということでしか、変わりようはないのではないか。地方の寺の住職の営みが、本山と同じ土俵に立って課題（「業《ごう》」）を担うにはこの方法しかないと今思う。たしかに上からの指導によって順番に進んで行くという漸次進むやり方もあるかもしれない。しかし、自らの気づきによって虚偽と真実が明らかとなり、自らの決断によって変革していくやり方もあると思っている。

親鸞ならばどちらの方法をとっただろうかと思う。

僧侶の水平運動・黒衣同盟の問いかけに繋がるために

本願寺教団が封建身分制に搦め取られ、儀礼などのあり方がまったく非親鸞的だということを、初めて具体的に問うたのは、教団内においては黒衣《こくえ》同盟《どうめい》であった。

一九二二（大正十一）年三月三日に名告りを上げた水平社は、翌三月四日、東西本願寺へ水平運動に対する協力を要請、四月十日には東西本願寺に「募財拒絶の決議通告」を突きつけた。一九二二年は教団は時あたかも立教開宗七百年を翌年に控え、募財を募っていた時である。

この、水平社の東西本願寺への通告を受け、本願寺教団の中には水平社と呼応する運動、「黒衣同盟」が誕生した。この「黒衣同盟」の運動は、水平社を創立した西光万吉《さいこうまんきち》・米田富、そして黒衣同盟推進の先頭に立った広岡智教らによって、「僧侶の水平運動」として位置づけられていたのである。

その黒衣同盟の宣言文の要約が一九二二年十一月二十三日付、「大阪時事新報」に掲載されている。（『同朋運動史料』Ⅰ、三九三頁）

水平社の主張は我等同族の檀徒が水平運動より発する痛酷な叫びである。吾人はこれと呼応して黒衣同盟を起こして反省を促す。両本願寺が堂班の売りつけに腐心する何たる非宗教的な行為か。我等檀徒は本願寺の圧迫から解放される時が来た、色衣をすて、黒衣にうつる時が来た。そして我々は親鸞に帰る時が来たのだ、我等同族が募財を拒絶することは解放の最初である、我等は白衣と金襴の袈裟や堂班的階級を捨てて非僧の愚禿親鸞になるのだ、嗚我が尊い親鸞聖人に果たして階級的差別があったか、諸師よ、親鸞聖人は黒衣のまま、田夫野叟の姿で同族の手を握って熱い泪を濺がれたのである、我等は同族の募財拒絶と共に同族寺院の黒衣同盟を慫慂するのだ、そして親鸞を冒瀆する反逆者たる本願寺の当局と戦ふのだ、最後に云う、我々は断然黒衣同盟の連合力を培養し、以て水平運動の急先鋒たるのである、而もこれは単なる水平運動の共鳴にあらずして、やがて親鸞の真心に帰るのである、起て同族寺院の住職諸師！吾人の目的とこの宣言とが本願寺の意向と相違しても我等は断々乎として自由に且つ積極的に我等の趣旨を貫徹実現する事に努力せねばならぬ、黒衣こそ我等同族が聖親鸞に帰った象徴であらねばならぬ。

この宣言文から次の三つの「黒衣同盟」の主張を読み取ることができる。

①色衣・金襴の袈裟を廃止して黒衣を着用――親鸞に帰った象徴
②堂班制（教団内身分）の廃止
③募財の拒否

そして、宣言文に述べるように、この運動は「親鸞の真心に生きることを回復していく」、宗教的営みとして位置づけられていたのである。教団内身分秩序である堂班制と、それを儀礼の上に細かく位置づけ、なおその矛盾は「信心」とは無関係であるとしてきた「真俗二諦の構造」を打ち破る行動だった。そしてその具体的実践として選びとった方法が、差別的堂班制をもっとも象徴する「色衣《しきえ》」「金襴《きんらん》の袈裟《けさ》」を脱ぎ、その不当性を訴えることであった。そして、黒衣同盟が色衣の代わりに黒衣を選びとるということは、宗祖親鸞の選択からしても至極当然のことであった。

本願寺当局においても、黒衣同盟の誕生は、水平社の募財拒否の通告以上に大きな出来事として受けとめられ、黒衣同盟に対する反論は学者・布教使を動員して総掛かりで展開された。それがどれほどすさまじいものであったか、今現在、黒衣同盟の聞き取り調査をしている研究者に関係者遺族が語ったという、「黒衣同盟のことは語るなと代々言われてきた」という言葉がよく物語っている。

屁理屈でも何でもいい黒衣同盟を叩くならどんな理屈でもいいというやり方で、しかも、教団当局が表に出て批判を展開するのではなく、学者や僧侶が、批判の急先鋒に立っているが、これらの一々に黒衣同盟は反論をなしている。黒衣同盟への反対論を紹介する。(『同朋運動史料』I、一九二二~一九二三年)

①堂班制は悪弊だが突然廃止すると教団秩序が破壊され、今以上の弊害をなすかもわからないのでよほどの研究が必要という「慎重論」。(龍谷大学学長・弓波瑞明)

②インド以来の僧服の歴史に黒衣がなく黒衣は非法衣という「歴史論」。(文学博士・松本文三郎)

③宗祖親鸞が黒衣にしろと言っていないという、御聖教等の言葉がないという、「無出拠《しゅっこ》論」。

（同）

④元来宗教も芸術の極致であり、色衣・金襴衣も排斥すべきでないという、「芸術論」。（同）

⑤「仏祖崇敬」の荘厳式であり、自分の身を飾るのでないとする、「仏祖崇敬論」。（下間空教）

⑥「今日の『凡僧』は内に智徳なきがゆえにせめて色章班座を飾りたて、凡俗に対して僧宝の価値を幾分にても重からしむ」という「権威づけ論」。（同）

⑦宗教的職業家である今日一般の僧侶にとっては、美麗なる色衣を被着するは、営業収入上何割かの利得があるとする「利得論」。（同）

⑧黒衣同盟を「偽善者」としてともかく罵倒していく「罵倒論」。（野江要一）

⑨法主のみ身につけていた「緋と紫」を一般に解放して、その上で「緋紫黒」の三色に帰着させようとする、「色衣解放論」。（伊藤大忍）

⑩黒衣で、金色絢爛の内陣の中で登高座をすれば、仏壇の中に鼠が入りこんで餅をかじっているような体裁になるという「荘厳論」。（同）

わずか数年で解体した黒衣同盟だが、その与えた影響は実に大きかった。一九二三年に勤められた立教開宗七百年の法要について、「中外日報」（三月二十一日）は次のように書いている。

大きくなればなる程本山としては色衣で区別する堂班を売っている関係上黒衣で纏めることができず、色衣を撤廃するのは本山として与えた権利を奪うことにもなり既得権の侵害となるからやる訳にはいかぬという尤もそうな理論もでき上がり、ついに西本願寺は記念法要の参列者には白の素絹を揃いで着せることに決定とあるように、その後本願寺は、「堂班衣体」と「黒衣」との妥協案のような「記念衣体」なるものを作って法要を行っているし、それは今日の法要でも、継承されている。

当時、「色衣を嫌って黒衣で通していた」（「中外日報」一九二三年一月十三日）大谷尊由・管長代理に対し、広岡智教は、「尊由師の黒衣も不徹底です。黒衣をつけるならば宜しく平僧と同様下座に着くべきです」と喝破している。（『同朋運動史料』Ⅰ、七六七頁）。

唯一、敗戦後の民主化の中で、堂班が廃止され、衣が「黒衣」ともう一種の「色衣」に統一された六年間（一九四九～一九五五年）があるが、堂班制は類聚《るいじゅう》制として復活、それに伴い、類聚衣体《えたい》（現在の教団内身分）につながる「色衣・袈裟」が定められた。「色衣」と「黒衣」との使い分け、それは黒衣同盟からその矛盾をつきつけられて以来、現在でも教団では続いているのである。

色衣・七条袈裟は差別である

真宗教団おいて法衣《ほうえ》がどのように変遷してきたかについては、『本願寺史』（第二巻）や『袈裟史』（井筒雅風、雄山閣出版）と『法衣史』（井筒雅風、雄山閣出版）、『浄土真宗本願寺派の荘厳全書』（四季社）に詳しく記してある。しかしそのいずれも歴史は記しても果たして来た身分秩序という維持の役割についてはまったくふれていない。今インドから伝わった法衣の歴史を身分秩序という視点より概略を記す。

(1) インドにおいて

袈裟は日本においては法衣の上に着用するものとなっているが、インドにおいては法衣は袈裟であった。もともと、釈尊在世時、一般には白あるいは色文様をまとっていたのに対し、出家の僧はこれを汚して着ることが要件となり、袈裟と呼ばれるにいたったものである。また袈裟は「糞《ふん》掃衣《ぞうえ》」ともいわれるが、廃棄せられた破布をもって縫い合わせたという意味で、世間的な欲望を起こさぬという意味で、修行する比丘・比丘尼の精神を表したものであった。したがって袈裟の布質も戒律にて、麻と木綿に制定し、絹布などは許されなかった。

(2) 中国において

中国に仏教が伝わったのは諸説あるが、インドと大きく異なるのは、国家と結び付いて教団が成立したという点である。教団の統制のため、国家の僧官が置かれ、国家によって経済的な待遇と社会的地位が与えられた。そこでは、皇帝自らが僧の立場を兼ねた、祭政一致が行われ、僧侶の法衣・袈裟が著しく美化されるということが起こったのである。

(3) 日本に仏教が伝えられて

仏教は国家仏教として日本に受け入れられたため、国家より僧官が設けられた。そして、法衣の色によって位を分けたのである。それも、朝廷において禁色の権限が天皇に属していたように、法衣における禁色も権限は天皇に属していたのである。『養老の衣服令』には、「一・二・三位を紫とし、四・五位を緋とし、六・七位を緑、八位・初位が縹《そらいろ》、無位を黄色」とし、最も下を黒」として各色に深浅の別を設けたのである。この色による位置づけは今日にいたっても続いている。

（井筒雅風『法衣史』二九〇頁）

平安時代になると、末法思想とともに阿弥陀信仰が盛んとなり、僧侶それ自身を西方極楽浄土の住人のように眺め、法会《ほうえ》がそのありさまを顕現することを目的とし、建造物にも美麗をつくし、荘厳は金銀をもって飾り、袈裟・衣をも金・銀によって飾り立てるということが行われるようになった。

また法衣も袍裳《ほろも》には七条、純色《どんじき》には五条というように衣と袈裟との関係もできあがっていく。また空袍《くうほう》という、無位・無官の人の着る布袍《ふほう》が作られている。しかし空袍は、「養老の衣服令」においても黒はもっとも下の色であり、壊色《えじき》の一つとして僧尼令に示す色としては、もっとも釈尊本来の姿に適ったものであった。

(4) 親鸞の法衣

「鏡の御影」「安城の御影」「熊皮の御影」に描かれた親鸞は、裳《も》の付いた墨染《すみぞ》めの衣に、五条の墨袈裟《すみけさ》をかけている。ここに当時の僧侶のもっとも低い位を表す法衣を身につけた親鸞の姿がある。国家仏教と決別した親鸞の非僧非俗の宣言がこの法衣にも表現されている。

(5) 覚如とその後

覚如の法衣は宗祖とほぼ変わるところはない。しかし、宗祖の墨衣・墨袈裟の宗風は漸次すたれていったようで、本願寺法主第六代善如、第七代綽如の時には、黄袈裟・黄衣だけでなく七条袈裟も特別の儀式には着用されていたことが『実悟記』より知られる。（『本願寺史』第二巻、六一三頁）

(6) 蓮如の法衣

蓮如は、法衣を墨衣《すみごろも》・墨袈裟《すみげさ》に統一している。『本願寺作法之次第』（『真宗史料集成』第二巻、五六七頁）の「当流の儀はうす墨なるか肝要候と被仰、教信沙弥の作法たるべきと常に被仰し也」とあるように蓮如にとっては大きな意味をもっていたのである。しかし、一門・一家衆にだけは、宗門外の者に出会うのに、黒衣《こくえ》の着用を許したとされるが、たまたま黒衣を着用して蓮如の前に出ると大変勘気にふれたともある。また蓮如は七条袈裟は身に着けなかった。蓮如の葬儀の時に「棺に七条をかけた」ということが言われるが、史実というより江戸初期の蓮如讃仰の高まりと、教団の社会的地位の向上と教団身分階層化が進む中で、「七条袈裟の使用の始まりは蓮如にあり」としたい教団事情から生み出した伝記である。

(7) 第九代法主、実如以降

朝廷より、一五一六年に香袈裟《こうげさ》、一五一八年に紫袈裟《むらさきげさ》、一五二一年に紅衣《べにごろも》の着用を許されている。特に第十一代顕如の時、門跡に列せられると法衣の上にも国家仏教体制における僧階がそのまま宗門内に取り入れられるようになる。この門跡になると同時に、紫衣・緋衣《ひごろも》・裘代《きゅうたい》が許され着用が始まり、以後、代々の宗主が着用することとなる。そして、宗主《しゅうしゅ》・院家《いんげ》衆・堂衆《どうしゅう》等に、色衣・絹袈裟・織物《おりもの》袈裟が着用されたことが『本願寺史』第二巻（六一八頁～）に記されている。

一五六一年、宗祖の三百回「忌」法要は本願寺の法衣が大きく変わっていく時であった。この時から初めて、宗主・院家衆に、七条・袍服《ほうふく》の着用がはじまったのである。

(8) 江戸時代

江戸時代には、寺格による教団内の僧階制度に応じて何度か衣体が改定され、一七九三年にはほぼ本願寺の法衣式が定まっていった。法服の質、裳《も》付きであるか、五条の色と紋、指貫《さしぬき》の色、衣の色等々、事細かく僧階によって分けている。七条袈裟のところだけ抜き出してみる。（『法衣史』二四九頁～）

①筋目《すじめ》院家《いんげ》　七条　金襴　②準《じゅん》院家《いんげ》　七条　金襴　③内陣　七条　金襴
④余間《よま》　七条　金襴　⑤三之間《さんのま》　七条　金襴　⑥飛檐《ひえん》　七条　金襴
⑦初中後《しょちゅうご》　七条　金襴　⑧国絹袈裟《くにきぬけさ》　願い出により七条　金襴
⑨平僧《ひらそう》　願い出によって鈍子袈裟

これを見ると、七条袈裟が、僧階の下位まで許可されるようになったが、国絹袈裟は願い出によって金襴の七条が許可され、平僧は七条袈裟は許可されなかった。まさに七条袈裟は、教団内の僧階をそのまま反映したものであることがわかる。そしてこの僧階の外に位置づけられた「穢寺」には、むろん七条袈裟は許可されなかったのである。

江戸時代の寺格を見れば（六郷寛「近世後期の安芸国真宗寺院名簿」『芸備地方史研究』一三九号等を参照）、たとえば「院家寺院」は今の広島県、安芸の国と備後の国でもわずか三カ寺であり、その下の内陣・余間・三之間という三官も多くはない。圧倒的多数は平僧であった。

(9) 明治時代以降

江戸時代の寺格《じかく》は改められ、堂班制度《どうはんせいど》となったが、すぐに堂班の階級はますます増え、法衣・袈裟の色だけでなく模様《もよう》を事細かく規定して差別化を図り、大変複雑なものになっていった。たとえば七条袈裟もすべての僧侶が衣体として着用許可となったが、僧侶間には「本山で得度だけしかしていないものは七条を着れない」という意識が濃厚にあり、衆徒は七条袈裟を着ることはなかった。（『本派法規類纂』一九三三年、二五七頁〜）

また七条も法規上の着用はできるようになったが、七条の模様・刺繍《ししゅう》の内容に堂班の位に応じて事細かな差別化がなされていった。

さらに女性に対しては堂班は許されず特別衣体で本堂法式にありては外陣に着席すると決められていた。

(10) 戦後の民主化

一九四九（昭和二十四）年、本願寺教団の「堂班制」が廃止された。そこでは、①住職、②住職であった僧侶、③副住職、④前三号以外の僧侶という四段階のみの法要席次規定改正がなされた。

法衣も黒衣ともう一種の色衣に統一し、五条袈裟等も統一された。

(11) 類聚制の復活の中で

しかし戦後の民主化もわずか六年で挫折する。教団の財政逼迫を理由として、「堂班制」に変わる「類聚《るいじゅう》制」が導入されたのである。「類聚制」は教団への財政的功労の差異によって全寺院と僧侶に寺班・僧班をつけるもので、法要の席次と衣体を定めたものである。

発足当初は、「親《しん》座・直《じき》座・特《とく》座・正《しょう》座・上《じょうざ》座・本《ほん》座・列《れつ》座」の七座をそれぞれ七席に分けた四十九席だったが、その後さらに一番上に「顕《けん》座」を増やし、現在では合計八座七席の五十六席に分かれる規定となっている。

いくら懇志によるといっても、僧侶に身分を作ることに変わりなく、釈迦の教えからも、親鸞の教えからもまったく背いていると言わざるをえない。

類聚による色衣と五条袈裟・小五条袈裟・切袴《きりばかま》の事細かい差別化は、職務衣体にも反映し、さらには輪袈裟も同じく差別化がなされている。そしてそれは門徒式章にも、門徒式章条例としてそっくり反映され、門徒の懇志の進納の多少と本願寺での役職によって差別化がなされている。

しかし、七条袈裟は復活したが、得度したものであれば誰でも着られるという法規に変わっていった。それで問題は解決したかといえば、ますます見えにくくなったのである。なぜなら教団が作ってきた僧階《そうかい》制度（江戸）・堂班《どうはん》制度（明治～敗戦）における罪業も一切問うことなく、ましてや七条袈裟が教団内身分構造の中で果たしてきた役割も問うことなく身につけるということになってしまっている。一言でいえば、七条袈裟の自由化は、類聚制度の矛盾のガス抜きをする役割を担って、ますます教団内身分と色衣と袈裟の関係を見えなくしているのである。

おわりに

法衣（袈裟）そのものは、インドまで遡れば何ら問題はない。しかし日本における今ある法衣・袈裟は、現代にいたるまで日本の国家仏教の展開の中で、そして私たち本願寺教団内身分構造において積み重ねてきた罪業の歴史が染み込んでいる。一度私たちの教団が根本的に洗い流しでもしない限り使える代物ではない。一度脱がない限り、着ているままでは洗うことはできないのが道理である。

（二〇〇一年九月）

＊　なお本章は拙論「袈裟と僧階制度」（『真宗研究会紀要』三十二号、龍谷大学大学院真宗研究会）と、同じく拙論「東西本願寺の「蓮如上人五百回忌法要」を蓮如の視座で問う」（『部落解放研究』第四号・特集「今、なぜ蓮如論」、広島部落解放研究所）で論じたものを要約したものである。

　また、法衣・袈裟の歴史については、『袈裟史』（井筒雅風、雄山閣出版）と『法衣史』（井筒雅風、雄山閣出版）を参考とした。

「院号・法名」を問い直す

はじめに

「真宗門徒は、なぜ親からつけてもらった名前でなく法名を持つ必要があるのか?」「本願寺教団では、なぜ門主からしか法名が貰えないのか?」「院号というのは差別ではないのか?」等々の法名・院号についての問いが門徒から投げかけられる。こうした問いに対して、僧侶の側が「教団の宗門法規で決まっている」と突っぱねたのでは、疑問が増しこそすれ、決して答えにならないことはいうまでもない。さりとて宗門法規に合わせるための理屈を作って言い訳をすることも、通用しない状況に、もはやなっている。どこに出しても通じる論理の一貫性を持って、法名について説明することができるためには、とことん歴史の事実から学び、問題点をさらけ出して、改めるべきは改めていくしかない所まで現状は来ている。

本願寺教団は基幹運動の五カ年計画として「門徒との課題の共有」を眼目に置き、その具体的内容として「法名の本来化」を課題として提起している。(『宗報』二〇〇〇年十月号)

「法名の本来化」に込められた願いをどこまで深く掘り下げ、実践していくことができるのか？それは現在の私たち教団の有り様を、寺院・僧侶と門徒の関係を、法名という具体的課題を問うことでどこまで抉り出していくものとなるかということである。そしてその営みの質が、アリバイ作りに終わるか、教団の僧侶・門徒の「信心の歩み」に繋がったものとなるかの分かれ目であることはいうまでもない。

「宗門法規」に見る法名の位置づけ

今、本願寺教団の「宗門法規」では、僧侶に対しては「得度式を受けた者には、二字法名を授与する」とあり、必ず法名が必要であるとしている。また門徒に対しても、「門徒は帰敬式及び入門式を受けるものとする」(「門徒とは」)、「帰敬式を受けた者には、法名を授与する」(「帰敬式」)として、必ず法名は受けなくてはならないものとしている。そしてその法名をつけることができるのは、門主のみが行うことができるとしている。そしてもし生前に帰敬式を受け、法名を貰っていない場合にのみ、「住職が門主の代理として法名を授ける」ことが今日にいたるまで継続されている。ただし、心身に「障害」を持つなどの事情があれば、本山まで出かけて帰敬式を受けられないという声に対して、一九九八年一月に「特例措置」として「本山での帰敬式が、受式者の個人的事情により不可能な者の特例措置」として「門主の代理」として本山から出張して帰敬式が行えるようになった。また二〇〇三年五月より法規改正により、一般寺院においても本山より「出向」の形で帰敬式を行うことができることとなり順次改革されている。

「法名の本来化」を進める運動の現状の問題点

一九九七年に行われた過去帳再調査からの課題として、一九九九年から「法名の本来化」が全国の課題として提起され、各地域で具体的取り組みがなされている。

しかし、「法名の本来化」の取り組みがはじまったからそれで「ＯＫ」とはいかない問題が逆に見えてきたというのが現状ではあるまいか。つまり「法名の本来化」の視座をどこまで見通して運動を組みたて、進めているかということこそが、今問われなければならない。それは「法名の本来化が門徒からの素朴な問いをうけとめ、応答するものになっているだろうか？」「法名の本来化は、歴史的総括をくぐり、応答していく段階をへたものか？」「二字統一のその先の法名問題を課題化する足掛かりはできているか？」、等々の問題である。

誤解のないように断っておけば、こうした法名の本来化への問題点を明らかにしていこうとすることは、決して現在の「法名の本来化」への取り組みを否定するためではない。今やっと動き出した「法名の本来化」への試みが、途中で止まってしまったり、運動をしたことにするアリバイ作りになったりしないために本当の意味で本来化となるために論及していきたい。

「法名の本来化」へ取り組んできた私の視座

私が法名の問題に取り組んで二十年以上が経つ。住職を継職した二十五年前は、まさにほったらかしというのが、継職した寺の状況であった。「位号」の問題はもちろん、「四字法名」「寺院号」等々がみなあった。一つ一つを改める取り組みで見えてきた「法名の本来化」への視座を段階的に記してみる。

(1)　法名の「位号」を廃止し、「二字」法名に統一
(2)　女性の法名を、「尼」の字を除いたものに統一
(3)　寺院号でお布施をもらうことを止める
(4)　寺院号を無料ですべての人につけることを止める
(5)　院号で本山の冥加金・寄付金を払うことを止める
(6)　院号は差別であることを住職の責任で門徒に宣言し廃止する
(7)　法名は門徒からの申し出を取り入れることを住職の責任で認める
(8)　法名に関する門徒からの申し出については、「釈＋俗名」も可とする

(1)から(8)までが私の寺坊で手探りの中で歩んできた「法名の本来化」の取り組みである。そして次の段階を模索し、さらに釈迦の教団や親鸞の教団の精神と実践に近づいていきたいと思っている。それは、(9)法名を自ら名告ってもらい、そしてそれが仏教の平等と尊厳を表現したものと

なることを目標とした実践と方法の模索であるが、とても道は遠い。

「法名の本来化」の視座を考える歴史的ポイント

☆ポイント一　「姓を捨てた名」からはじまった

まず最初に押さえるべきは、法名・戒名（以下は法名で表記）がインドにおいてはなかったということである。出家者はカーストにつながる「姓」を捨て、出家以前の「名前」をそのまま名告っていたのが仏弟子であった。あえて「姓」というならば、「沙門釈子とのみ号す」（『増一阿含経』）と言われるように、お釈迦さまの弟子で、「釈＋名前」であったといえるだろう。

☆ポイント二　僧侶であることが「釈十法名」

法名という考え方は、実名の外に字《あざな》・諱《いみな》を持つ中国の習慣が転じて法名は生まれた。そして、法名は出家者に与えられるものであり、在家の者が死んだ時、死者に対して法名を与えるという習慣はインドでも中国でもなかった。また僧侶が皆ひとしく「釈」をもって姓として名告ったのは、東晋時代に道安が、「師は釈迦牟尼仏より尊きはなし、僧侶は皆ひとしく「釈」をもって姓とすべし」と唱えたのが始まりだといわれる。

☆ポイント三　親鸞教団において在家分の門徒には法名はない

「法名は門徒にも必ず必要なのか」という問題を考える時に重要なのは、親鸞教団においてはどうであったかということである。親鸞の門弟の法名は、『門侶交名牒』の上などに見ることができるが、僧侶分（＊①）の者が法名を名告っている。では親鸞の教えを受ける御同朋の在家分（＊②）のものが法名を名告っていたかといえばそうではなく、実名のままで御同朋であり門徒であった。しかしながら、法名を名告る僧侶分の者と、俗名のままの在家分の者の関係が、平等な関係として「御同朋御同行」であったのが、親鸞教団であったといえよう。

☆ポイント四　仏弟子の法名の名告りは、師から与えられるか、自ら名告るかを問わない

親鸞自身の法名「親鸞」は自ら名告った名前である。そしてもう一つの法名「善信」は自ら法然に申し出て許可を受けた名であり、また吉水門下で当初の名、「綽空」は法然から与えられたものである。つまり法名は真宗門徒の自覚が根底にあり、法名は師から弟子へ授けると決まったことではなかった。

親鸞の弟子の法名は、親鸞が名付けたものもあれば、親鸞自身が自ら名告ったように、門弟自ら名告ったもの、親鸞の門弟となる以前に他の教団で名告っていたものなど、さまざまなパターンがあったと思われる。

☆ポイント五　在家分のままで法名を名告り始めた理由――教団内身分の階層化

本願寺第三代覚如の『改邪鈔《がいじゃしょう》』に「優婆塞《うばそく》・優婆夷《うばい》の形体たりながら出家のごとく、しひて法名をもちいる、いわれなき事」（『浄土真宗聖典』九二八頁）という項目が出てくる状況が生まれてくる。その背景には、法名を名告る者（僧侶分）と俗名のままで門徒の者（在家分）との平等性が崩れている状況が窺われる。それがさらに、第八代蓮如の時代に本願寺教団において、僧侶以外への御剃刀《おかみそり》（後の帰敬式《ききようしき》）がはじまるのである。蓮如の時代までは、法名の下附《かふ》は行われることはあっても、在家分への御剃刀は行われていない。

在家分でありながらの御剃刀は蓮如が金宝寺の坊守に対して行った坊守御剃刀に始まっている。そして第十一代顕如の代に天満本願寺建立に尽力した大内源之進の母に対して、特別恩賞として、御剃刀をし院号法名を授与している。これが在家御剃刀の実際の始まりである。（「紫雲殿由縁起」）

このことからして、在家分の法名の始まりは、「恩賞」として与えられたことに由来すると考えられる。そして江戸の初期、准如にいたっては、本山御影堂においてこれを授けたと『西光寺古記』に記してあり、第十四代寂如にいたっては、「十月行化尾崎別院、度者凡六百二十人」（『本願寺通紀』三）とあり、こうして在家御剃刀は江戸時代を通じて盛んになっていったことがわかる。（『法名・過去帳』ブックレット基幹運動No.4、本願寺出版社参照）

☆ポイント六　在家分においては江戸時代の法名は死後のもの

江戸時代の法名はその身分階層化の中での影響もあり盛んに長い法名が求められたが、僧侶分の場合と決定的に違っていたのは、在家分の者は日常生活の中で、法名が名告れなかったことである。

☆ポイント七　在家分のままで死後の名として法名を名告り始めた理由——幕府の民衆管理の一環として

江戸時代の封建身分制社会の下において、幕府・藩は仏教教団を身分制の固定化・強化の一翼を担うものとして位置づけ、各本山そして寺院に宗門改制度という形で封建制度の維持を図ることに協力をもとめた。慶長十八（一六一三）年に仮託して作られた幕府の『邪宗門吟味之事　御条目宗門檀那請合之掟』というものがある。（千葉乗隆『真宗教団の組織と制度』九六頁）その中の一条に、次のようにある。

一、死後死骸に剃刀を与へ、戒名授ケ申ス可事。是者宗門寺之住寺之僧死相を見届、邪宗無之段、慥に合点之上にて引導シ、能々吟味遂ぐ可きこと。

現在仏式の葬儀において一〇〇パーセントと言っていいほど亡くなった法名が人につけられる始まりがここにある。宗教的動機というのではなく、江戸幕府の民衆管理の一環としてはじまったものが現在まで継続しているということである。一八七一（明治四）年、宗門改制度は廃止され、法規にもとづいた檀家制度はなくなった。しかし、寺院と檀家における慣習としての檀家制度は残り、現在も生前に帰敬式を受け法名を授与されていない門徒の場合は、住職が門主の代行として葬儀の際に、帰敬式を行うというように続いてきている。

「なぜ自分で法名を名告れないのか？」という門徒の問い

二〇〇一年の秋、本山で門徒を対象にした研修会（中央教習）でのことである。一人の受講生が、総御堂で「帰敬式」を受けて貰った法名をチラッと見ただけで、大変落ち込んでいるという場面に遭遇した。スタッフであった私たちは、「何が不満なのだろうか」、「字がどうも気にいらないらしい」というふうに最初受けとめていたが、本当のところは、「ご門主というくら偉いといっても知らない人ではなく、住職さんに自分にあった法名をつけてほしい」という思いであることがわかった。その方は本山では「本人の人柄とかを知って法名をつけているのでなく、ただ受付の順番に、準備した法名を渡している」ということをご存じであった。

法名については、何度も帰敬式を受けて、五つも六つも法名を持っている門徒さんがいると、僧侶の間で話題とすることがあるが、実はそこにも法名問題の本質は潜んでいる。つまり「なぜ法名は自分でつけられないのか」という問題である。いうまでもなく、そこには、本願寺教団においては「法名は門主のみつけることができる」という、「門主権（限）」の問題がある。

現在、本願寺派においては、法名も院号も「門主のみ授けることができる」と法規で定めている。しかし、実際には僧侶になる「得度式」の場合は、「申し出」をすることができるが、門徒の帰敬式では「申し出を受けつけない」という明らかな差別的状況が今日まで続いてきた。

しかし、二〇〇三年度より、門徒も帰敬式を受けるに当たり、「申し出」をすることができるようにやっと変えられることになった。ただし歴代門主・裏方の院号・法名の字を差し控えるということはそのままである。そして法名の字数も釈〇〇の二字・音読みである。それと同時に直属寺院だけでなく、一般寺院でも本願寺より出向する門主の「御手代わり」によって帰敬式を実施することもできるようになった。しかしそれでもあくまで、法名をつける権利は門主であることには変わりがない。

大谷派においては一九九八年の蓮如五百年法要に際して、法要をするに当たって帰敬式を一般寺院で行う「帰敬式実践運動」を大きく打ち出した。もちろんその場合の法名は住職がつけるということである。大谷派においては、すでに教団問題の中で当時の法主が帰敬式を行うことを拒否するというような状況もあり、宗則を拡大解釈して一般寺院ですでに帰敬式が行われていたという事情があった。たしかに大谷派の場合も住職が法名をつけるのであり、本人が名告ることを法的に保障したものではないが、身近な関係の中での帰敬式は、実質的に本人の名告りを可能にしていく面があることは「法名の本来化」への大きな前進であると考えられる。

「なぜ自分で法名を名告れないのか」という問題を考えていくうえで、一つの指針となるのは、〈「法名の本来化」の視座を考える歴史的ポイント四〉に記したように、親鸞自らが「親鸞」という法名を名告ったという事実である。また「善信」という名も師法然に申し出て認可されて使った経緯がある。また法然教団の下での最初の名、「綽空」は法然から授けられた名である。この親鸞の法名の名告りは、師とする者から法名を授かるということが根本なのではなく、名告る人間が、その名を法名として生きるという自覚こそが根本であることを示している。親鸞の門下においても、親鸞がつけた法名ばかりでなく、さまざまであったと考えられることも〈ポイント四〉で述べた通りである。

また、蓮如の時代には、「法名下附状で下附された法名を貴ぶ風潮が見られること」は、逆に自ら名告る法名の存在が多数あったからということを物語っている。〈「法名と法名下附状」大喜直

彦）

一八八六（明治十九）年一月三十一日の「本山月報」に初めて掲載された寺法には「第一章第八条　帰敬式は法主之を行う者とす」と記している。「御《お》剃刀《かみそり》」は一八八四（明治十七）年に、「御剃刀」という名称から現在の「帰《き》敬式《きょうしき》」という呼び名に変わって現在にいたっている。

「法名を授けるのは門主のみ」ということが宗門法規に定められたことは、門主制のヒエラルキーによって成り立っている教団全体を象徴しているともいえる問題である。つまり「なぜ自分で法名が名告れないのか？」という問題に向き合いながら、本当に「法名の本来化」への歩みをしようとするなら、法名における門主権の問題とも向き合わざるをえないのではなかろうか。

なぜ、真宗門徒の名告りは二字法名でなくてはならないのか？

インドの釈迦の教団においては、「姓」を捨てて、「名前」のみで生き、あえて「姓」というなら「釈迦」の弟子という意味で「釈」子としたことは〈ポイント一〉で述べた。また、仏教の歴史の中で中国においても朝鮮においても、法名を名告ったのは基本的に僧侶であり、親鸞の教団でも僧侶分のものであったことは〈ポイント二・三〉にも記した通りである。そして、真宗教団の身分階層化の中で褒賞として在家分に法名が下附されるということがあり〈ポイント五〉、それが江戸時代に寺請制度、宗門改制度のなかで、民衆管理の一端として死者に法名を与えるようになってきた〈ポイント七〉。今の「法名の本来化」の運動をすすめる中で、「漢字二字の法名を真宗門徒の自覚としましょう」という前に、「なぜ漢字二字なのか？」ということへの明確な説明がなければならない。ある総代研修会での「なぜ法名は漢字二字なのか？」という質問に講師の説明は、「私は親鸞聖人に倣って二字を名告りたい」というものであった。仏教教団の歴史においては俗名のままの仏教徒が当たり前であり、親鸞教団においても、俗名のままの真宗門徒が在家分の場合は当たり前だったのだから、本願寺が「漢字二字のみ」の法名を全員が名告らなくてはならないという理由にはならない。

今「法名の本来化」を進める運動の中に決定的に欠けているのは、法名をめぐっての「教団内身分」との関係を歴史的に明らかにして、過ちを過ちとして門徒に謝罪すること、そして民衆管理の一端を担う手段として法名をつけるということを行ったことを明らかにして謝罪することから始めるという姿勢である。単に「位号」をつけたり、「四字」法名にしていたことを謝罪して、「二字法名を真宗門徒の名告りとしましょう」というのは、事情を知っている門徒さんからすれば、あまりにも教団・僧侶にとってご都合主義なのではないかと言われることであろう。

本願寺教団として、なぜ「二字法名を門徒は名告る」としてきたのかという背景を明らかにして、謝罪すべきことを門徒に明らかにするという手続きがまずなければならない。本願寺においては、「位号」も「四字法名」もつけたことがなかったので問題はないということを前提にした「法名の本来化はイコール二字への統一」の状況にもし止まってしまうなら、どれほど掛け声をかけても「形式的な二字統一の運動」の枠から決して出ることはないであろう。同朋運動は「差別の現実」からの出発として進められてきた。法名問題においてもしかりである。「法名の本来化」を同朋運動として、「差別の現実」からの出発とする取り組みの視座を失ってしまえば「二字」を名告ることを薦めれば薦めるほど、門徒としての「心の持ちようこそ大切だ」ということにならざるをえないであろう。それは、「真宗門徒とは？」「真宗門徒として名告るとは？」というもっとも大切な問いを封殺してしまうことにも必然的につながっていくが、「生まれながらの真宗門徒」「名ばかりの門徒」を問い直すことには繋がらないであろう。

名告り

表札　　石垣りん

自分の住むところには
自分で表札を出すにかぎる。
自分の寝泊まりする場所に
他人がかけてくれる表札は
いつもろくなことはない。
病院へ入院したら
病室の名札には石垣りん様と
様が付いた。
旅館に泊まっても
部屋の外に名前は出ないが
やがて焼場の鑵《かま》にはいると
とじた扉の上に
石垣りん殿と札が下がるだろう
そのとき私がこばめるか？

様も　　　　　　　　　　　殿も
付いてはいけない、
自分の住む所には　　　　　自分の手で表札をかけるに限る。
精神の在り場所も　　　　　ハタから表札をかけられてはならない
石垣りん　　　　　　　　　それでよい。

（『石垣りん詩集』思潮社）

名前とは、個人のアイデンティティーの表現であり、また私たちは、名前をもって相互に出会い、交流していく社会的な位置を持っている。それはまた、名前によってその人の人生を思い起こすように、歴史的な存在でもある。

引用した石垣りんの表現を借りれば、「名前」は自らの存在そのものであり、「ハタから表札をかけられてはならない」存在であると言ってもいいであろう。したがってその名前をどのように名告っていくかということは、自己決定から出発するということが基本となる。伝統的な表現の中で自己表現するか、新たな自分自身の名告りをするかということも、教団という組織に所属していても最終的決定は個人である。それを無視して一律に統制していけば、法名も単なる管理手段に転落する。要は自覚の中から生まれてくる個々人の表現の多様性と仏教・真宗の平等性をどう保障していくかということである。教団という組織が、「権威」ではなく「仏教・真宗の教え」によってどこまで成り立っているかが、そこで問われているともいえよう。教団が、非仏教的・非真宗的になればなるほど、問いに対する応答は、権威化し硬直化していく。

親鸞によって明らかにされた浄土真宗は、「南無阿弥陀仏」の名を称えて、仏道を歩む教えである。一言で言えば、「名」による救いが浄土真宗である。それは自らの真宗門徒の「名告り」ということを生み出してきた。真宗門徒として名告るという実践的面を、教えに尋ねていくという本当の教学的学びが今まで欠落していたのではないか。「なぜ、真宗門徒の法名は漢字二字でなければならないのか？」という門徒の問いの根本は、「教団は門徒の法名の名告りを保障してほしい」という思いが底にあるといえよう。今の教団の「法名の本来化」は「法名についての教学」なきところで実践しようという危うさがある。まさに山に登るに地図なくして登らんとするに似ているといえまいか。

院号は差別ではないのか？

名前と権威との関係をストレートに表したのが「院号」である。「院号」については、「差別である」と言い切って謝罪をし、止める以外に道はない。ただ、それをどうすればできるか、いかに早くできるかという方法論は議論されねばならない。「院号」を本山が出しているという事実が、「法名の本来化」の歩みを阻害するものとして、大きく立ち塞がっていることは、法名について取り組むものならば、僧侶・門徒の共通に認めるものである。

この「院号」についても、「院号がなぜ今のような形で門徒に出されるようになったのか」という歴史的総括と謝罪はなされたことはない。本願寺教団において、「院号」が教団内身分に大きな影響を及ぼしてきた差別責任への謝罪も、「軍人院号」という形で戦意高揚に用いた戦争責任の謝罪もしたことはまだない。

歴史的に見て、院号が教団外でも教団内でも、社会的身分秩序の反映したものとして用いられてきたことは明白であり、それを「おあつかい」という名目にしたからといって、積み重ねてきた歴史が消えるわけでもない。また院号に対する社会や門徒の意識が変わるわけでもない。しかし具体的な取り組みはそんなに難しいことではない。まず住職が自らの責任で「院号は差別である」と門徒に謝罪すること、それを自らの僧侶・住職としての存在をかけて言い続けることである。

現在「法名の本来化」の取り組みとして、各組で門徒向けの配布パンフレットが作成されているが、院号へのふれ方に、法名問題についての姿勢を見ることができる。

A組の取り組みパンフレットでは、「本願寺が定める　釈○○　○○院釈○○に統一いたします」としている。そして、浄土真宗本願字派法名Q&Aとして「質問八　院号とは何ですか？　答　院号というのは、法名の上につけられる一種の称号で、もともとは寺院の名前が、そこに住む僧侶の、呼び名となっていたものです。現在では、宗門および寺院の護寺発展につくした方に、生前・死後を問わず贈られています」と記している。

私はこうしたパンフレットを撒いて、「法名の本来化」への取り組みとしていくことに大きな問題を感じざるをえない。「院号は問題ではないのか？」という門徒の問いに、歴史的な総括も何もないのみならず、現在も本願寺教団においては宗門法規では「院号は門主のみが授けることができる」ということについてさえも伏したままである。「寺院号」が各地で出されている現状と重ねあわせて考えてみれば、宗門法規での取り決めさえ頬被りしたところで進められている「法名の本来化」であることがわかる。

かと思えば、「真宗門徒の法名は　釈〇〇です」とのみ記して、意識徹底をはかろうとするB組の取り組みもある。これは明確に、「院号」は問題があるが、今の教団状況からして「院号は間違いです」とは表記できないので、今はふれないという選択をし、「法名の平等性」を全面に打ち出したということであろう。

このA組とB組の表記の違いは、「法名の本来化」の視座の持ち方の違いである。すでに待ったなしの「院号は差別ではないか？」という門徒からの問いかけに取り組む時、「本願寺が定める法名は　釈〇〇　〇〇院釈〇〇に統一いたします」との表記は、今後の「法名の本来化」を進める上で大きな阻害要因になるに違いない。つまり、本願寺が「院号は止めます」と言うまで、「院号は差別である」と言えない足枷をこのパンフレットで広めているわけである。しかし「真宗門徒の法名は、釈〇〇」との表記は、次への段階を見据えて、院号について門徒との議論の土俵が作れるのである。

院号の起こりから概説してみれば、日本に仏教が伝来し、国家権力と仏教の密接な結びつきの中から生まれたわけである。まず八二二年、嵯峨天皇が譲位し上皇となって出家した時、京都堀川西に嵯峨院（冷然院）を造営し移り住み、自ら嵯峨院（冷然院）と称するようになる。「院」というのは、「垣根をめぐらせた屋敷」を指す言葉だが、もともとは天皇の退位後の住まいの呼び名である。つまり「〇〇院」というのは、身分の高い人を名前で呼ばず、住まいや場所の名で呼称するという中国の風習から来たものだった。

天皇であったがゆえに、戒名の上に「院」を名告ることは、天皇の権威・権力という身分構造を仏教教団に取り込んだものであり、人間の平等性を開顕するという仏教の本質を腐敗させることになった。それが貴族社会、武家社会、国家仏教の仏教教団に反映していったのが、その後の展開であった。したがって国家仏教体制と決別した親鸞に院号は存在しないことはいうまでもない。しかしその後、真宗教団が再び社会体制に組み込まれていく中で、第八代蓮如が、「信証院」を名告ることから本願寺教団の院号使用がはじまっていく。以後、教団内身分と社会的身分を反映し、軍人院号のように国家体制の貢献への褒章として利用され、今日では「教団への護持発展につくした人に」という名目で、門主のみが授けるものとしている。どこをどうついてみても、院号は仏教精神に背いているとしか言いようがない。

漢字二字の法名をつけることで作ってきた社会意識

すべての亡くなった人に法名をつけ葬儀をするようになったのは、江戸時代の檀家制度、宗門改制度が作られていく中での信仰・思想調べの一環であったことは〈ポイント七〉ですでに述べた。一六一三（慶長十八）年に仮託して作られた幕府の『邪宗門吟味之事　御条目宗門檀那請合之掟』の「死後死骸に剃刀をあたへ戒名を授ケ申ス可事」という項目が直接に指示した文章である。キリスト教などの幕府や藩から「邪宗門」とされた信仰を持つ者には法名を与えず、取り締まっていくというもので、まさに幕府・藩の取り締まりの一端を担ったわけである。しかしその行為は単なる信仰・思想統制ということにとどまらず、真宗信仰の中身まで大きく浸食し、変質させるものであったともいえよう。なぜ「死ねばほとけ」というような意識や言葉が生まれてきたのか。なぜ「法名にそれほどこだわるのか」、なぜ「法名が社会的身分・地位に結びついてきただけではなく、自覚的仏教徒でもないのに法名を受けないと仏になったように思われないという意識を作ってきたのか」等々、まさに現在までその影響は大なるものがある。

また信仰とは無関係に、封建秩序の枠の中で生きる者に法名をつけることは、「死後の実体的浄土」を保証し、死後に浄土観を追いやり変質させたといえるだろう。そしてそのことは、社会矛盾の変革への芽を摘む働きをしたことと裏表の関係でもあったということはいうまでもない。

「死んだ人間に法名をつける」ことになった歴史的経過と教団の責任を明らかにし、教団が真宗の名のもとに作ってきた、非仏教的・非真宗的意識を直接門徒に謝罪したことはなかった。「法名は死んでからの名前ではありません」という言葉が、法名の本来化の取り組みのパンフレットによく見られるが、「死亡した人に、なぜ法名をつけるようになったのか」という歴史的経過も教団の責任を、まず説明しなければならない。

それどころか「教学研究所　儀礼部会」の編集で出された、『真宗儀礼の今昔』には次のような文章が書かれている。

人生の節目（ライフ・ステージ）ごとに、人は古い「己れ」を棄てて新しい「私」に生まれ変わる。しかも、この「いのちの更新」を表すべく、その都度、新たな名のりをするといった、いわゆる「擬死再生」を謳う儀礼は我が国に限らず世界中に見られる文字通りの習俗である。ただし、その最終局面、本当の死を、いずれは「仏《ぶつ》になる」すなわちいのちの完成に向けた願いで飾っているのは、さすがに在家仏教を定着させた我が国だけのことではあるまいか。言うまでもなく「戒名」ないし「法名」を死者にまで授けるようになった風儀がそれである。

（儀礼論研究特設部会編『真宗儀礼の今昔』浄土真宗教学研究所、永田文昌堂、一二一頁）

この文章は、なぜ死者に対して法名をつけるようになったのかということへの、歴史性もないばかりか、そのことが蝕んできた宗教心の非真宗性もすべて無視して、現在の亡くなった人にも法名をつけることこそ素晴らしい伝統であるとしている。

ある意味では、門徒から「なぜ死んだ人にも法名をつけるのか？」ということへの応答ともいえよう。しかしその応答のしかたは決して正しくないし、「法名の本来化」にも繋がらない。また同朋運動の「現実からの出発」でもない。正面切って門徒からの問いに向き合ったのではなく、歴史的経過も社会的役割も問題ではなく、今ある現状を肯定していくために理屈を付けていく論法になってはいないか。この方法の中から法名を「真宗門徒の自覚の名告り」とする人が生まれるかどうか、大いに疑問である。

おわりに

今私が葬儀の時に必ず確認することがひとつある。「院号は差別そのものです。本願寺ではまだつけていますが、西善寺の門徒は一九九〇年から誰もつかないことになっています」という前振りの後、「法名はどうされますか?」という遺族の方への問いかけである。「なぜ法名がいるのか、俗名のままではいけないのか?」という門徒からの問いかけは、私に院号にとどまらない「法名とは真宗門徒にとって何か」を問う実践的・学問的取り組みを促す問いだった。

また、一九九二年の私の次男の死は、「名前とは何か」を私に教えてくれた。次男が亡くなった時、子どもの名前のみ書いた電報を送っていただいた先生がある。そして、「人はいのち終わって『なまえ』となる」ということを教わる体験をした。「名は〝いのち〟である」と。それは今でも法名・院号の問題を考える時の私の原点となっている。

そして昨年亡くなった前々坊守の法名は、「釈サヨ子」と私がつけさせてもらった。得度していたので本願寺から貰った法名もあるが、本人の納得の上である。

「釈+俗名」か「釈+二字の漢字」かを本人か遺族の人に選択してもらうということを始めて十年くらいになろうか。約八割が「釈+俗名」を望まれる状況がある。本来化とは選択の自由を保障するのが住職の仕事であると気づかされている。もちろん選択の自由といっても院号のように差別化への自由を保障するという意味でないことはいうまでもないが。

千里の道も一歩からというが、私の法名・院号へのこだわりは、一九九六年一月号の『宗報』に「法名の差別責任と戦争責任」というテーマで院号を問題とした初めての公式文書として掲載され、教団にもいくらかの影響を与えるものとなった。その後も法名・院号を問う動きは一九九七年の本願寺からの『法名・過去帳』ブックレット、そして「法名の本来化」が門信徒との課題の共有の具体的項目とされるまでになった。しかし、法名の問題の持つ本質的深さからいっても、法名・院号を教団の論理・社会の論理で利用してきた歴史からすれば、千里の道をやっと歩みはじめたというところであろう。さらに現在の教団・僧侶の法名・院号に対して持っている意識ということになれば、現状は大変厳しいと言わざるをえない。「わかっているけど、やめられない」の言葉のごとく、お金の問題、教団・寺院の権威の問題に直接ふれるとなると、屁理屈の方がまかり通っている。しかし、あきらめず、腐らず、本当の意味での「法名の本来化とは」を問い、さらに模索しながら、前へ！前へ！　と進んでいきたい。

＊①②　僧侶分・在家分——親鸞は妻帯しているということからいえば在家であるが、教えを伝えることを本分としているという意味では僧侶である。本論においては出家仏教の僧侶とは違うという意味で僧侶分という言葉を使っている。在家分とは僧侶分以外の門徒というこ

とを意味している。

＊　この論考の「法名の歴史」は主に『法名・過去帳』（ブックレット基幹運動№4、本願寺出版社）によっており、ポイントのみ記して詳細は省略した。

（二〇〇二年三月）

＊　この章は拙論「今、本願寺教団の「法名の本来化」の取り組みにおける課題」（財団法人同和教育振興会　設立四十周年記念作品募集）として書いたものを要約し加筆転載している。

「席次」と蓮如の「平座」

はじめに

私が小学校の三年生頃のことだっただろうか、はるか彼方の記憶の中に、ポッと鮮明な出来事が一つある。それはお寺の子ども会の行事のことだった。仏さまのお話を聞いて休憩時間になって、皆で本堂の中の外陣《げじん》（普通は法座などで話を聞く場）で遊んでいると、何かの拍子で、一人の子どもが内陣《ないじん》（阿弥陀さま等を御安置している一段高くなっている場所）へ入って行った。「何であの子が内陣に入るのか？」、そういう心が私の中に起きてきたのである。

私はというといつも寺の子として内陣に自由に入っていたのである。今から思えば、僧侶の特権意識は、すでにして私の心の中に刷り込まれていたということがわかる出来事であった。

「特別の資格を持ったものしか入ることが許されない空間を作っていく」、このことは、人間にランクづけをするのにもっとも眼に見えるやり方であり、儀礼を執行するというような時、普段には眼に見えない集団の秩序が姿を現すのである。

西本願寺には、内陣・外陣の境だけではなく、外陣の中にさらに結界《けっかい》という境を設けて、勝手にその内側に入れない慣習としている。一般の御門徒が結界の中に入ることができるのは、永代《えいたい》経《きょう》の懇志を収めて、お経をあげてもらう時だけであり、まきにその時は特別待遇を受けたということであろう。

私は十年ほど前の夏、子どもたちが本山参拝をし、帰敬《き》式《きょうしき》を受ける姿をカメラに収めようと、つい結界の中に入って、本山の職員より大変叱られた思いがある。以来よりいっそう勝手に人が入ることを拒んでいる空間だと感じるようになった。しかし、一九九八年に本山の常例布教の講師の依頼を受けて、本山の阿弥陀堂の結界の中で五日間、朝の法話をして以来、私は結界のバリヤーを感じなくなった。それは、結界のバリヤーが本来なくなったのではなく、いったん結界の内に入ってしまえば、自分は入れる立場になったかのように錯覚してしまうからである。この眼に見えないバリヤーを何重にもはりめぐらせ、あたかもそれを一つ一つ許可されることが、自分の地位が向上しているかのように錯覚していくシステムに取り込まれると、簡単にその罠から抜け出ることは難しい。

また、たとえ同じ空間に同席する場合も、どの席に座るかということで、その空間に存在する人間の関係を浮き立たせ、社会の中での上下関係、教団内身分秩序をストレートに反映してきた。

私が十九歳で住職となった時、「僧侶の会合では必ず一番末席に座ることに気をつけなさい」と教えてくれた先輩がいたことを思い起こす。

「いしかわらつぶての如くなるわれら」という親鸞自身の言葉に象徴されるように、権威と権力にもっとも遠い所に生きる人々の所で、仏教の平等性を明らかにしていった親鸞の教団は、その後、世間の権威と権力に近づき、格闘しながらもついには取り込まれていった。それは見えないバリヤーを何重にもはりめぐらせていく歴史の積み重ねであったともいえよう。

このバリヤーの罠は、人間を搦め捕り堕落させ、そしてさまざまな運動をも搦め捕って誤らせてきた。しかし、そのバリヤーのないところにこそ、金襴の権威で飾らない、正味の親鸞の姿があるに違いない。すでにその莫大な負の歴史を背負って存在している本山と寺院の中にいる私は、今そのバリヤーを破り続ける営みのはるかかなたに、親鸞の姿を思い描いている。

浄土の荘厳――内陣

一般に本堂の内陣は、中央に本尊阿弥陀如来、そして向かって右に宗祖親鸞、左に中興の祖蓮如、そして向かって右余間に聖徳太子、左余間に七高僧を安置しており、浄土の働きを象徴的に表そうとしたものであると宗教的には位置づけられている。そしてその浄土の荘厳を、外陣から拝むという形式になっているのである。（しかし、西善寺の本堂では、一九三九年にそれまで左余間に「聖徳太子」、右余間に「七高僧」であったものを、戦時下、聖徳太子と七高僧の位置が

変更されたことを知り、今は一九三九年以前の安置の形にもどしている)。(本書「聖徳太子の安置形式」三〇九頁〜参照)

しかし、その浄土の荘厳の中に入って拝まれる特定の人間を決めるとどうなるか。答えはいうまでもない。そこに「生き仏」という硬直した権威主義が生まれて来るのである。それに親鸞の血を引くという血統主義が加えられれば鬼に金棒である。

端的に言うなら、煩悩を持つ、生身の人間が、浄土の荘厳の中に入っていったことにこそ、大きな間違いがあると言わねばならない。象徴的な浄土の荘厳は、すべての者が一人の例外なく拝む中にいただくものであって、自らが拝まれる中に身を置いてはならない。したがって、お寺の法要などで、内陣で僧侶が読経し、それを外陣から門信徒が拝むという形式は、とても御同朋・御同行の姿とは思われない。拝む者と拝まれる者の関係が固定化することこそ、序列構造を生み出す源であるといえよう。

私の平座の実践

私が住職をしている西善寺ではすでに内陣でのお勤めを止めて六年ばかりになろうか。西善寺の本堂の形式は他の寺院と同じく、内陣と余間が一段高い。今は内陣の畳は全部あげてしまい、内陣でお勤めをすることはない。報恩講の参りあいには近所の三カ寺の法中《ほっちゅう》が出勤してくださるが、外陣で黒衣・五条袈裟で統一してやはり六年ほどとなる。私自身の「平座」の実践である。

福岡市の光円寺では、ちょうど本堂の建て替えにあたり、平座の実践がそこで行われた。本堂そのものは洋風の建築のホール形式で、内陣でお勤めをする形にせず、御本尊並びに十字名号・九字名号を安置した場所と椅子を並べた会場との間に僧侶がお勤めをする場所を造ったのである。その住職からかつて「念仏者は内陣と外陣との間に身を置け」と教えてもらったことがある。

「平座」の実践者・蓮如五百年の法要

一九九八年本願寺は第八代蓮如の没後五百年の法要を延べ百日間営んだ。蓮如が善かれ悪しかれ今日の本願寺教団の基であることは、蓮如の評価は別にして動かしえない事実である。

では蓮如五百年の法要を本願寺ではどのように勤めたか、それが現在の教団の姿を象徴している。法要の席次《せきじ》は、本山が現在席次規定として定めている「顕座《けんざ》」から「親座《しんざ》」「直座《じきざ》」「特座《とくざ》」「正座《せいざ》」「上座《じょうざ》」「本座《ほんざ》」「列座《れつざ》」までの八座（八ランク）を各七等に分け、五十六の席に分ける席次にしたがったものである。そして内陣にてお勤めする僧侶（結衆《けつしゅう》・列衆《れつしゅう》）が内陣出勤し、門主は本尊後ろの後堂より出て登礼盤する形であった（門主の登礼盤のない法要もある）。内陣右正面には門主、内陣左正面には前門主が座り、外陣前列に奏楽員と総局・本部長が座って仰ぐという形になっている。しかも結衆の衣体《えたい》は新しい色衣を制定したものであった。また日にちによっては、洋楽による「幼児のおつとめ」「おしょうしんげ」や一般の洋楽「正信偈作法」などもなされたが、内陣出勤の法要であることには変わりがなかった。

蓮如五百年の法要を、蓮如がその方法論とした「平座」への試みがなされなかったことは、誠に残念というよりないし、はたして蓮如に学ぶということがあったのかと私には疑問に思わざるをえなかった。

「平座」への実践

一九九六年十一月二十一日、真宗大谷派（東本願寺）は門首《もんしゅ》の継承式を営んでいる。新しい門首は内陣にて登礼せず、表白など式のすべてを外陣で執行し、黒衣《こくえ》を着用していた。招待された、色衣を着て内陣に座った真宗各派の門主は、門首を含めた黒衣の大谷派の僧侶たちの前にどのように映ったであろうか。「中外日報」（一九九六年十二月十二日）は次のように報じている。

勤行は参詣者たちも一緒に正信偈を唱和。最後に、寺川俊昭大谷大学特任教授の法話を、門首も法を説く「師主」や「善知識《ぜんちしき》」でなく、「同朋とともに真宗の教法を聞信する」（宗憲第十五条）門首らしく、参詣者とともに聴聞し、恩徳讃を斉唱して閉会した。

本願寺派においても、全員黒衣での法要が近年なかったわけではない。一九九七年三月二十日、春の彼岸の中日に勤められた、「基幹運動推進　御同朋の社会をめざす法要」がそれである。本山と各教区で行われてきた点検糾弾会を受けてという意味があった。『サットバ』の第五号には法要の意味がこう記されている。

この法要は、宗祖聖人の化導によって広大な阿弥陀如来の一如平等のお心をいただき、同朋教団を標榜し、御同朋の社会をめざして基幹運動を推進してきた私たちが、その教えに背き、被差別の人々と共に歩もうとせず、むしろ差別を温存助長してきたことに対する慚愧の念を表すとともに、差別体質の克服と基幹運動推進に一層の決意を表明するために勤修された法要でありました。

しかしその法要とても、内陣で勤修されたものであった。このことは、内陣にて法要を勤めることは、たかが単なる場所の問題ではなく、現在の本願寺教団の根底にかかわる問題であることを示している。

「代々の法主（今は門主）のみを善知識」と位置づけて、その門主への遠近によって教団内身分が定まってきた教団内秩序の源は、本堂の後門より阿弥陀如来の化身のごとく現れ、内陣で振る舞う法主こそが宗教的ヒエラルキーの頂点をなすことができるのであり、その法主が外陣で門信徒と同じ場所から内陣の阿弥陀如来を礼拝したのでは「化身・生き仏・善知識」としての位置づけにはならないということなのであろうか。たかが、内陣と外陣の違いのように見えて、その意味は大きく違ってくるのである。

もともと真宗の本堂には内陣はなかった

ではもともと真宗の本堂には、一段高い内陣と外陣を作る形の本堂があったのかというと決してそうではない。年代を追って概略を記す。

☆親鸞の時代

親鸞は生涯を通して寺院建立の意図はもたなかったと考えられ、関東在住時代の拠点となった常陸の稲田にも寺院建立の伝承は存在していない。関東時代の親鸞は地域の小堂を拠点に教化活動を行っていたと考えられるのである。そして京都に帰ってからの五条西洞院の坊舎（『慕帰絵《ぼきえ》』）にも、舎弟尋有《じんう》の三条富小路善法坊（『親鸞伝絵《でんね》』）も寺院の体裁をとっていないことから、親鸞においては寺院の形式はまったく意図されていなかったといえよう。

では、親鸞はいかなる形で法会を営んでいたのか、『親鸞伝絵』や『法然上人絵伝』などよりすれば、民家に「阿弥陀如来」の絵像が掛けられ、その前に花瓶と香炉が置かれる中で仏事が営まれていたと思われるのである。

☆「大谷廟堂《びょうどう》」の成立

親鸞没後十年を経て、一二七二（文永九）年に大谷廟堂が建立されている。それは『親鸞伝絵』に描かれているように、六角形の小堂で、庭を隔てて四方に回廊をめぐらし、ここから礼拝をしていた。堂の中には、曲彔《きょくろく》に座る親鸞の木像が安置され、その前に卓が置かれ、簡素な荘厳がなされている。

☆御影堂《ごえいどう》・阿弥陀堂に内陣・外陣の出現

大谷本廟がその建築様式を変えるのは覚如の時代である。南北朝の内乱によって一三三八（暦応元）年に大谷廟堂は焼け落ち、二年後に再興している。しかし再興された廟堂は六角形から通規の形に変更されたと考えられる。そしてその廟堂では、覚如は関東の門弟の反対を押し切り、親鸞の木像を傍らに移し、阿弥陀仏像を中心に安置したと考えられる。そして大谷本廟自体の性格も、親鸞の廟所から、朝廷より「本願寺」号を賜って、勅願寺となり寺院化していったのである（『真宗大谷派の荘厳全書』一一七頁〜）。

本願寺の堂舎が当初の御影堂一堂形式から、阿弥陀堂を併設する両堂形式へ変更される時期は明確にすることはできないが、第七代存如の時代には両堂形式になっていた。その大谷本願寺の御影堂は、五間四面で、上段に向かって右側が三間四面の内陣、その向かって左側の間口は二間、奥行三間の間に押板があり、外陣は下段として一段低く、幅が五間、奥行二間であったと考えられる（図1）。

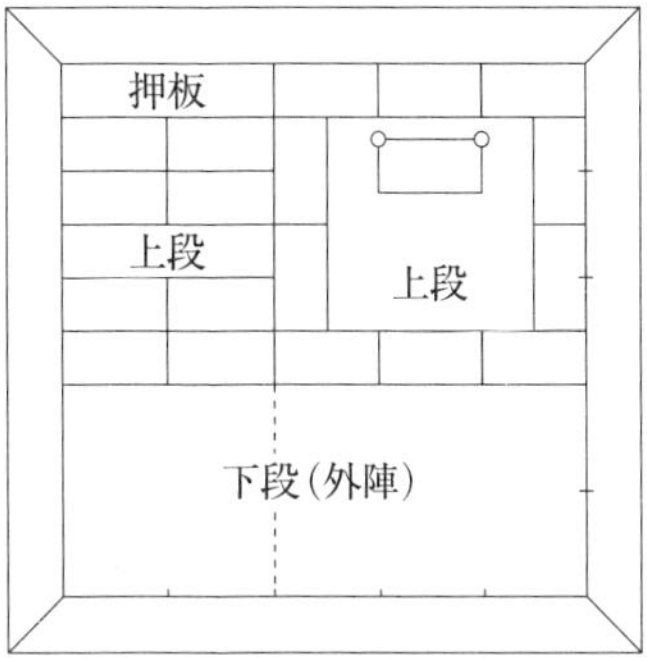

図1　大谷本願寺御影堂推定平面図（桜井敏雄「浄土真宗寺院本堂の成立過程」［『蓮如大系』第三巻、388頁］）

ここに小さい本堂ながら、内陣と外陣の分かれた本堂が本願寺教団に出現するのである。それは本願寺が再び国家仏教体制に取り込まれていくことと軌を一にしたものでもあった。

☆地方の「道場」の様式

千葉乗隆は『浄土真宗本願寺派の荘厳全書』（三九二頁〜）において真宗寺院の原初形態「道場」から、今日の庫裏《くり》の形式を備えた真宗寺院にいたるまでのパターンを四類型で示している。
一　個人の私宅に公共の礼拝施設を備えた「内道場《うちどうじょう》」
二　とくに道場・集会所として作られた「惣道場《そう》」
三　一戸建ちの道場が寺院化しつつあるもの
四　完全に寺院化したもの
鎌倉時代の末期、本願寺第三代覚如の時代は、この中の一と二のパターンがあったわけであろうし、第五代綽如の時代の名をとどめる富山県五箇山の真宗寺院にその原初形態をいくつか紹介している。

民家を道場に使った一のパターンでは、夏焼道場を次のように紹介している。

礼拝施設は、民家の床の間に巻障子をとりつけただけの簡素なもので、中央に本尊・阿弥陀如来の絵像が掛けられているだけである。本尊を奉懸したら、その場所が念仏者の集う会座、「道場」になったという草創期の形をとどめているので「内陣」の部分はまったくない。

それが一戸建ての漆谷道場になると、内陣と外陣に分かれて（段の高さは違わない）くる。そしてさらにそれが寺院化していくと、内陣と外陣の段差が作られてくる過程が実証されている。

さらには近世（江戸時代）になると、余間が次第に庫裏（寺院居住者の生活空間）に発展し、また内・外陣の整備や建物の巨大化、建築装飾の美麗化へと進んでいく。

☆近世封建制度下での寺格《じかく》にもとづいた寺院様式

地方の道場が寺院化し、本尊に阿弥陀如来の木像を安置し、寺号を公称するのも近世からであるが、そこには寺院の格を定めた僧階制度《そうかいせいど》に伴い本山からいちいちについてあらゆる制約があった。

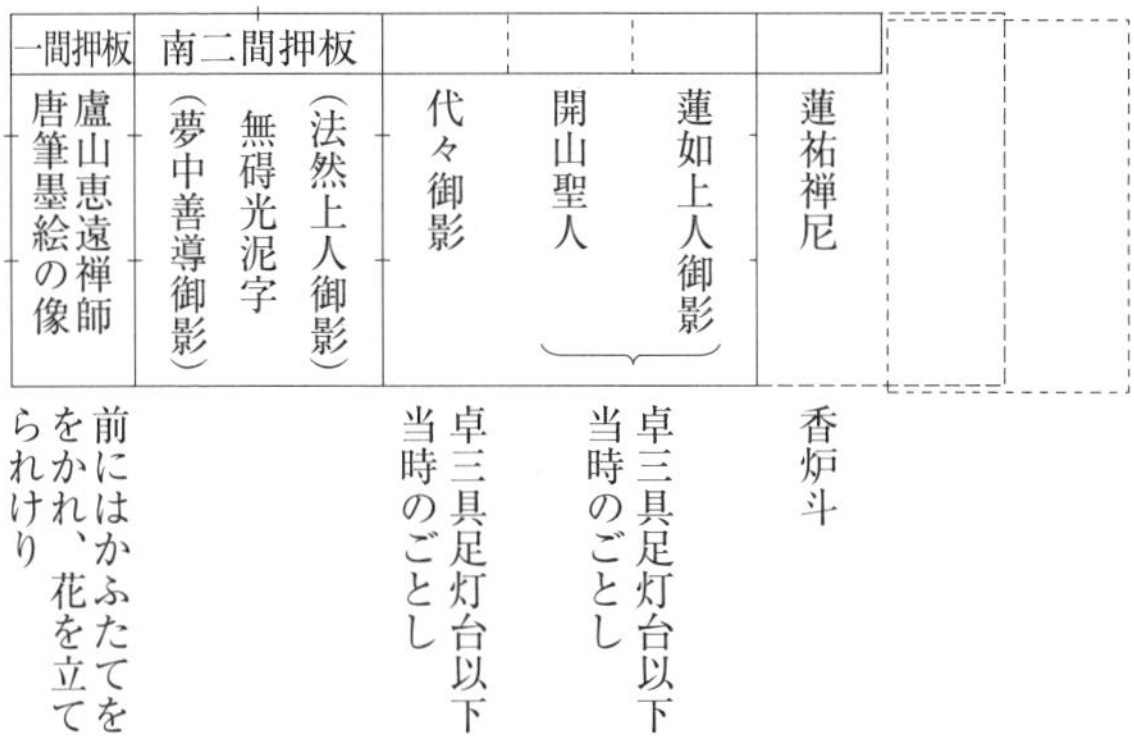

図２　山科本願寺御影堂の本尊祭祀法（桜井敏雄「浄土真宗寺院本堂の成立過程」［『蓮如大系』第三巻、357頁］）

特に「仏室《ぶつしつ》・厨子《ずし》・出《で》仏壇《ぶつだん》・金張附《きんのはりつけ》・梵鐘《ぼんしょう》・喚《かん》鐘《しょう》」を「六物《ろくぶつ》」といい、そのいちいちを本山の許可を受けねば勝手に設置することはできず、もちろん寺院の格に応じて許可するというものであった。一八七八（明治十二）年から初めて末寺からの願い出に応じて許可されるという形になっている。さらにその上に、「二物《にぶつ》」として、「天蓋《てんがい》」と「礼盤《らいばん》」については一定の堂班資格が必要とされることが、一九四九（昭和二十四）年、堂班制度の廃止まで続いている。

☆山科本願寺に見る、蓮如の「平座」とは

ではこの「大谷本廟」と「道場」という二つの様式の伝統を受けて、蓮如はいかなる寺院様式を作りだしたか、そこに平座の精神はどう表現されている

か。『実悟記』『空善記』などの文章より推測した「浄土真宗寺院本堂の成立過程」という桜井敏雄の優れた研究がある。それによると、「畳まはり敷にあらず候へ共」(『空善記』)との記述等により山科本願寺は「後門のない押板形式の仏壇であった」として図2のような安置を示されている。

私流に言えば、蓮如は大谷本廟が寺院化し、僧侶と門徒を分断する象徴ともなっていた寺院建築そのものに対し、伝統的に道場として伝わってきた構造を取り入れ、内陣(上段)と外陣(下段)との段差のない押板様式の山科本願寺御影堂を造ったと考えている。

しかし、蓮如の死後には本願寺の寺院建築は再び階層化していく。そして今の本山の外陣にある結界《けっかい》(当初は矢来《やらい》)が第十代証如の時にはできている。そして証如の時の石山本願寺(現在の大阪城の場所)では、御影堂は現在のような形になっていたのである。

内陣で経を読むことは差別である

親鸞は寺院という中で伝道し、仏事を勤めたわけではないので、親鸞がいかに勤行をしていたか、明確に記したものはない、しかし書き残されたものから推測するに、朝に夕に念仏し、「礼《らい》讃《さん》」を唱え、三部経を読誦していたと考えられる。覚如の書き記した『拾遺古徳伝』には法然の命日に四昼夜にわたって礼讃念仏を勤めたと記されている。その時には僧侶が勤行をするものであったが、そのことによる教団の身分などということはなかったと思われる。

そして蓮如にいたるまでの勤行は、『本願寺作法之次第』（『真宗史料集成』第二巻、五五三頁）やその他の記録によると、浄土宗の流儀にならい威儀を中心に形式化し、「法事讃《ほうじさん》」や「六事礼讃《ろくじらいさん》」が唱えられていた。蓮如が継職当時の大谷本廟の構造からして（外陣は幅五間縦二間）宗主蓮如が勤行する声を参加者がみんなで聞くというものであったと思われる。

ところが蓮如は吉崎時代に、勤行は「正信偈」として、親鸞の和讃をつけて、一四七三（文明五）年三月に開版している。

ではその「正信偈」を蓮如は山科本願寺のどこに座って読誦したのであろうか。内陣に座って、まわりに定衆《じょうしゅう》・定住衆《じょうじゅうしゅう》が座り、平座の外陣にその他の僧侶や同行が座って「正信偈」と「和讃」を読誦したと考えられるのである。

従来の内陣・外陣の段差のある本願寺とは違って、山科本願寺の場合は、内陣・外陣という一応の違いがあるものの、平座ということであった。しかし、黒衣同盟の広岡智教に習って言うなら、「なぜ蓮如さん、やっぱり内陣に座ったか?」、「平座」の精神ということで言えば、もう一歩不徹底であったと言わざるをえない。

それが次の実如の時代になると、御堂衆《みどうしゅう》という お勤めを司る専門職が誕生してくる。そして教団内の身分の階層化の中で法主の血筋を引く一門《いちもん》・一家衆《いっかしゅう》が上段の内陣に座るということが制度化されてくるのである。第九代の実如は記述によれば声が大変弱く、大きな声が出ないということで、替わってお勤めする巡讃《じゅんさん》が行われるようになり、そしてみんなに聞こえるように大きな

「礼拝の対象である内陣に凡夫は入るべきでない」との仏教者の信条に立って、僧侶も門徒と同じ外陣に座して勤行する（22日、報恩講法要）

教えを伝えて ⑰

西善寺㊦ 三次市東河内町

親鸞精神習い次々改革

小武正教住職(三八)は親鸞聖人の教えに沿ってまっしぐらに数々の改革を大胆に実践してきた。忌中をやめて還浄と表現・院号法名を付けない・友引の葬儀も避けない・僧侶(りょ)も外陣(げじん)で勤行する―などだ。僧侶になった二十年前から自身もすでに疑問を覚えていた院号は「過去帳差別記載をめぐる糾弾学習会で部落の人から問題性を強く指摘されて」六年前から廃止した。院号の問題性を検証した同住職の論文が、本願寺派僧侶向けの「宗報」誌上に今年初頭に掲載されたが、同問題についての論文の同誌掲載は初めてだ。

院号は仏教には本来ないが、国家権力と結び付いて天皇に付与し、先の戦争に協力して軍人院号を付与するなど、差別や戦争に加担してきた歴史を持つ。法名も本来は「僧侶としての名乗り」を意味するもので、死んでから付けるものではない。院号は門徒から希望されても付けないし、法名も本名の上に「釈」を付けるだけだ。

外陣での勤行は二年前から実行。「一段高くなった内陣は、仏様の浄土を象徴したもので礼拝の対象です。そこに僧侶が入ることは自らを拝まれる存在とすること。凡夫が拝まれてはいけない」。内・外陣の違いもなかった聖人時代の聞法道場から次第に内外・高低の差を生んできた歴史に触れ「法要儀式の場を通して差別意識を浸透させていく―院号よりも大きな問題です」と強調する。

門徒と「平座」で話し合った蓮如上人の五百年法要を再来年に迎えるのを機に「段差は簡単になくせないが外陣勤行ならすぐに実行できる」と問題提起するつもりだ。「地方の住職が実践したことに基づく理論をもって提起するのが、本願寺変革の道だと思う」。

愛語聴聞 小武 正教住職

「無碍（むげ）の一道」（「歎異抄」）

歎異抄第七条に「念仏者は無碍の一道なり」とあります。あらゆる問題に対して、仏教徒として判断し意思表示し行動したいと思っています。ですから「無碍の大道」ともいただいています。聖人に連なって現代を生きるさまざまな先達に導かれる縁に恵まれたばかりでなく、活動するなかで、ともに歩む身近な同朋とも次々に縁ができて、利害を超えた強いつながりが生まれています。門徒の方たちも、住職は間違っていないと支えてくださっているようで、これも大きな喜びです。

「中国新聞」1996年11月26日号。写真は西善寺・報恩講法要。礼拝の対象である内陣に「特定の人間だけが入るべきではない」との領解により、僧侶も門徒も外陣に座して勤行する。

声でお勤めをする役割（助音）が生まれてくるようになる。

証如の時代に教団内の組織化がすすみ、それとともに内陣のどこに座るか、それが教団内の身分をあらわすことになった。そして外陣においても矢来《やらい》が設けられるようになり、矢来の中に座るか外に座るかがまた身分につながったものと考えられる。

特定身分と特定の儀式が結びつくことの意味について、加藤秀幸「武家社会・近世」（『年中行事の歴史学』二六二頁〜）が、武家社会における謡《うたい》や能の儀式に際して、本願寺と同様の身分による参加の可否があることを指摘し、「参加できる身分は一種の特権家格として誇示される」ことを明らかにしている。さらに席次についても、「絶対者（主君）を中心に集合した時には、絶対者に最も近い所が最良の席となり、以下順次するがこの席次が武家社会の秩序の基本となる」ことを指摘している。

さらに次の戦国時代、本願寺第十一代顕如の時代となり、本願寺が門跡寺院に列せられると、院家の制を設け、僧階は細分化し、それを反映した勤行の儀礼化が進んでいった。それがそのまま江戸の封建身分制を教団内に反映していくものにスライドしていくのである。

近世の封建身分制度は、そのまま寺格《じかく》という教団内身分制度に反映され、席次等によって教団内身分を徹底していった。そこでは、被差別部落の門徒のみあずかる寺院を「穢寺《えじ》」とし、「穢寺」の本山を別に作り、本願寺から排除していったのである。それはまた、「末寺」においても、被差別部落の者を一般寺院から排除し、聴聞の場を奪っていくことになっていったのである。

明治になってからも一般寺院において、被差別部落の者は「本堂の中では聴聞ができなかった」、「聴聞の場が特定の場所に決められていた」という話は今でも多く語り伝えられている。

まさに、内陣に人間が座ることが、序列を作り出し、排除される人々を作り出してきたのが、本願寺教団の寺院の建築様式、勤行・聴聞の席次であったといえよう。

席次を決める僧階制度は、明治の初めある程度改革されながらも、まだ堂班《どうはん》制度として細分化し、一九四九（昭和二十四）年に堂班制度を改めながら、一九五五（昭和三十）年に堂班を受ける形で「類聚《るいじゅう》規定」を制定し、現在までに八座七等の五十六席となっている。それがいかに非親鸞的であるというだけではなく、蓮如の平座に帰ろうとした精神にも悖《もと》るものであるかを、歴史の学びから知らされる。「内陣出勤は差別である」と教団が言い切って、平座の実践をなしえた時、親鸞・蓮如の志願がはじめて成就されるといえよう。

おわりに

「寺の由緒は〇〇です」「寺の格は××です」「寺の本堂はこんなに立派です」、これらすべてが、非親鸞的であることは言うまでもない。そこには親鸞がいないばかりか、教えに生きんとした先人の志も感じることはできない。

平座の実践が何を生み出したか。歴史上でその実践の最大のものは一向一揆であろう。平座の精神は、時と所を得て戦国乱世において「百姓の持ちたる国」を作りあげたのである。今、真宗教団に現代の一向一揆を起こすエネルギーははたしていかほど残されているだろうか。常に権威と権力で差別社会を作り出していくこの世の権力構造に対して、服従していくのか、批判していくのか、その精神の有り様が私たち一人ひとりに問われている。

しかもその批判の精神と実践も、権威主義を克服しうる質を持っているか、まさに平座の精神は常に我が有り様を問うてくる。

今私は、宗教心が非権威・平等主義という親鸞精神に立ち返ることと、時代社会への蓮如が担った課題に立つとははたしていかなることか？　と自問しながら前に進むしか道はないと思い定めている。

・門主《もんしゅ》——西本願寺——

教団の宗教的権威（安心の裁断権）と行政的権力（総長候補任命権）の両方を持ち、教団内で最高の指導者「善知識」として法規で位置づけられた存在（明治以前は法主《ほっす》といっていた）。

・門首《もんしゅ》——東本願寺——

宗派の憲法が改正され、門徒の先頭に立って聴聞する象徴的立場とされ、宗教的権威も行政的権力も持たないものとなった。

＊　なお本願寺の建築様式については、『蓮如大系』第三巻「浄土真宗寺院本堂の成立過程」

桜井敏雄、『浄土真宗本願寺派の荘厳全書』(四季社)、『真宗大谷派の荘厳全書』(同)、千葉乗隆『真宗教団の組織と制度』(同朋舎出版)に学ぶところが多く、その内容を取り入れた。

(二〇〇二年一月)

＊　この章は拙論「東西本願寺の「蓮如上人五百回遠忌法要」を蓮如の視座で問う」(『今、なぜ蓮如論』広島部落解放研究所宗教部会編)に掲載したものを要約・加筆したものである。

「聖人」と「上人」

「御消息」誤記から見えてくるもの

「蓮如上人五百回遠忌法要ご満座の消息」の中で「親鸞上人」と誤記したことが本願寺の定宗で問題とされたという「仏教タイムス」（一九九九年十一月四日）の報じた記事を読んだ。そして「昔なら切腹もの」と言った住職もあるということを笑ってしまうだけでいいのかという思いに囚われた。

記事のリードの「通告質問で総局の責任追及」とか、「定宗では異例なほど時間を費やした」という状況はいったいどこからくるのか。このことが大きな問題となる一番の理由は教団の中における「御消息」は、「宗祖の聖教に準ずるもの」ということであろう。

しかし、それが単なる字句の間違いであるならこうまでも問題は大きくならなかったに違いない。一言でいえば「親鸞聖人《しょうにん》」を「親鸞上人《しょうにん》」と記すことが教団の根幹にかかわることだからである。

またこの記事は、私に二つの記憶を蘇らせた。一つは龍谷大学の学生時代、まず最初に買った『真宗聖教全書』第二巻の『教行信証』の後序の部分、「主上臣下法に背き」の「主上」が戦時中に削除され抜けたまま今も印刷されたものであったこと。もう一つはたとえ論文であれ「親鸞」と呼びすてにするのはけしからんという論争があったということである。あれから二十年、「削除撤回」の指示は出されていない。「親鸞聖人」「親鸞さま」「親鸞」「宗祖」等々、それらの呼称にどのような本願寺教団の歴史があるのか明らかにしたということをいまだ聞かない。

「聖人」のみを使用した親鸞

親鸞が著作の中で、「聖人」という言葉をどのように記載しているかを見ると、まず師法然に対して使っているものが圧倒的であることがわかる。和語聖典だけなら七割にもなる。親鸞は法然を「権化《ごんけ》の仁《にん》」として受けとめており、「聖人」という言葉にその意味が込められたとまず考えるのが妥当ではなかろうか。「聖人」の意味は「仏・菩薩又は権化の人を云う」と『龍谷大辞彙』にも記されている。他の「聖人」用例は「大（乗）小（乗）聖人」というような経典等と同じ一般化した使い方である。しかし、索引を一目してわかるが「上人」という表現が著作には一言もない。このことには一つの意図があると考えるべきであろう。

「上人」号はもともと律令仏教の中の「法橋《ほっきょう》上人」の略称で、天皇の勅許にもとづいたものである。逆に、「聖人」は律令には規定されない呼称である。ただし平安時代の中頃から、遊行僧《ゆうぎょうそう》や勧進僧《かんじんそう》を「上人」とも「聖人」「聖」とも呼ぶようになり、厳密な区別はなくなっており、「徳のある僧の尊称」というような意味でも使われている。

その中で親鸞は自らの信心を表現する自覚的言葉として「聖人」を選んだといえるのではないだろうか。

親鸞が「上人」から「聖人」へ

親鸞なき後、しばらくは「親鸞上人」と記される。「親鸞聖人」と書き記すことは「本願寺の聖人親鸞」とした三代覚如を待たねばならない。そして「親鸞上人」と記す時代があったことは、親鸞の記した「聖人」と覚如が記した「聖人」が同質でないことを予測させる。「親鸞上人」と記した、それは単なる尊称というだけでなく、親鸞からの乖離の始まりであり、その延長線に覚如の「聖人」があるのではないかと推測してみる。

なぜなら覚如から親鸞を「聖人」とするだけでなく二代如信を「上人」とし、覚如自らを含む代々の宗主のみを「上人」とすることが始まっている。「上人」は「聖人」とは一段下であるが、しかし、親鸞の正当性を受け継ぐものとして位置づけたわけである。「聖人」「上人」という言葉が教団内身分秩序・ヒエラルキーを表す言葉になったわけである。

ただし、覚如においては「親鸞聖人」「親鸞上人」の併記が見られるが、本願寺教団の社会的立場が大きくなるにつれて「親鸞聖人」に統一される過程を経ている。

また覚如は「法然聖人」に対しては必ず「親鸞上人」と記している。蓮如では「法然聖人」「親鸞聖人」が使われ、江戸期になると本願寺教団では「法然上人」と記されるように変わっている。法然の本願寺教団での位置づけが下がった結果であろう。

ちなみに、『歎異抄』は、「法然聖人」「親鸞聖人」とどちらも「聖人」を使っている。『歎異抄』は原本が存在せず、蓮如の書写したものだけが残っているが、『歎異抄』が書かれたのは時代的に親鸞と覚如の間に位置する。蓮如が写したと思われる原本は、「法然聖人」「親鸞聖人」と書かれていたであろうか？　時間的に見るならば、「法然聖人」「親鸞上人」と原本の『歎異抄』には書き記してあったのではと、「御消息」誤記の余録として推測してみるのである。

親鸞の記した「聖人」。そしてそこから出発しながらも本願寺教団が大きくなり社会体制に組み込まれていく中で使われた「聖人」と「上人」。八百年の本願寺教団の教団内秩序と、社会での位置づけが凝縮された言葉である。

「聖人」と「上人」の言葉に込められた歴史とどう向き合うか。時代はすでにその「親鸞聖人」の言葉を削除する時代も過ぎている。それでも書き間違えると「切腹もの」と反応するか、教団を問い返すきっかけとするか。私たち一人ひとりの信心が問われている。

（一九九九年十一月十八日「仏教タイムス」に掲載した文章に加筆）

聖徳太子の安置形式

教団の戦後問題処理として

一九九五年四月十五日、本願寺御影堂において「終戦五十年全戦没者総追悼法要」が営まれた。法要当日、約千五百人の僧侶・門徒の中に私もいた。その場に参詣していたものは二つ大切な言葉を聞いた。

一つは、門主が教団の戦争責任に対しての慚愧の思いを表明した「御消息」である。

人類の罪業ともいうべき戦争は、人間の根源的な欲望である煩悩にもとづいて、集団によって起こされる暴力的衝突であります。そこでは、非人間的行為が当然の事となり、「いのち」は物として扱われ、環境が破壊されます。それへの参加を念仏者の本分であると説き、門信徒を指導した過ちを厳しく見据えたいと思います。宗祖の教えに背き、仏法の名においいて戦争に協力していった過去の事実を仏祖の前に慚愧せずにはおれません。

そしてもう一つは教団の戦後処理問題について「決意表明」として述べた松村総長の言葉である。

「聖典の削除、不拝読。聖徳太子奉安様式の変更」などの戦時下の宗務行政は「教団の犯した過ちであった」

在野の団体、真宗者ネットワークは、戦後五十年にあたって、教団の戦後処理問題を三点にわたって要望していた。

一、戦争遂行のために発布された戦前の「門主消息」の失効宣言を行うこと。

二、「教行信証・後序」の中の言葉などが、日本の国体観念に矛盾し、天皇神聖の原理に抵触すると認めて、国家への忠誠を表すため、一九四〇（昭和十五）年四月五日に出された「聖典削除・改定指令」を撤回すること。

三、聖徳太子像を右余間（内陣へ向かって左）へ安置してきた「五尊安置様式」を変更して、一九三九（昭和十四）年九月一六日（甲達二十二号）、全国の寺院にたいして出された左余間「別殿」に「奉安」すべきとの「聖徳太子奉安様式」の達示を撤回し、聖徳太子像を右余間安置にもどす旨の通達をすること。

松村総長は、ネットワークが要望した二と三については「誠に慚愧に堪えない」との念を明らかにしたが、一についてはついにふれることがなかった。

西本願寺の「聖徳太子安置形式」

西本願寺では、蓮如の頃から、それまでの道場が次第に寺院形態（内陣余間の諸尊安置空間を具備する）を形成することに伴い、本尊である南無阿弥陀仏の六字名号を内陣中央の須弥壇に安置し、宗祖の御影並びに前住（もしくは歴代宗主）の御影を内陣左右に懸け、七高僧及び聖徳太子の御影像はそれぞれ左右の両余間に安置する五尊安置の様式が定式化され図の様な様式の制度化をみるようになった。

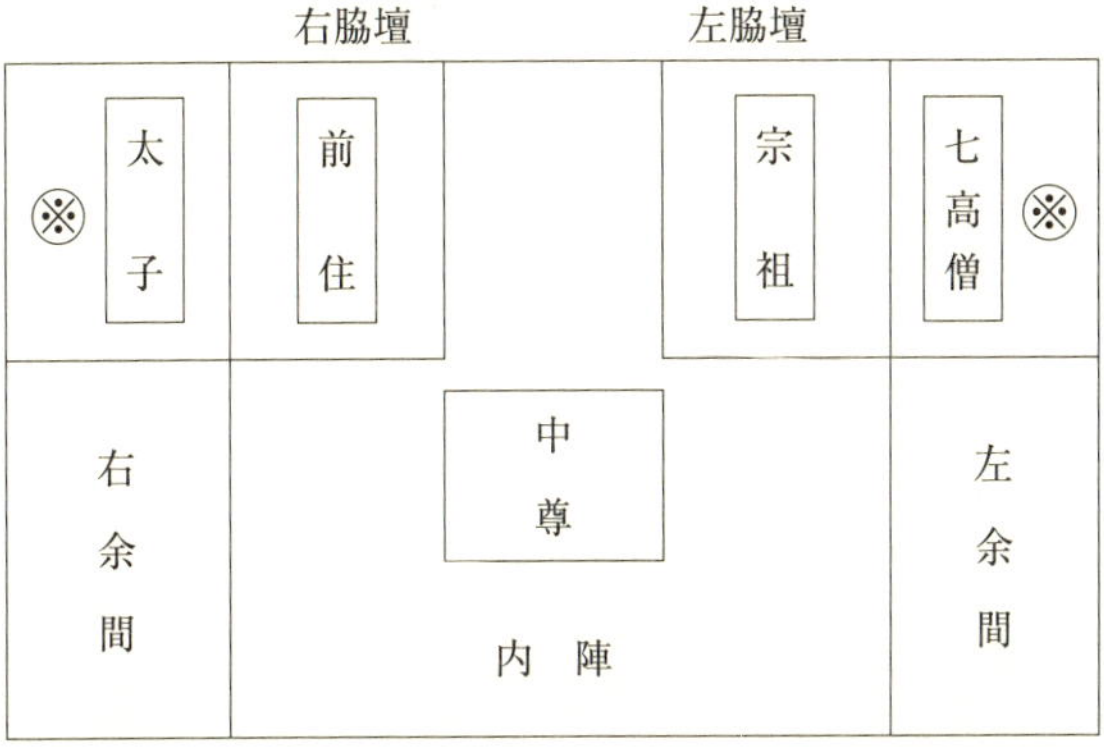

※には六字・九字・十字等の名号、該寺開基・前住職自影等が安置される。両余間分懸の場合では、それらが※に安置されたと考えられる。

五尊安置様式

　教団の歴史の中できちんとした形で「五尊安置様式」が成立し「通式」とされたのは本願寺第十二代准如（一五九二〈文禄元〉年～一六三〇〈寛永七〉年）の時代だと言われている。

　その五尊安置様式及び「通式」の特徴は、余間の安置様式において、七高僧御影が聖徳太子御影よりも上座に位置する左余間（外陣から向かって右側）に安置されているということであった。

『考信録』（『真宗全書』六十四巻、一一九頁）にも「中尊ノ左ニ七祖ヲ掛け　右ニ太子ヲ安ス」（この場合の左右は阿弥陀仏から向かって）とあり、一九三三年の「法式紀要」（前門伝統奉告法要）と同じである。

それが左右を逆にせよという通達が一九三九年に出されたのである。

『本山録事』一九三九（昭和十四）年九月三十日

甲達二十二号

末寺一般

今般　聖徳太子奉安様式ヲ別記ノ通相定ム

昭和十四年九月十六日

執行長　本多恵隆

（別　記）

一、太子影ヲ本堂ニ安置スル場合ハ向ッテ右余間ニ奉安スヘシ

追而七高僧御影ハ向ッテ左余間ニ安置ス

由緒宗主御影等安置ノ場合ハ其左側トス

この通達により、七高僧御影が聖徳太子御影の下座に安置されることになった。それまでは、七高僧の御影の中に、龍樹・天親のように菩薩の位にあり、歴史的に聖徳太子より先に生まれら

れた方であるとの理由から、上座（本尊に向かって右）に安置されていた。

ちょうど日本は、十五年戦争が泥沼化し、国内では天皇の権威化に呼応して、国体明徴運動（国体観念を益々明徴ならしめる）や、軍事体制が強化されていった時代である。「天皇家につながる聖徳太子が、インドや中国の僧侶である七高僧よりも〝下座〟に位置するのは不敬にあたり、当時の天皇中心の国家体制に抵触する」との理由であったと思われる。

戦争中は本願寺教団においては盛んに聖徳太子が前面に押し出され、皇道仏教という名で、『仏教報告綱領』・『皇国宗教としての浄土真宗』等々の戦時教学が作られていったのである。

「終戦五十年全戦没者総追悼法要」後の「聖徳太子安置形式」

松村総長は「終戦五十年全戦没者総追悼法要」において「聖徳太子安置形式」について「教団の犯した過ちであった」する言葉で「決意表明」を語ったが、では、「一九三九年以前の「五尊安置形式」に戻せ」との通達を出すことはなかった。これでは「間違いであったから、元に戻せ」とするのか、「間違いであったが、ほっておいてもよい」とするのか、「めんめんのおんはからい」とするのかわからない。
ちなみに「中外日報」（一九九五年七月一日）に、「総長が堂々と公の席で「太子奉安様式」のことに触れておられるが、復元の是非については述べておられないようなので、その真意については、もう一つはかりかねる」と述べ、「「聖徳太子奉安様式」の変更達示撤回説、同意できぬ」

のリードがついたある住職の意見が掲載されている。またそれから八年ほどたって、「中外日報」（二〇〇三年七月一日）に、本願寺派長野教区基幹運動推進委員会が本山への「建議《けんぎ》（教区から本山へ正式に要望する唯一の手段）」として「五尊安置」「本来の形に戻そう」「右　七高僧　左　聖徳太子に（この場合の左右は本尊に向かって）」というリードで、「この課題は寺院の荘厳にかかわる問題であり、かつ天皇制や民族差別にかかわる重要な課題である」と指摘し宗派当局の対応をもとめている。

ちなみに、私が住職を勤める西善寺では、一九九五年の年、本山に要望を提出した段階で元の形に戻している。やはり、まず一歩の動きは地方から本山へであり、その次の一歩が、本山から地方へという段階になろう。戦後五十年の時には手がかりをつかめなかった「門主の消息の失効宣言」についても、やっと二〇〇三年に本山の中に検討委員会が作られ動きはじめている。親鸞七百五十回会までには、うやむやでなく、後世に引き継ぐことのできる解決のしかたをしなければならない。

（一九九五年八月十五日）

＊　この章を書くにあたっては、筆者が構成した『敗戦五〇年　西本願寺教団の光と闇』（教団の戦争責任と戦後処理を問う真宗者ネットワーク）を引用した。西本願寺教団における「聖徳太子奉安様式」変遷は、龍溪章雄「天皇制ファシズム期の真宗の一断面―西本願寺における「聖徳太子奉安様式」の制定―」（『龍谷大学論集』第四三三号）に詳述されており、本書三一一頁の図も「真宗者ネットワーク」の論述もそれによっている。

浄土真宗の「精進」が果たした役割

「真宗門徒の精進を復活させよう」との呼びかけ

ごく近年まで浄土真宗の盛んな瀬戸内海沿いの安芸門徒の地では、親鸞の命日、一月十六日は「おたんやの市止まり」といって、漁師の人たちが漁を休み、市が開かれない伝統が続いていた。それは、真宗寺院はいうまでもなく門徒の家でも「精進」をすることが続いていたことが反映したものであった。

江戸時代から続いてきたであろうその伝統が社会の世俗化の波の中で廃れていったことを嘆いて、「精進のすすめ」をPRしはじめた真宗寺院の僧侶がいる。一九九五年を最後に「おたんやの市止まり」は翌年からなくなり現在もその状態が続いているという。何でも『芸藩《げいはん》通史』によれば、その歴史は江戸末期より始まって現在まで約百七十年ということである。単にかつてあったものを復活させたいというだけならば、私の寺でも曲がりなりにも報恩講等の精進は続いているのだから、私があえて口を挟むことはないかもしれない。「真宗繁盛の地帯」の一つの象徴のように語られてきた伝統がこのままでは消滅してしまいそうなので、何とか復活させたいというだけならば見守っておればいいことなのだろう。

彼はホームページに「精進のすすめ」の目的をこう書いている。

「なぜ浄土真宗でお精進なのか」

戒律を重んずる他宗からはお精進の習慣は生まれず、むしろ真宗門徒からこの習慣が生まれたのはなぜでしょう。それは、真宗が特に人間の罪深さを凝視する眼が鋭いことによると思われます。そして、その教えを聞いた人々が、確かに、それが恐ろしい罪であることを自覚していたからではないでしょうか。

そして、その精進を行ってきた伝統の中から、仏教の「不殺生《ふせっしょう》」の教えを伝えていこうということが狙いだという。「精進をすすめることによって、現代社会を問う」ということが目的となると、精進の伝統の持っていた社会性を現代にリニューアルして発揮させようということである。でも、チョット待てよ。廃れていくものの復活という前に、真宗の精進が、時代社会を突き破るような芽・視点が本当にあったのかどうかを確かめることがまず大切なのではないか。時代の権力者が、社会意識としての「穢れ意識」を社会秩序・身分秩序の維持に利用してきたことを問題としてきた私としては、日本社会の中で「精進」と「物忌み（穢れを避ける）」思想が一つになって、「禊ぎ・祓い」にも繋がってきたことを考えれば、「ちょっと待ってよ」と言わざるをえなくなった。

彼とインターネットの掲示板で論議する中で、彼の発想には、真宗の多い地帯には（近畿地方などは当てはまらず全国的にはそう言えないが）、「堕胎《だたい》・間引《まび》きの忌避」や「養蚕・殺蛹の忌避」があったということが基となっていることがわかった。その視点での論考は有元正雄『真宗の宗教社会史』として吉川弘文館より発行されたものがある。著者はこれにより第四十九回中国文化賞を受賞し、中国新聞にもその内容が連載されたこともある。その連載のタイトルが「真宗門徒の社会性」であった。しかし、江戸幕藩体制維持に果たした真宗教団・真宗門徒の社会性を考える時、その中で生まれてきた精進の伝統ということの評価は、また殺生忌避ということを生み出した背景も、もっと多面的に、そして広く社会体制との繋がりにおいて見る必要があるのではないかと思わざるをえない。

仏教は日本社会の中で鎮護国家の仏教として取り込まれ、仏教的教えの内容も同時に社会的秩序の維持に利用されていった歴史を持っている。仏教の「精進潔斎《しょうじんけっさい》」という修行の言葉も、反対に殺生を生業《なりわい》とする者を罪業を作る者として機能し、社会身分を固定化する働きを担っていた面を見落としてはならない。

沖浦和光は『瀬戸内海の民族史』（岩波新書）において、漁民が大変差別されてきた歴史があることを記している。その地域が同時に真宗信仰が盛んであり、やはり精進の伝統が守られてききた地域であること一つ考えてみても、「精進の光と影」とでも言うべき歴史をまず明らかにしなければならないのではなかろうか。

不殺生――うさぎのいのち、人間のいのち

西本願寺宗門立の龍谷大学で真宗を学んだ中で、恩師の信楽峻麿先生より語ってもらった貴重な話を思い出す。それは、真宗寺院の長男に生まれ育った先生の不殺生という命題に関する体験であった。信楽先生は年代でいえば学徒動員の最後の年代、国民学校の時代に学校に竹槍を持ってこさせられ、軍事教練の一環として、みんなでウサギを狩る授業がなされた時、「私はウサギを殺すことはできません」と申し出て叱られた経験があると聞かされた。しかしその先生が、戦争状況の激化の中で学徒動員として、兵隊に志願し、軍事教練を受けることには何の疑問も抱かなかったそうである。「ウサギを殺してはならないと感じながら、兵隊になり軍事教練をすることに何の疑問も抱かなかった仏教とは一体何だったのか、それが戦後の私の出発点でした」と。

鍵は「国」ということである。国家の政策の本質を見抜いていく視点があったかなかったかということである。国家権力は、自らの作った体制をはみ出さない限り、民衆の思想・行動には寛容であるが、いったんそれに抵触するとなると、たちまち暴力的本性を露わにしてくる。

その宗教がどのような社会的機能を果たしたのかを考える上で、決して見失ってはならない点が国家の政策とのかかわりという観点であろう。

信楽先生の話を思い起こしながら、真宗の中で受け継がれてきた「精進」という伝統も、その視点で一度考えてみる必要があると思うのである。

「精進」の本来の意味

精進（菜食主義）の起こり――インド社会において

菜食主義に徹して肉食を避けるのは、決して仏教の専売特許ではない。バラモン教（現在のヒンズー教）でもバラモン（僧侶）は菜食主義であり、またジャイナ教などは仏教以上の殺生禁止を厳しく守ることはよく知られている。

穢れ思想を体系化したバラモン教は、この世界のすべてのものを「浄穢」に分けて、「聖」なるものに近づくため「穢」として位置づけたものを、遠ざけ・祓い・清めていく教えである。バラモン教の『マヌ法典』によれば、「穢」とするものは、カーストで言えば「スードラ（奴隷）、チャンダーラ」、その職業は「馬・戦車の取り扱い、治療技術、後宮の護衛、商人、大工」などとともに「屠殺業、皮革業、漁夫」など、殺生にかかわる仕事をあげている。

そうした社会の中で、釈迦は決して菜食主義をもって仏教徒であるとしたわけではないし、また菜食主義を精進と言ったのではなかった。

釈迦の仏教の教えを一言で言えば、すでにインド社会の支配体制・意識となっていたバラモン教の「浄穢思想」を根本的に破り覆す「平等思想」こそがその真骨頂であったと言わねばならない。

今では精進といえば、仏教においても「精進料理」を連想するように、魚や肉を用いない菜食料理というふうに考えがちであるが、もともとはそうではなかった。精進は仏教でいう修行を意味するもので、六波羅蜜「布施・持戒《じかい》・忍耐《にんにく》・精進・禅定・智慧」の中の一つである。経典にも「勇猛精進」とか「精進して求めよ」等と示され、「余念を雑えず善を修し、懈怠《けたい》なく向上していく」というのが本来の精進の意味である。その修行によって釈迦と同じ悟りに到達しようというのである。

しかし、そうした修行を意味する精進が、なぜ菜食の精進になったのか？　修行に専念するにあたっては、俗塵を捨てて仏門に身を投じ、潔斎《けっさい》して修行に専念することがもっとも都合がよいとされ、食事に節制を加えて好むところの魚鳥の肉を食べない習慣が生じたのである。

こうした解釈は、中国の後漢の時代に始まったようで、「精進潔斎」という言葉も当初から使われていた。わが国では、平安時代の頃から、俗事を離れて静かなところに籠り、看経、写経等をし、口に酒肉、五辛《ごしん》（ネギ・ラッキョウ・ニンニク等のにおいの高いもの）を絶って仏道を励むことを精進というようになっている。

しかし中国から伝わってきた仏教における精進ということも、日本の土壌の中で受けとめられた時、日本の社会意識のエートスとなっていった「いみ（忌・斎）」の思想と結びついていったことは見落としてはならない。「仏道に励む」という意味での精進、「そのために肉食をさける」

という意味での精進が、清浄なるものに近づいていくために穢れとするものを遠ざけていく思想と結びついたのである。日本においては「物忌《ものい》み」という穢れとされるものを避けていく神道的考え方とも重なって「精進」ということが受けとめられ、実践されていったのである。

平安仏教の修験道の一つ大峰山では、御嶽精進《みたけしょうじん》といい、酒や肉等を食したものの入山ができないだけでなく、女性の入山が禁じられており、まさに精進という中身に「穢れ意識」が取り込まれていることがわかる。寺の門前に立てられた「不許葷辛酒肉入山門（葷辛《くんしん》・酒肉の者、山門に入るを許さず）」という石標には、「穢れ意識」を五辛、魚鳥獣の肉に対して持っていたことが見て取られねばならない。

「殺生禁止令」のもたらしたもの

親鸞に魚肉を食べないという意味での「精進」という考え方があったということは、著作のどこを見ても導きだすことはできない。そして親鸞の教えを聞き念仏していった御同朋は、「「海・河に網をひき、釣りをして、世をわたるものも、野山にししをかり、鳥をとりて、いのちをつぐともがらも、商ひをし、田畠をつくりて過ぐるひとも、ただおなじことなり」と。「さるべき業縁のもよほさばいかなるふるまひもすべし」」（『歎異抄』第十三条『浄土真宗聖典』八四四頁）と言われる人たちであった。仏教はたしかにもっとも基本的教えとして五戒（不殺生―殺すな・不偸盗―盗むな・不邪淫―邪な思いを抱くな・不妄語―ウソをつくな・不飲酒―酒を飲んで自己を見失うな)を説いてきた。しかし、仏教の基本的倫理綱領ともいうべき五戒の教えの機能とは、親鸞が越後流罪以降に出会った人々にとっては、所詮生きていくためには五戒など守りようのない中で、かろうじて生活が成り立っている人々であった。五戒こそが仏教の基本倫理綱領であると言えば言うほど、「いなかの人々」は救いから遠い存在として位置づけられ、権力の支配体制の中でも賤なる存在として位置づけられたのである。

天武天皇の時代（六七五年）に仏教の殺生戒にもとづいて、「殺生禁断令」が出され、殺生にかかわる職業に従事する人たちの社会的立場に大変大きな影響を与えていった。それは真言密教としてインドから入ってきた浄穢思想＝「穢れ思想」ともつながって、「殺生」と「穢れ意識」と「社会的賤視」（＝親鸞の時代では悪人）が繋がってでき上がっていくのである。そして「殺生禁令」にしても、穢れを祓い避ける「服忌令《ぶっき》」も、また社会的身分を定めていく「八色《やくさ》の姓《かばね》」にしても、国家としての法制によって秩序づけられていった点は見落としてはならない。

親鸞と同時代に作られた、後白河法皇の編纂とされる『梁塵秘抄《りょうじんひしょう》』は当時の「殺生を生業とする者」を排除していった当時の仏教の教えをよくあらわしている。

はかなきこの世を過ぐすとて、海山稼ぐとせし程に、万の仏に疎まれて、後生我が身を如何にせん

悪人正機の意味

「善人なおもて往生をとぐ、いはんや悪人をや」(『歎異抄』第三条)、親鸞の教えを代表するものとしてもっとも有名な言葉である。この「悪人」という言葉に社会的立場の「悪人」という視点を失ってきたことが、親鸞の教えを歪めてしまった最大の原因だと言ってもいいのではないかと私は思う。その歪んだ信心とは、「人間は本来、天皇も悪人です、私たちも悪人です。ですから来世のお浄土には等しく救われるのです」とでも言えようか。これが信心では、為政者が喜ぶだけで、現実生活の不条理は忍従していくより外はない。

すでに亡くなったが河田光夫という歴史学者が、『親鸞思想と被差別民』(明石書店)の本を著し、親鸞在世当時、誰が悪人とよばれたのかを文献を通して実証したものがある。それによれば「蝦夷《えみし》」「悪僧・濫僧(家に妻子を蓄え、口に生臭いものを食べる)」「非人」「犬神人(清水坂の乱僧)」「癩者《らいしゃ》(乞者・癩人)」「屠児《とに》(生き物を殺し売る者)」「狩人・漁民・商人」「女性」「悪党」「山伏《やまぶし》」が当時「悪人」と呼ばれていたという。まさに「殺生」により「穢れ意識」によって権力者の支配秩序の最底辺に位置づけられ、その枠をさらにはみ出した者が「悪人」と呼ばれていたことがわかる。

そして親鸞は、『唯信鈔文意《ゆいしんしょうもんい》』(『浄土真宗聖典』七〇八頁)の中で、「屠沽《とこ》の下類《げるい》……屠はよろずのいきたるものをころしほふるものなり。(中略)これらを下類というなり」として「みないしかわらつぶてのごとくなるわれらなり」と自らの身を置く立場を明らかにし、その「悪人」こそが救われるとしたのである。

私は河田光夫が記した次の文章に、親鸞聖人の悪人正機の思想の真意を見る（『親鸞の思想と被差別民』一八七頁〜）。

> 殺生を生業とし、「悪人」として差別された屠児《とに》・猟漁民《りょうぎょみん》が自らの救いを求める時、アミダ仏の側からの一方的な救いの力、すなわち他力を頼む以外に方法を持たない。「他力をたのみたてまつる」という信心は、彼らが本質的属性として持つものであった。それを「我らなり」といった親鸞は、被差別民「悪人」の中に、煩悩を具足するすべての人間が自覚すべき人類的存在を見た。こうして、被差別民としての「悪人」が人類的存在としての「悪人」に普遍化し、悪人正因思想が成立した。それは、「石・瓦・つぶてのごとくなる」というマイナス概念で表わされる存在であるが故に、「悪人」なるが故に持つことのできる人間的な輝きを、被差別民「悪人」の中に見ることによって成立した思想であった。

したがって、悪人正機を教えの要とする親鸞において、社会体制と深く結びついて機能していた、「殺生をしない」＝「穢れをもたない」＝「菜食主義の精進」を善と考えていくものがないことはいうまでもないのである。

親鸞の関東時代の肖像として描かれた「熊皮の御影」は、親鸞が熊の毛皮に座っている姿を描いたものである。また、今各寺院に安置されている親鸞絵像、そして門徒の仏壇に安置してある親鸞絵像は、「安城の御影」がもととなっているが、それとて狸の皮の上に座った親鸞を描いたものである。獣の皮の上に座った宗祖は他に例がないことはいうまでもない。

真宗教団と精進

しかれば真宗教団において精進（仏事の一環として肉食を避け、菜食をすること）が始まったのはいつのころであろうか。真宗教団が他の仏教教団と同じように、法事等の仏事をすることを理論的に著したのが本願寺第三代覚如の長子存覚であった。その著作『至道鈔《しどうしょう》』（『真宗聖教全書』五、二五二頁）には、「父母の菩提のために仏事を修する功徳のすぐれたる事」という項目を建て、『十王経《じゅうおうきょう》』を引用して、他宗と同じように七日七日の仏事、一年、三年……という仏事を行うことの大切さを説いている。また存覚は、『破邪顕正抄《はじゃけんしょうしょう》』（『真宗聖教全書』三、一七一頁）において「たとひ仏法の中に死生浄穢等の差別なきことをしるというとも、いかでか世間の風俗を忘れて、みだりがわしく触穢《しょくえ》をはばからざらんや」と言っているように、本来は仏教の教えにも宗祖親鸞の教えにもなくとも、世間の風俗にあえて逆らってはならないと言っているのである。また同じ『破邪顕正抄』（『真宗聖教全書』三、一七七頁）では「仏前にをいて山野江河のもろもろの畜類の不浄の肉味をそなふるよしの事」の項をもうけ、それらを供える者は、「門徒を追放すべし」とまで述べている。したがってこうした理論づけの下で、仏教一般に行われていた「菜食主義としての精進」も真宗教団の中に取り入れられたと考えるのである。しかしそれは当初は、それを前面に打ち出すというより、外向きには、「私たちの真宗も他の仏教と同じ慣習を大切にするものです」というアピールであり、教団の内向きには、「聖道門仏教などと同じ仏事を行っても、それは真宗的意味を持っているのです」という内外に対する言い訳的なものであったことが、書かれたものを見てわかるのである。

それが江戸時代にいたっては、命日に精進することを「差別即融即二門の分別」という、いわゆる使い分けの論理によって整合性を持たせるのである。つまり「一切の衣食は仏さまからの授かりものであるから、有り難くいただいて食べるべきである。だから精進の日の一日、魚肉を食べなかったからといってどれほどのことがあろうか」という精進を特別視しない内向きの論の一方で、「世間においては仏さまへのお供えに肉味を避けたり、命日に精進することは当然であるとするのだから、真宗も当然それを行う」としたのである（『稟承《ほんじょう》餘艸《よそう》』一七八八年〈＊〉）。

江戸時代・真宗門徒の殺生忌避とは

先に挙げた有元正雄『真宗の宗教社会史』では、徳川後期以降、他の地域では人口が減少・横這い傾向であるにもかかわらず、真宗門徒の人口比率の多い地帯では、近畿地方を例外として、人口増加がみられるとしている。

そして、その理由として、『藝藩通史』を引用して広島藩領のことについて次の文章を引いて西日本や北陸の門徒地帯の熱心な信仰にその原因を求めている。

封内村民、親鸞宗にかかわるもの多し、その深く信ずるものは、家に神棚を置かず、病で祈禱せず、毎歳祖師の忌、十一月二十二日より二十八日まで素食し、漁猟をせず、その他諸宗も、各その祖師の忌を修すれど、親鸞宗のごとくなるはなし。

（『真宗の宗教社会史』二〇七頁～）

統計学的に「堕胎・間引きの忌避」と真宗信仰との間には、ある程度の相関関係があるとみることができるだろう。そして、江戸時代に真宗地帯として人口増のみられない近畿地方においても、被差別部落の地域では「堕胎・間引き」が少なく、人口増となっていることを指摘し、熱心な信仰にもとづくと指摘している。

また被差別部落とそれ以外の地域の人口増を比較した表が、『三次の歴史』（菁文社、二三七頁）に載せられているが、三次郡・三谿《みたに》郡の統計を紹介して、被差別部落の人口増の顕著なことを指摘していることも見逃せない。しかし、真宗地帯、そして中でも被差別部落の地域の人口増が、信仰による殺生忌避が最大の要因であるのか、その地域の生産力との繋がりが別要因としてあったのかを明らかにすることは今後の課題でもある。

また広島藩・安芸門徒の地で養蚕・殺蛹を忌避する傾向が大変強く、それが殺生忌避の真宗信仰によっていたことは、今に残された文献からして、『三次の歴史』に指摘するようにまず間違いのないことだと思われる。

しかれば、「間引き・堕胎の忌避」「養蚕・殺蛹の忌避」をもたらした真宗信仰とは何であったのかが問われねばならない。一言で言えば「殺生が地獄の因となるという信仰」だと言えるのではないか。真宗地帯において殺生戒を犯せば地獄に堕ちるという説教や口説唄《くどきうた》は数多く語られ今に伝えられているものもある。「殺生することは、子孫繁盛をさまたげること」「殺生することは、とくに堕胎・間引きは地獄に堕ちる」とするエートス（社会意識）が深められる中で生まれてきた行為であると有元は指摘する。

そしてその信仰内容とは、「死後の堕地獄の恐怖からの回避」を願う一方、「現実生活では救済に対する報謝・敬慎」の思いからの現実丸ごと肯定が表裏のものであったとするのである。したがってこの両者の結合の中で、仏教的「殺生忌避」のエートスから「精進」という仏事・習俗が強く保持されてきたと述べている（前掲書「四、殺生忌諱の精神的基盤」一三三頁〜）。

被差別民衆の精進

「精進」について考えている時、沖浦和光と宮田登の対談をまとめた『ケガレ』（解放出版社）の本の中で沖浦の次の言葉を目にした（一二四頁）。

私もこの十数年、瀬戸内海の島々を訪れていろいろ調べました。漁民も広い意味では〈殺生戒〉を守らぬ猟師と同類と見られていました。実質的には、農民より下の身分とされていました。農民と漁民の間には通婚関係がなかったんですね。

瀬戸内海の島々は浄土真宗の熱心な門徒が多いことで有名である。その真宗門徒の地帯において、『真宗の宗教社会史』で言うように「不殺生」の思想が、来世の「堕地獄への忌避」として受けとめられ、現世においては社会体制の遵守に繋がっていたのか？　その仮説は何人かの研究者の研究成果からある程度間違いないものと推測するが、しかし今後さらに実態を明らかにするためには現場のフィールドワークが課題であるといえよう。

熱心な真宗地帯に親鸞の命日に精進をするということが、薄れてきたとはいえ今も残っているのは事実である。しかし、だからといって、その精進を生み出した背景や、精進に象徴される習俗がもたらした社会的機能を明らかにすることなしに、教団・寺院に都合のよい意味づけをして残そうとしても、所詮は教団・寺院の作り出してきた「業」と向き合うことにはならないし、その過ちを糺していくことにもならない。

「不殺生」という仏教の戒律が「殺生禁令」という形で、国家体制の枠を遵守する上で用いられる時、直接に殺生にかかわるものが、世間的にも賤視され、宗教的には堕地獄の恐怖を摺り込まれ、なおかつその救済との繋がりで「精進」し、そして世間の秩序維持に邁進させられる構造に心身ともに搦めとられていく、その一端を「精進」が担っていたということではなかろうか。

精進について考える時、私が問われたことが一つ脳裏にある。それはかつて某真宗寺院の報恩講のお斎（精進料理）を出す器が、被差別部落の人の分だけ別で、しかも被差別部落の者の器は便所の近くに置いてあったということだ。この一例は、精進の仏事・習俗が果たした役割を象徴しているように私には思われる。

まったく新しい視点で「精進」

私が京都の西本願寺の会議に出た後でよく寄る「精進料理」の店がある。「弥光庵《みこうあん》」といい、大谷派で得度した女性が店主である。店の中には小さな阿弥陀さまが安置されて、売り物の仏教書が所狭しと並べてある。弥光《みこう》という法名を持つ彼女はもともとは関東でさまざまな社会運動を行っていたそうである。

今彼女の店はいろんな市民運動をする者が集まる拠点になっている。ベジタリアンの外国人が情報を聞きつけて来店することも多い。

彼女は決して「精進料理」をもって社会を問うているわけではない。まず初めに彼女に社会を問う視点と行動があって、そこに「精進料理」があるわけである。自らの思想の深さと、運動の視座の広さ、実践の営みの確かさが揃う時、「精進」ということも見事に輝くという姿を見せてもらっているように思うのだが。そして、その時の精進とは、真宗の伝統として受け継いできた精進とはまったく違ったものであるように思われる。

＊「稟承餘艸」については『部落解放研究』第八号（広島部落解放研究所）に長坂公一が「真宗大谷派の宗風をめぐって」として論じている。

＊悪人については、拙論「「信心の社会性」が明らかになる場とは？——糾弾で問われた「悪

人」」（『一九九四・九五・九六年度研究員・研究生　研究報告集』財団法人同和教育振興会）で論じている。

（二〇〇二年三月）

西本願寺の長子相続制度

はじめに——皇太子夫妻に愛子ちゃん誕生

二〇〇一年五月、皇太子妃の懐妊が正式に発表された。ちょうどその時、日本の社会状況は小泉総理大臣が誕生し、「改革」への期待をメディアが煽りたて、内閣支持率は八〇パーセントを優に超え、「そこのけそこのけ小泉が通る」の勢いであった。それに歩調を合わせたかのように皇太子妃の懐妊のニュースであった。

皇太子が小和田雅子さんと結婚したのが一九九三年、すでに八年の歳月がすぎている。皇太子妃の最大の役割は、跡継ぎとなる「男の子」を生むことであるとは、多くの国民が周知しながら、公然とは口にできない一種のタブーであった。そしてその状況は懐妊によってますます拍車がかかったのが実際である。公然とは言えないが、生まれてくる子どもが「男の子」か「女の子」かといったことにますます関心は集まった。十二月一日、「内親王がお生まれになりました」と宮内庁は発表した。「内親王」とは皇室に誕生した「女の子」の呼び名である。

メディアの反応は非常に複雑であった。半年前の小泉人気に陰りが見え、景気はまさにどん底、世界情勢は九・一一テロに端を発した米国によるアフガニスタンへの報復戦争と、明るい話題のまったくない中、天皇家に「跡継ぎ誕生」という形で目先を変えたいと思っていた人たちの思惑は見事に外れてしまった。

テレビが「皇太子夫妻に第一子誕生」と「御出産特別番組」を組んでも、視聴率は上がらず、むりやり慶祝を演出しようとする無理さ加減が逆に透けて見えてしまった。女性週刊誌など、一カ月もたたないうちに馬脚をあらわして「雅子さま第二子も」などと、「次こそは男の子を」といわんばかりのリードを付けた記事を掲載していた。

皇太子妃の懐妊発表の後、一時「皇室典範」を改正して、女帝（女性の天皇）を認めてはという論議が起きたことがあった。出産の時期が近づくにつれて、その論議はまったく聞かれなくなっていたが、誕生したのが女の子で再び改正論議が復活してきた。

皇位継承を定めた「皇室典範」の第一条にはこう記してある。「皇位は、皇統《こうとう》に属する男系の男子が、これを継承する」とある。「皇統」とは皇族のこと、つまり「天皇の血を引く男子のみが皇位を継承する資格あり」と。

そして「皇室典範」第二条に、継承順位が次のように定められている。

㈠皇長子　㈡皇長孫　㈢その他の皇長子の子孫　㈣皇次子及びその子孫　㈤その他の皇子孫
㈥皇兄弟及びその子孫　㈦皇伯叔父及びその子孫

ちなみにこれを現在の皇室に当てはめてみると皇位継承資格を持っている男子は六人。㈠の皇長子にあたり第一位継承権を持つ皇太子・浩宮。そしてこのたび皇太子夫妻に男の子が生まれていれば㈡の皇長孫にあたるが、女の子であったのでここはなし。㈢も該当なし。そして㈣が天皇の次男秋篠宮文仁で第二位の継承権。㈤も該当なし。㈥が現天皇の弟・常陸宮正仁で第三継承権。㈦で四人、昭和天皇の弟・三笠宮崇仁が第四継承順位、その長男三笠宮寛仁が第五位、その次男桂宮宣仁が第六位となっている。

まさに、「皇室典範」とは「男系の長子相続」という皇位継承を規定したものである。

また「皇室典範」第十一条には「皇太子と皇太孫をのぞく親王は、やむをえない特別の事由があるときは、皇族会議の議により、皇族の身分を離れる」とあるが、特別の事由とは「刑事犯罪を犯したときと、皇族が非常に増えたとき」で、個人の自由意志で離れることはできない。まして、皇太子、皇太孫にはそれさえも許されない。

さらに「皇室典範」第四条では「天皇が崩じたときは、皇嗣が直ちに即位する」と定められているように、天皇は死ぬまで退位できないということになっている。

まさに、天皇家に生まれた男性は、皇族を離れることもできず、天皇になることを拒否することもできず、皇統を保つためだけに、「皇室典範」によって縛りつけられているともいえるだろう。

それに対して皇族の女性は、皇族以外の相手と結婚する場合は、皇統譜より外され、皇族を外れることとされている。

しかしよく言われるように「百二十五代」の天皇のうち女帝は八人十代存在する。歴史上の女帝は推古、皇極、斉明、持統、元明、元正、孝謙、称徳（以上は奈良時代、皇極と斉明、孝謙と称徳は同一人物）、明正、後桜町（江戸時代）である。

ただし、八人の女帝も、天皇となるべきものが幼少であったり、政治情勢の成り行きで女帝が誕生したというものであり、やはり女性が天皇となったというのは例外的措置であったといえるであろう。

敗戦後、皇室典範の男女不平等が論議になったが、結局は是正されなかった経過がある。

今、皇室典範の改正という論議は、男女平等という視点からではなく、皇室には三十五年間男の子が誕生していないということへの危機感からであることはいうまでもない。

戦前であるならば、明治天皇のように皇后との間に子どもが生まれなかったため、「側室」を何人も置いて「男の子の跡継ぎを」ということもできたのかもしれない。しかし今、皇室もその存続のためには、時代に即応した「開かれた皇室」を演じなければならず、それはままならないというところであろう。

本山興正寺の宗門法規改正

現在、全日本仏教会に加盟する伝統仏教教団五十九派の中には、女性門主、女性管長は存在しない。すべての教団が法的に女性の門主や管長への就任をさまたげているわけではないが、歴史的経緯としては男系長子相続が行われてきており、法規制がないからといって女性門主・管長への障害がないわけでは決してない。法規制よりも、「伝統」という壁の方がはるかに厚いと言わねばならない。

そんな中で、西本願寺の隣にある真宗興正派（本山、興正寺）は二〇〇一年に宗派の条例を改正して、女性の継承権を明文化した。

興正派も他の真宗教団と同様に男系嫡出子の継承が条例化されていた。しかし二〇〇一年十一月の宗議会で、法統後継者の性別規定を撤廃し、これまでは明文化されていなかった「門主の嫡出の長女子」の立場を法統継承順位の二番目に定めたのである。

なぜ興正派が今の時期に女性門主への可能性を明文化したのかということには、興正派のお家の事情がそこにある。

宗務総長の表向きの提案理由は、男女共同参画社会を目指すという時流の中で「（興正派も）男女がともに能力を発揮する社会をめざす教団」ということを掲げているが、改正の目的はこう述べている。

（華園真暢）ご門主には女のお子さましかおられず、将来に備えて法の整備を行う必要があった。わが派には女性の門主、第九世了明尼公の例もあり、歴史を踏まえての改正だ。今年で長女沙也香さまは（興正派規定で得度できる年齢の）九歳。門主の継職は二十歳を過ぎてからだが、沙也香さまは、今年得度して（門主後継者の）嗣法《しほう》となることが可能になった。

（「中外日報」二〇〇二年二月十六日、傍点筆者）

もし現華園門主に男の子が誕生していたら、たぶん法規改正はなかったに違いないと思われる総長の談話である。さらに言えば、門主継承権の第一位は嫡出の長男子であることは、基本的に男系長子相続を否定したわけではない。門主に男の子が誕生しなかった場合に「（やむなく）門主の嫡出の女子が継承する」という伝統が明文化されたというのが実際である。

また真宗十派の一つで、中世に大きな勢力を持っていた真宗仏光寺派は、歴代門主の中に了明尼公と真意尼公（明治二十一～三十八年）の二人の女性門主が存在する。しかしこの場合も継職する男子がいなかった場合である。

本願寺教団の門主継承を『本願寺寺法』にみる

では浄土真宗本願寺派（西本願寺）においては、門主の継承権はどのように定められているか、現行の『本願寺寺法』により窺うこととする（『浄土真宗本願寺派宗門法規』三六頁）。

第十条（伝灯相承の順序）

住職は、世襲であって、宗祖の系統たる大谷家の家系に属する者が、左の順序によって、
これを伝灯相承する。
一、住職の嫡出の長男子
二、住職の嫡出の長男子の長男子
三、前号以外の住職の長男子の子孫
四、前各号以外の住職の子孫
五、住職の兄弟及びその子孫
六、住職の最近親の系統に属する者

「皇室典範」と比較してみると、その近似性が非常によくわかる。本願寺の門主継承権はあくまで、大谷家の男系長子相続がその根本であり、天皇の継承権と相似している。たしかに『本願寺寺法』の場合は継承順を示した第三以下は男子相続を規定しておらず、解釈によっては女性門主の誕生もなくはないが、本願寺教団において親鸞から現門主まで二十四代、女性門主は一度たりともなく、『本願寺寺法』そのものに女性が門主になるという前提は入っていないとみる方が正解であろう。

ただし現行の『本願寺寺法』と「皇室典範」との違いも存在する。『本願寺寺法』の第十一条では「住職の相承は、その遷化《せんげ》又は辞任によって行う」とされており、死ぬまで天皇の座を止めることができない「皇室典範」とは異なっている。

また、『本願寺寺法』第十三条では「自己の意志に基いて、住職の相承を辞退することができる」と定めている点も、本人の意思によって天皇になることを辞退できないとする「皇室典範」とも異なっている点である。

門主を継承するとは、「何を」継承するのか

一九八〇年四月、西本願寺においては第二十四代即如門主の継職法要が「伝灯報告法要」の名で行われ、本願寺教団に所属する僧侶・門信徒が本山に参詣し、新しく就任した門主をお祝いした。この法要により、本願寺第二十三代勝如門主の長男・大谷光真は正式に第二十四代の門主となったのである。

しかれば、本願寺の門主を継職するとは、いったい何を受け継ぐことになるのかということを改めて考えてみたい。

本願寺の門主になるということは、まず京都市下京区堀川通の本願寺という宗教法人の寺院の住職に就くことを意味する。これだけならスケールの大小はあっても一宗教法人の住職に就くことと何ら変わりない。しかし本願寺住職は、自動的に、「門主は、本願寺住職が当たる」（『本願寺寺法』第七条）「門主は、法灯を伝承して、この宗門を統一し、宗務を統裁する」（同六条）とあるように、浄土真宗本願寺派という教団を統括する門主という地位に就くことになっている。

本願寺派を統括する門主の地位とは、宗教的最高権限と行政的最高権限の二つを併せ持つ立場

である。

宗教教団であるから、その根本となるのは「信心」であり、門主にのみ「正否」を裁く権限を与えるというのが、「門主は、宗意安心の正否を裁断する」(同八条)という条項であり、伝統的には法主《ほっす》と言ってきたものである。

さらには、「門主は宗務機関の申達《しんたつ》によって宗務を行う」(同九条)と定めているが、宗務を執行する最高責任者・総長は、「教師のうちから門主の指名する二人又は三人の総長候補について、宗会が選挙を行い、その当選人を門主が指名する」(同三十六条)とあるように、門主に指名されなければ、どんなに実力があっても総長にはなれない。門主が宗務を執るわけではないが、宗教教団の行政の長の指名権限は基本的に門主が握っている。総長指名の名前を書いた紙が入っている箱を本願寺では俗に「玉手箱《たまてばこ》」と言っている。本名一人、明らかに当て馬一人というようにして、門主の意志がそこで示される場合も多い。そして現に、宗議会において最大の実力者とされた人たちが何人も、門主の指名を受けることができず総長になれずにきた。「あの人は門主に指名されない」というその烙印は宗教教団として持つ意味は大きいのである。

制度としてはまさに「前近代的」な門主の地位であるが、永田町より「永田町的」と言われる本願寺宗議会は、唯一門主の「聡明さ」によって何とか維持されてきたとは、宗門の多くの者の共通認識である。

大谷派においては、一九八一年『宗憲』が改正され、それまで門主が独占していた、「本願寺住職・法主・管長」の三つのうち、「法主・管長」の役割は宗議会によって選出された宗務総長が行うこととなった。そして、門首はまさに何の権限も持たない象徴とされたわけである。

門首は本派の僧侶及び門徒を代表して、真宗本廟の宗祖親鸞聖人の給仕並びに仏祖の崇敬に任ずる。

二、門首は、僧侶及び門徒の首位にあって、同朋とともに真宗の教法を聞信する。

（大谷派　現『宗憲』第十五条）

したがって、門主《もんしゅ》（本願寺派）・門首《もんしゅ》（大谷派）を継職するといっても、教団の法規によって大きく中身は違ってくる。

しかし、そうした違いがありながら本願寺派・門主、大谷派・門首の共通点は、「世襲制」と「男系長子相続」を保持している点にあることは注目されねばならない。

大谷家という親鸞の血筋であるという「血統」によって教団が存続してきたし、それが、男系長子相続で受け継がれてきたことのその上に両教団があることは、誤魔化しようのない事実である。

「信仰共同体の継承」はいかにすれば可能か

宗教の原理からすれば、信仰が「世襲」で継承されるものでないことは当然の理であろう。その意味では開祖・宗祖といわれる人が亡くなった時、その集団はもっとも大きな危機をむかえる。

それは「教えの継承」がいかにしてなされるかという問題であり、またそれは同時に信仰共同体が「誰に」「いかにして」継承されるかという問題を生じてくる。

そして、信仰共同体を継承・維持するため、いかなる形で後継者を選び、位置づけていくのか、それが逆に信仰共同体の信仰の内実を映しだすことにもなる。

もちろんここで言う信仰共同体とは、理念としてという意味ではなく、(1)信仰 (2)信仰に集う集団 (3)組織体としての機能、を備えたものという具体的共同体という意味である。ちょうど現在、宗教法人として認められるためには、(1)教え (2)信者 (3)法人の土地・財産、が必要とされることにあたろうか。

今日まで、「宗教教団の存在意義」を説明するのに、もっとも言われてきたのは「教団、ランプの火屋《ほや》論」である。信仰という焔《ほのお》は、教団という組織（ランプの火屋）に入れないと忽ちに消えてしまう。しかし「ランプの火屋」は煤《すす》で黒くなるので、常に火屋を磨かなければ光は曇ってしまうというものである。今思えばこの教団論は、外を光が照らすことがなくても、「焔」が燃えていることに変わりがないという意味ともなり、大きな誤魔化しがあると言わざるをえない。焔の部分に、「無謬《むびゅう》とされた法主《ほっす》」を置いてきた教団の歴史をみれば、一目瞭然である。

しかれば、それに替わる新しい教団は、いまだ模索中である。

真宗教団における法主（現在の門主）長子相続の歴史

親鸞

親鸞の晩年には、親鸞を師とする原始真宗教団ともいうべき組織があったと考えられる。京都に帰った親鸞に対して、関東などの門弟より、決まったように懇志が届けられていたことは、その証でもあろう。

しかし、親鸞は浄土真宗をあえて寺院化・教団化へと進めなかった、そうなることを逆に拒否したのが親鸞であったと現在考えられている。したがって、継承すべき寺院・教団が親鸞に意図されていない中では、誰が継承するかという問題は本来存在しない。

しかし、親鸞が八十歳をすぎて関東の地でも念仏弾圧が激しくなり、門弟の中には念仏を捨てる者、守護や地頭になびいて異義を唱える者が生まれ、長男善鸞を関東に自らの代わりに派遣し、その混乱を収めようとするという事態が起こってくる。そして、派遣された善鸞が、親鸞の教えにあらざる異義を唱えて、ついには父親鸞から「いまは親といふことあるべからず。子とおもふことおもひきりたり」（「親鸞聖人御消息」『浄土真宗聖典』七五五頁）と勘当されるということにいたるのである。念仏弾圧の取締りの厳しい中で善鸞が唱えた二つの異義とは、次の二つである。

①「親鸞の血筋をひく長男の自分だけに、まことの教えは伝えられた」と善鸞は主張した。

②善鸞は関東の弟子をまとめるため、守護や地頭という権力者の力を頼りにして、教えを曲げ

て伝えようとした。

善鸞が勘当されたその二点に、その後の真宗教団が辿る問題点は見据えられているといえよう。親鸞は自らの姿を「煩悩具足」として「恥ずべし、傷むべし」と自らを語るが、そこには、自らの長男であるがゆえに見通すことのできなかった「血筋」に対して、思いがいたらないことへの親鸞の慚愧が込められているように私は思わざるをえない。

本願寺が寺院となっていく過程

親鸞没後、弁長・鎮西派や証空・西山派という浄土門異流が隆盛を極め、真宗教団も、親鸞門弟の専修寺派や仏光寺派が勢力を伸ばし、親鸞の墓・大谷本廟を守る親鸞の血統を引く集団は、真宗教団の主流とはなりえていない。

親鸞の娘・覚信尼は、大谷廟堂を門徒の物として寄進し、「決して同行の同意を得ずに土地を売ることはしない」という誓約までして、やっと「廟堂を守るものは、親鸞の子孫であること」を関東の門弟に認めてもらっている。そして覚信尼が大谷本廟の初代の留守職《るすしき》という墓守についたのである。その留守職が覚信尼の長男・覚恵、そしてその長男・覚如に受け継がれていく。

本願寺三代を名告った覚如は、そうした状況の中で、三代伝持の血脈を立て、本願寺を親鸞の教えを受け継ぐ寺院として整備していった。

三代伝持とは、一つには「真宗の教え＝法」が伝わった系譜（法統）であり、法然→親鸞→如信（親鸞の孫）、そして覚如に正しい教えが伝わってきたというもの。もう一つは、親鸞の血統を言い、親鸞→覚信尼（親鸞の娘）→覚恵（覚信尼の長男）→覚如（覚恵の長男）という流れである。また覚如は『御伝鈔《ごでんしょう》』を著して、本願寺こそが、親鸞の教えを正しく受け継ぐものだという根拠づけを行った。そして、また再び国家仏教体制の中に位置づけ、本願寺は勅願寺《ちょくがんじ》（天皇等の祈禱を行う寺）とし、自ら法印権大僧都の位をもらっている。

大谷本廟の留守職が、本願寺の住職となり、以後それは血統と法統を備えたものとして伝えられていく。男系長子相続という点でいうなら必ずしもそうはなっていない。覚如は長男・存覚を二度にわたって義絶して、第四代は次男従覚の長男・善如が継承し、以降は男系長子相続がなされている。

蓮如――本願寺の住職が「法主」＝「生き仏」となっていく

しかし第八代蓮如の代までは、本願寺は教勢は伸びず参詣者も閑散として振るわなかった。それが蓮如の代になると、時機を得て、本願寺は大きく教勢を伸ばし、一躍全国的大教団になっていく。それと同時に、本願寺の住職蓮如は、教団の「法主《ほっす》」となっていく。法主とは唯一の教えの導き手・「善知識《ぜんちしき》」ということである。

法主とは、「代々善知識ハ御開山ノ御名代ニテ御座候（中略）御開山ノ御来臨ト思召候」（「栄玄聞書」『真宗史料集成』第二巻、五九〇頁）とあるように、宗祖親鸞と同じ位置に置いたのである。

そして「後生の御免」(『本願寺作法之次第』『真宗史料集成』第二巻、五八四頁)とか「後生を預かる」という言葉が蓮如によって語られたのである。どこまで蓮如が「後生御免」という言葉で、教団を統制していたかは定かではないが、『本願寺作法之次第』(同)に書かれた「近年天文年中以来いきて申候ことに候、死去したる人の上に被申人ある事にて候」という実悟の言葉は、逆に本願寺教団の中で、「後生御免」という言葉で、「救済」の可と不可を法主が決定する状況が生まれていることを語っている。

さらには「邪法を申仁体を、曲言ハ無論に候へ共、生涯させられ候ハ、不可然とて、蓮如上人の御時諸国ニ候へ共、御成敗之事ハなき事にて候」(同)と記しているように、「御成敗」という生殺与奪の権をも法主が持つようにもなっていったことを示している。

蓮如の意図はどうであれ、善知識の絶対化・独占化がもたらした結果である。

また蓮如はこうした「本願寺住職」=唯一の善知識=法主という信仰共同体としての組織を確立するため、教団により強力に血統主義を持ち込んでいった。本願寺一族の嫡男の系譜を「一門《いちもん》」とし、次男以下の系譜を「一家衆《いっかしゅう》」とする「一門・一家衆」を定め、教団の血統主義による秩序化をはかったのである。

ここにおいて明確な形で第八代蓮如において男系長子相続ということが教団の制度として作られたわけである。

法名においても、このことは顕著で、一門には諱《いみな》には「光」、そして法名には「如」の一字を入れ、一家衆の場合は、法主の「光」を除く一字と、「如」を除く一字を入れるというもの。そして一般寺院では門主等の字を「差し控える」ということが、本願寺では続いてきた。二〇〇三年に初めて門徒から法名を内願（門主に願い出る）することが許可されたが、その書類には「歴代門主・裏方の院号・法名を差し控える」ということが銘記されていたことは「「法名・院号」を問い直す」（本書Ⅵ、二六四頁〜）でも述べた。

さらに本願寺教団は、世俗権威との結びつきを強め、第十代証如の代に、九条家との猶子《ゆうし》関係を結び、以後関係が続いていく。ちなみに本願寺が東西に分流してからは、東本願寺は近衛家と猶子関係を結びその流れが続いてきた。

第十一代顕如の時に本願寺は律令仏教体制の最高の位・門跡《もんぜき》寺院となり完全に貴族社会の仲間入りをし、慣習や組織が天皇・貴族とまったく同質のものになっていった。

江戸時代においては、本願寺教団は、一門・一家衆は、連枝《れんし》・院家《いんげ》・余間《よま》と細分化されていった。また寺院は封建身分制度の下で、寺請け、宗門改を行うものとされ、門徒も「檀家」として家単位の世襲とされていった。そしてそこでも、家父長制が徹底されていったわけである。

明治となり、東西両本願寺は、帝国憲法が発布される（一八八九年）前に、一八八六（明治十九）年に、本願寺法規を定めて、明治という新しい体制の中での位置づけをしている。

「法主は宗祖以来の系統を持って伝灯相承す」（浄土真宗本願寺派寺法）とか、「本山の住職は宗祖以来伝灯相承の例により其の系統をもって世襲相続す」（真宗大谷派宗制寺法）と。さらにその後に帝国憲法の「皇室典範」を真似て、ほぼ同じ内容で、本願寺派では「内範《ないはん》」、大谷派では「大谷派家憲」を定めたのである。それは、江戸幕藩体制下での伝統をさらに明文化し、法主の権限を強化するものであった（森岡清美『真宗教団における家の構造』一一七頁～）。

第二次大戦後、一九四七年に日本国憲法の発布に合わせて、本願寺教団も寺法を改定している。「法主」としての呼び名は「門主」となり、教団を直接統括する立場から、象徴的な、しかし、天皇とは違って最後の権限（「安心の裁断権」「総長候補の指名権」）だけは持つ立場に変わっている。ただし前に見たように、その継承権の順位は男系の長子相続という点では「皇室典範」とほぼ同一のものであった。

一般寺院での長子相続

仏教教団に限らないと思うが、一般寺院のありようは、教団のトップ、本願寺派においては法主・門主がそのモデルとされてきたことはいうまでもない。一般寺院においても、「御本山に習え」と、男系長子相続が継承されてきたわけである。

戦前の『本願寺派宗制』第五百四十条には、「前条の末寺住職は之を世襲とし戸主又は戸主たるべき者之を継承す」と定め、一般寺院の住職も男系長子相続が宗法により規定されていたのである。そして戦後この条項はなくなったが、慣習としては依然残っていると言わざるをえない。

しかしまた、戦前一般寺院は「末寺」と呼ばれていたように、宗教教団の権威の源泉ではないから、本山大谷家とは違って、一般の「家」の相続との類似した点もあったと言える。次の二点は本山と一般寺院の違う点である（森岡清美『真宗教団と「家」制度』創文社、六〇四頁〜）。

①本山では大谷姓以外の相続は認められないが、末寺では他姓をもって継承できる。

②本山では非血統の猶子をもっての相続は認められないが、末寺ではその制約はない。

とはいえ、各寺院もミニ本山としての意識によって成り立ってきたし、現在もそうであることも間違いない。

「お寺は男の子が継ぐもの」という意識は、まさに「家業《かぎょう》」としての寺院という上に成り立っている。「家業」としての寺院の継承は、「信心」の継承でないことはいうまでもなく、それを誤魔化し糊塗しようとすればするほど、血統や世俗的権威を持ち込まなければならなくなってきたのが本山・教団の歴史でもあり、そこから貴人《きじん》崇拝、「生き仏信仰」を生みだしてきたのである。松本治一郎によって看破された、「貴族《きぞく》あれば賤族《せんぞく》あり」という社会を作りだすことにも繋がっている。

おわりに

寺の中に生を受け、寺を継職した者にとって、寺院住職・僧侶という自分の仕事・役割に対して、その存在根拠を見つけることは容易なことではない。信心とまでいかないまでも、寺院へのビジョンも何もないまま、先代が早くに亡くなり、「後はぼっちゃんしかおらん」という中で住職を継職した私においてはなおさらである。

「寺院を「家業《かぎょう》」とするなかれ、「僧伽《サンガ》」としての寺院たれ」と先輩は本に書いている。しかし、それは私にとっていまだ問い続けている問いであり、答えはまだ見えない。

思えば、私自身、住職とは？ 僧侶とは？ と問い続け求め続けて二十五年突き進んできたのだと思う。

ちょうど二十年前、私も住職継職法要を行った。今手元にある一九八二年四月四日に営んだ世王山西善寺第十七世継職披露慶讃法要のパンフレットには、こう私が記している。

親鸞聖人が浄土真宗を開顕されて七百年、そして、西善寺がこの地に聞法の道場として開かれて約四百年、長い歴史の中で念仏の教えに生き抜いてこられた多くの門信徒の灯を受け継ぎ、今いっそう高くかかげんと思います。

自分ながら何と初々しいことかと思う。しかしそこには、「家業という意味での寺が受け継がれることへの家族・門信徒の安心」と「自らの救いとなる真の仏法を伝えてほしいという期待」とが渦をまいていたことが今わかる。

今あらためて二十年前の住職継職法要時の言葉を読み返してみて、「思えば遠くにきたもんだ」という思いがする。と同時に、何も変わらないところに立っている自分がいるという思いもしきりである。

私の長男が「父ちゃんぼくは寺を継がないよ」と言う年になってきた。もっとも誤魔化しを許されない現実が足元にある。

「道心《どうしん》を師とせよ」（仏道を求めるこころに導かれて歩め）と語り歩んだ先輩がいる。先輩のこの言葉に導かれながら、現実との狭間に身を置きヨチヨチとでも歩んでいきたいと思う。

しかし、この歩みがどこに行き着くのか、いまだ霧の中である。


（二〇〇二年五月）

＊　この章を書くにあたり昭和時代研究会編『天皇皇室を知っていますか』（角川書店）を参考にした。
＊　本願寺教団の宗門法規の歴史的な変遷については、森岡清美『社会学叢書6　真宗教団における家の構造』（御茶の水書房）に学ぶ所が多く、引用・参考とした。

「坊守」を問い直す

はじめに

一九八九年、私が結婚して三年目、次のような文章を書き残している。

……結婚するにあたって私の中に一つの思いがありました。結婚する相手は、私の願いを理解してくれて、尚かつご門徒から受ける（私への）反発を、うまく受けとめる役をしてくれないだろうか、というものです。単純に言えば、住職である私は正しい事を主張するが、坊守である妻は、私を理解しつつも寺を護ってほしい、ということになりましょうか。だが、このモクロミは見事にはずれました。妻が私の願いを理解してくれなかったからではありません。（中略）問題は、「なぜあなたは正しいことを主張できて、私はできないのか。それでは、あなたの問題にする、靖国の男は戦争で国に命をささげ、女は「銃後の国を護る」ということとどこが違うのか」という、私自身を問い直すものでした。

（龍谷大学宗教部報『りゅうこく』第四五号）

かつて「全学連、家に帰れば天皇制」という言葉があった。学生運動が盛んなりしころ、学生たちが大学をバリケード封鎖して立て籠った。その学生たちは既存の社会体制の変革を口々に叫んで、社会に大学に迫った。しかしそのバリケード封鎖した大学の構内で、おむすびを握り、食事の準備をするのは、やはり女性であったということを聞いた。

私自身は一九七六年の大学入学だから、学生運動後の世代になる。しかし靖国問題や部落問題を学び、取り組みながらも、「性差別」という視点への認識の欠落という点では同じ問題を引きずり続けている。そして世代的にはやっと「性差別」のことが課題となりはじめたとも言えるが、私自身としては直接には結婚を契機としてやっと自らの課題となったというのが実状である。

いみじくも、「性差別」の問題は「部落問題や靖国問題に積極的に取り組む男性の中からさえ、性差別に対しては認識不足としか言いようのない発言が出ることに驚きを覚える」と、ごく最近、お寺の住職をしながら本願寺教団内の問題を「性差別」の視点から課題にしている女性は私に語った。そして、「今度出す予定の「性差別」のブックレットには小武さん夫妻の日常会話を入れさせていただくと、本当にいいブックレットになると思うの」と。

結婚して一年目、私は得度した妻を法務員として連れて一緒に葬儀に出かけていた。ある葬儀の時、私が講演で都合がつかず、妻に葬儀の導師を頼んだことがある。葬儀を終えて帰ってきた妻は私を見るなりこう言った。

「私は今日ある女性からこう言われた。「俗屋《ぞくや》からきて、よくそんな立派な衣装が着られますねえ」って」と。よほど悔しかったのだろう。続けて妻はこう言った。「でも、どんな衣を着ても衣装で立派になるわけではありませんからと、その女性に言ったのだ」と。

この女性の一言の中には、二つの差別意識が露見している。一つは「俗屋《ぞくや》（寺の出身でない）云々」という、寺院出身とそうでないものへの差別意識。もう一つは「女性は「導師《どうし》」をすべきでない」という差別意識である。しかし一番大きな問題は、こうした差別意識を女性自身に摺り込んできたのは誰かということである。

教団の中で、坊守への意識

本願寺の『寺族婦人ノート』（昭和五十八年初版）には「坊守の寺院生活」として六つの項目が述べられている。

一、朝夕のおつとめ　二、法座に出る　三、自主運営の教化を　四、研修で学ぶ　五、住職の手助けをする　六、後継者を育てる

そしてここで期待されている坊守像を、池田行信は「住職の秘書兼寺院の事務長としての坊守」（『真宗教団の思想と行動［増補新版］』三六七頁）と言い当てている。

本願寺派においても一九九九年「男女共同参画を考える委員会」が設置される中、鹿児島教区

では教区の「男女共同参画を考える委員会」設置に向けて、教区内の寺院女性を対象としたアンケート調査を行っている。

そのアンケートの報告書によれば、

①「釈尼《しゃくに》」や「五障《ごしょう》三従《さんしょう》」「変成《へんじょう》男子《なんし》」など、教団の教えにかかわる問題は、ほとんど研修会では課題とされてこなかった。

②「住職の妻を坊守とする」という宗法の規定については、大多数が現状に即していないので変えたほうがよいと考えている。

③「性別によってではなく、能力や適正によって役割分担はなされるべき」「住職後継者は性別で決めるのでなく、熱意と適正で」等々、性差別の解消と女性の参画を求める意識は高まっている。

このアンケートの結果は、「研修会では課題としてこなかったけれど、教団内のあり方は男女共同参画に適っておらず、能力・適正が発揮されるようになるべき」という大変前向きの結果が報告されている。

しかし同時に、「寺院後継者には性別に関係なく適正のある者が継職したらよいと思いながら、実際に気づいてみると自分自身の長男を後継者にしようとしていた」「総代と婦人会の寺院での役割を同等と考え、職務として両者は役割分担的に分かれていると誤解している人がいる」等々、実際に寺院の中で「寺族・坊守」として生きている女性の問題意識と置かれている状況の問題、また状況認識の問題などは、決してアンケートの通りではないことも報告している。
あえて付け加えるなら、問われた時には模範解答をする知識はあるけれども、本音はチョット違うということになろうか。

「坊守」を具体的課題として

本願寺派における「男女共同参画を考える委員会」が二〇〇一年に『提言書』を提出している。また一九九九年からは本山とは別に「全国坊守・寺族女性連絡会」が結成され、教団内で独自の活動を続けてきている。そして現在本願寺派において、「性差別」という視点から当面の具体的な取り組みになりつつあるのは「坊守」問題である。

「坊守とは一体何か?」そうあらためて問い直してみると、何ともあいまいな立場である。宗門法規によれば、本願寺教団は、「僧侶、寺族及び門徒」により構成されることになっている。「僧侶」と「門徒」は役割の違いということで一応了解されるとしても、さらにそこには、住職の家族・親族という寺族が加えられている。つまり住職の家族は生まれながらの教団構成員ということである。そして「坊守」とは、僧侶でもなく、門徒でもなく、寺族の項目に置かれている。

「坊守」というのは、「住職の妻」として現在の「宗法」に位置づけられている存在であり、現在の『浄土真宗本願寺派宗法』第二十六条四・五項にはこうある。

四　住職の妻及び住職であった者の妻又はその生存配偶者で、坊守式を受け、宗務所備付の坊守台帳に登録された者を坊守という。

五　坊守は、住職を補佐して、教化の任に当たらなければならない。

「坊守式を受け」とあるが、実際に式を受けた坊守はほんのわずかで、式を受けていない坊守も坊守として認められている。また坊守には本山の冥加金は課せられていないし、選挙権も被選挙権もない。僧侶・住職とは、基本的に位置づけの違いがある。

またこの条項から次のことがわかる。

①坊守は「住職の妻」であることから女性であるとしている。

教団において現在女性住職は、連れ合い（男性）の住職が亡くなって坊守が得度・教師を受け住職になる場合が多いと思われるが、中には連れ合い（男性）が別の仕事で女性住職という場合も少しずつ見受けられるようになった。この場合、連れ合いの男性を坊守というのかという問題が生じている。

もちろんこの問題は、住職は夫・男、坊守は妻・女を大前提としているから起きてくる矛盾である。

ちなみに、女性が住職になれるようになった歴史はそんなに古くない。本願寺派では、一九三一（昭和六）年ころからと考えられる。「（女性）の最初の得度は一九三一年におこなわれましたが、太平洋戦争の時、戦局の緊張が高まるにつれて女性の得度や教師資格の取得は広がってゆきました」と『提言書』（八頁）には書かれているが、キチンと法規で定めたのは、戦後一九四七年に『宗門法規』を改正してからのことである。そしてこの時、「坊守は住職の妻である」という規定がなされたのである。

また大谷派ではさらに遅れて一九九一年に「寺院教会条例」を変更して女性住職がはじめて誕生することとなったが、それでも「住職又は教会主管者を欠く寺院又は教会であって、その卑属系統に属する男子である教師がいないときは、」という制限がついたものであり、あくまで、男性で住職となるものがいない場合に限っている。

②「住職の妻」と規定するということは、その立場は住職とは別の独立したものではなく、住職に付属した位置づけである。

坊守を「住職の妻」と規定するということは、坊守は住職との「結婚」ということが前提に考えられている。しかし実際には、独身の住職もいれば、結婚していても坊守の「職分」は必ずしも住職の妻が果たしているわけではない。「住職の姉妹」が坊守の役割をしている場合もあり、現状に適していない。

③五項に「住職を補佐して」とあるように、一人の宗教者としての位置づけがなされていない。

今日までの「全国坊守・寺族女性連絡会」などより、この「坊守規定」は明白な「性差別」であるとして取り組みがなされ、その結果やっと『提言書』（八頁）に以下の文章が盛りこまれることとなった。

坊守規定の見直しを進めなければなりません。現状は、住職の配偶者であり、補佐役としての性格づけがなされています。しかし、そうした位置づけに見合うような研修や活動の場が保証されているとは言えません。（中略）坊守を住職の配偶者とする観点を一旦切り離し、寺院の運営、教化機能に関わる役割として改めて規定づけ、その役割を担う人材としての坊守を教団が養成する制度を確立する必要があります。僧侶や住職については、得度、教師といった研修資格が規定されていることと比較すれば、坊守についても、同様な資格として扱える制度を整備する事も検討されるべきでしょう。

この提言にあるように、「坊守を住職の配偶者とする」という点から切り離して、「坊守」を一つの「職分」として制度的にも社会的にも位置づけることができるかどうかがカギとなる。そしてこの提言が現実となるには「性差別をめぐる教団内の意識」というさらなる高いハードルがあるのが実際である。

二〇〇四年一月二十七日の「中外日報」に、「坊守「住職が選んだ寺族」に」「男性もなれます」というリードで本願寺派「宗法」改定答申へという記事が掲載された。「宗法」（第二十六条）で「住職の妻」等と規定された坊守の立場を、「寺族（住職または前住職と同じ戸籍にある者）の中から住職が選んだ者」へと変更する答申をまとめ、二月の宗会に上程する予定だというのである。坊守規定の変更は大きくは次の二点にある。

①坊守を「寺族の中から住職が選んだ者」へと変更することで坊守の「性別役割分業」の前提を外す。

②婚姻を前提とした「妻」の〝枠〟を外すことで「結婚しない寺族女性」への視点を盛り込む。しかし、連絡会の南條美代子代表は、「法規を変えても現実に受け入れられるかどうか」「坊守という呼称をどうするか」等、「すべて納得できるものとは言えないが、まず第一歩を踏み出したということ」というコメントが併せて掲載されていた。

「坊守」見直し論の視点

私が二十五年前に住職になった時に手にした一冊の本がある。金子大栄の書いた『住職道《じゅうしょくどう》』という住職の心がまえを書いたもので、すでに亡くなっていたが私が大学時代大変傾倒した先生の本である。そのタイトルの脇に「付　坊守に望む」（二六頁〜）と付けられており、以下のような文章が書かれていることを二十五年たって知り、いささかショックを受けている。

（坊守への）第二の希望は、門徒の語るところは虚心に受容し、是非を加えないことであります。（中略）もっともその愚かな門徒を教化することこそ寺院にあるものの任務であるともいわれましょう。しかしそれは住職のなすべきことであります。坊守は門徒の苦情を同感の心に摂めつつ、ともに住職の教えを聞くこそ、自然の道ではないでしょうか。

私は旧思想といわれるかも知れませんが、夫は主であり、婦は従であるということをもって常道であると信ずるものであります。その従の徳こそは主の徳にも勝って大なることを思うのであります。「幼にしては親に従い、嫁しては夫に従い、老いては子に従う」ということは、決して女徳を損するものではないでありましょう。

ここに書かれたものは、伝統的な「三従《さんしょう》」の考え方そのものである。仏教の教えという中に「家父長制」が見事に摺り込まれ、男性と女性の「役割分業論」で、いかにもそれが自然の姿であり、仏道であるかのごとく説かれている。「金子先生あなたもでしたか！」という思いもするが、それよりもこの文章を目にして当然とまで思わないまでも「これはおかしい」と思わずに読み飛ばしてしまう自分がいたことも確かである。

女性への「三従《さんしょう》」思想が社会制度の産物であることはいうまでもないが、それを宗教の名で、仏教・真宗の名で家父長制倫理を取り込んで伝えてきたことが、実は現在も強固に教団の中で受け継がれている。その一つが「坊守」問題だとも言えるだろう。

本願寺教団における「性差別」へ視点を当てた研究は大変少なく、ごく最近「坊守」に視点を当てた論文が発表されているだけである。数少ない研究者の一人・池田行信は「家父長制」と「性別役割分業」を克服して、「女性宗教者」「宗教者の資質」を取り返すために、次の三つの視点が「坊守論」として要請されるとしている。

①性別による固定的な役割分担から解放し、さまざまな方向に個を発揮できる生き方を認める。

②「坊守」の地位が、実は配偶者である夫の、「住職」としての地位に付属したものでしかないことを問う。

③女性の参画を通して現代仏教を両性平等的に変容させる。

（「真宗教団における坊守問題」『真宗教団の思想と行動［増補新版］』三七九頁）

歴史の中の「坊守」

真宗教団の中で「坊守」の第一号とされてきたのは恵信尼であり、そして恵信尼が「坊守」のモデルとして語られてきている。しかしその実際の姿はどうであったのか、問い直してみなくてはならない。

親鸞が恵信尼と結婚したのは、教団の定説では親鸞が三十五歳で越後に流罪になって以降とされる。しかし近年、法然の下での吉水時代の玉日姫との結婚について、『親鸞聖人正明伝』の見直しという論も出され（佐々木正『親鸞始記』）、また親鸞がなぜ流罪とされたかという理由に「結婚」という問題との繋がりが考えられるなど、再考する余地があると私も思っている。

数少ない「坊守」を論じている研究者の一人、遠藤一の『仏教とジェンダー――真宗の成立と「坊守」の役割』と、河田光夫の『親鸞の思想と被差別民――親鸞と女性』をもとにして「坊守」の立場の変遷のアウトラインを知る手がかりとしたい。

「坊守」第一号、恵信尼の実像

本願寺教団の中で公式の親鸞伝としてきた三代覚如の書いた『御伝鈔《ごでんしょう》』とは別な親鸞伝は、いくつも伝えられている。中でも親鸞没後数十年にして書かれたと思われる荒木門徒(今の茨城県)に伝わる『親鸞上人御因縁』には、「玉日姫」との結婚説話が登場し、そこに最初の「坊守」という言葉が登場してくる。

　その夜やがて法皇の第七のひめのみや玉日のみやとまうす御むすめとあはせたてまつり(中略)さて三日ありて親鸞は夫婦同車してくろだにの御禅房にまひりたまひけり。上人(法然)ひめみやを御覧して、子細なき坊守なりとおほせられそめしよりこのかた一向専修の念仏の一道場のあるしをば坊守とまうすなり。

(『真宗史料集成』巻七、五〇頁)

こうした「玉日姫」を「坊守」とした「坊守縁起」を起点として、この『親鸞上人御因縁』は成り立っている。遠藤は「「坊守縁起」に示された教団像は、真宗の属性を教団内に性的分業として理解した伝承であり、この縁起を宗祖伝とした荒木門徒が、夫と妻を基本とした家族連れの教団組織形成の宗教的環鎖《かんさ》とした」(前掲著、二五頁)と位置づけている。

また河田光夫は「西念寺本」の『親鸞門侶交名牒』を紹介し、恵信尼も親鸞の弟子として記帳されていることを銘記している(前掲著、二一二頁)。

尼恵信御房
常州イナタノ
　専澄　下野サヌキノ
　道澄　下総西ノミヤノ
　妙信　同

そして河田は「恵信尼は、親鸞とともに教化活動をした活動家であった」とし、「親鸞にとっては妻恵信尼は、ともに教化活動をする「同行」でもあった」と位置づけている（前掲著、二一二頁）。さらに『親鸞門侶交名牒』によれば、親鸞門下には念仏道場の主として他にも女性が存在していることも紹介している。

それから推測すると、親鸞と恵信尼の関係は、「夫《ふ》唱《しょう》婦《ふ》随《ずい》」のカップルというよりも、一人ひとり独立した宗教活動家であったということが言えるのではなかろうか。

また「西円寺本　一向専修名帳」には、名帳の制作が「坊主と坊守」の名でなされており、「坊主」と同様に「坊守」も地域門徒団の師として道場の経営にあたっていたことを、遠藤は前掲書に記している。

また本願寺とは別の系列の仏光寺教団などで盛んに行われた「絵系図」には、「道場坊主」と「坊守」が合わせて書かれたことも、同じ考えを反映しているものと思われる。

蓮如の時代

そうした「坊主（住職）」と「坊守」の二人の教団・道場という形態が変化していくのは、室町から戦国期、本願寺教団でいえば蓮如の時代である。

蓮如教団においては、「坊守」とよばれていた存在は、「内方《ないほう》」「内儀《ないぎ》」という呼び名に変わっていく。そして蓮如の『御文章』には盛んに女性への教《きょう》化《け》として「五《ご》障《しょう》三《さん》従《しょう》」が説かれるのである。「女性は男性に比べてことさら救われ難い存在であるが、阿弥陀さまだけが特にお救いくださるのである」とする。女性を「落として、救う」論法が前面に出くる。

遠藤は、「蓮如教団においては、本願寺も地方に展開した（他教団の）真宗道場と同様に、「坊主」（夫）と「坊守」（妻）による寺院経営の形態をとっていたと思われるが、男性の「宗主《しゅうしゅ》」（蓮如以降の歴代の法主《ほっす》）を中心とする家臣団的な坊主・坊官衆による教団経営に変化させていく画期となった」と指摘している（前掲著、八二頁）。

江戸時代

江戸時代になると「坊守」は「留守居」という立場とされ、一宗教者としての性格はまったく失われていく。

「坊守」について記したものはいくつかあるが、江戸中期の僧侶・僧樸（一七一九〜一七六二）の『坊守催促之法語』の現代語訳が本願寺刊行の『仏教婦人会百五十年史』（一八頁〜）に掲載されている。この文章から近世の本願寺教団が、あるべき女性の理想の姿をどう考えていたか、そしてそのため、どう女性教化をしていこうとしていたかがよく読み取れる。

蓮如上人の『御文章』にも、寺の坊守となることができたのは、よくよくのことであって、前世のよき宿縁のたまものである。そのことをよく心得わけて、信心をとり念仏をもうさなければならないと、ねんごろに教示なさっておられる。（中略）坊守は、自分の夫を、世間の一般の男性と同じ様に思ってはいけない。自分をこの業苦の世界から浄土へ導いて下さる先達として敬うべきである。若し夫が善からぬ心をいだいても、それをせめることなく、顔色をやわらげ、言葉をやさしくいさめるべきである。その言葉が、真に夫を思う心からおこるものであったなれば、いかにつれない夫であっても、必ず心を改めるに至るであろう。

僧をおとしめる女性は、今生には法律によって処罰され、来世には地獄に落ちるといわれる。しかるに坊守は、今生には僧と夫婦のちぎりを交わし、来世には浄土に生まれて永劫の楽しみを共にすることができる。まことに何という有難いことであろうと、念仏をおこたりなくたしなむべきである。

女性に対して「五《ご》障《しょう》三《さん》従《しょう》」の身であることが説かれ、しかし、中でも「坊守」は特別の立場であり、だからこそ模範となるべきことが諄々と説かれていることがよくわかる。

近代、現代にいたるまで、「住職」は「家父長」、「坊守」は「被扶養者」という「住職・坊守」像は受け継がれ、それが、「住職の妻を坊守」とし、「坊守は住職を補佐する」という宗門法規に繋がっている。

ちなみに一九八八年出版の『真宗事物の解説』（七一三頁～）には「坊守」は次のように記されている。

坊守とは寺坊の番人ということである。他門にてはかかる例もなきも、真宗寺院にて、住職の妻女に対し専ら坊守と称するのである。恰も世間にては妻女を留守居と称すると同義にて、常に僧房に住して上は法義伝布の手伝い、下は洗濯裁縫の些事に至るまで注意をなすとの意よりかく名付けたものである。

親鸞と恵信尼が一人ひとりの自立した宗教者であった二者の関係を完全に失って、封建倫理を仏教の名で説いていく姿が今もある。

今やっと、人権という思想を縁として、「坊守」問題をようやく問い直せる時季が到来しているということである。

おわりに――「坊守」問題への視座として

これから仏教・真宗における「性差別」として「坊守」問題を考える上で、とりわけ大切と思われる二つの視点を二人の論考で紹介したい。

河田光夫は『親鸞と被差別民衆』（二〇二頁〜）の中で親鸞が女性差別といかに向き合ったかということを道元との比較の中で論じている。親鸞にはその和讃の中に、女性の成仏について「変成男子」「五つのさわり」を認めるものがある。道元の書いたものの中には、男性に比して女性を劣ったものとする言葉は一つもない。しかし、河田光夫はここで抽象的平等論に落ち込んでいると指摘したい。

なぜならば、「「悪人＝女性」であるにもかかわらず」救われるとするのではなく、「「悪人＝女性」であるが故に」救われると、差別の現実を無視するのではなく、差別の現実を転倒させていく、それが親鸞の救いの具体的内容であったとするのである。しかしこのことは決して親鸞に女性差別の意識がなかったと言おうとするのではない。「煩悩具足の凡夫であるが故に救われる」とする親鸞の具体的歩み（旧体制の作りだした制度・意識とのたたかい）の中に、親鸞が女性について語った言葉を、無謬論に陥ることなく読みとることが肝要であると銘記したい。

もう一つの視点は、仏教・真宗を「性差別」から問い直した時の、仏教・真宗の位置である。これについては『女《ひと》と男《ひと》のあいだで』（真宗ブックレット№7、四七頁）に掲載された曹洞宗の寺族女性、川橋範子の発言を手がかりとしたい。

　最近、性差別の点からの仏教批判が注目されています。仏教は日本の性差別を正当化してきて、またそれを生み出す源であったのだから、仏教というものは解体されるべきであると。それも正しいと思いますが、何か仏教の中にある女性男性両方にとっての解放につながるような側面を現代に呼び覚まして、私たちのエンパワメントのために使っていく作業もできるんじゃないですか。ですから、解体、批判のみではなく、仏教の改革と再構築です。

社会制度の産物でありながら、もっとも見えにくいとも言える「性差別」・「坊守」問題の視座から仏教・真宗を問い直すことは、まさに仏教・真宗の本質を明らかにするものであると、川橋は指摘している。

そして、「坊守」問題を問うことは、同時に住職の解放という「救い」を明らかにすることでもあり、住職と「坊守」が、親鸞が使った意味での「御同朋御同行」としての歩みを創っていくことと一体のことであると位置づけることができるだろう。

（二〇〇二年七月）

＊ この章を書くにあたって、池田行信「真宗教団における坊守問題」（『真宗教団の思想と行動［増補新版］』法藏館）、そして遠藤一『仏教とジェンダー――真宗の成立と「坊守」の役割』（明石書店）の論考を参考にし、引用させていただいた。

Ⅶ

「現代日本の課題」を問う

「靖国神社・国立追悼施設」問題を問う

はじめに

「日本には昔から敵側の死者を祀る伝統がある」という主張をもって、「国が敵・味方を超えた追悼・平和施設を作ることは意味のあることだ」として、国立の追悼施設への賛意を示す意見を述べる人がある。敵であったものを神さまにして祀る伝統が日本の伝統であり、味方の戦死者のみを祀る伝統はなかったとして、靖国の批判の論拠ともしている。

はたしてそうだろうか？　よく引き合いに出されるのは、権力闘争に敗れ、九州太宰府で非業の死を遂げた菅原道真を祀った太宰府天満宮である。なぜ菅原道真を神さまにしたかはよく知られている。菅原道真の怨霊が、追い落とした藤原一族に〝祟《たた》る〟ということを恐れて、神さまに仕立てあげ祟り封じをしたわけである。さらにたいていここに仏教でいう〝怨親平等《おんしんびょうどう》（敵と味方の怨みを超える）〃を持ち出すのである。殺された側の言い分はどこにも持って行く場がないままである。いや、その言い分を封じてしまうために、神さま・仏さまに仕立てあげたと言っても間違いない。靖国に祀った戦死者を〃英霊〃と讃美するのは、やはり国の命令で死なねばならなかった死者の怨みに対する御霊《ごりょう》信仰《しんこう》の亜流である。「国のために死んだ者を、国が祀るのは当然ではないか」というものこそが靖国信仰の中身であり、権力者によって遺族の深い怨みを封じるためにこそ靖国神社は作られたのである。

歴史は繰り返す。今、二十一世紀に入って日本の国が戦死者をどう追悼していくかが、国の追悼施設の問題として表面に出てきた。表現の仕方は変わっても、〃口封じのための追悼〃を繰り返そうとしていないだろうか？

二〇〇二年、アメリカの九・一一の追悼集会

二〇〇二年九月十一日、アメリカの同時多発テロ事件から一周年のこの日、世界貿易センタービル跡地・グランドゼロ地点では、ブッシュ大統領出席の下で盛大な追悼集会が行われた。それは決してこの地で亡くなった三千人あまりの人とその家族の悲しみに思いを致すというようなものではない。むしろテロとの闘いを正当化し、新たな標的「イラク」攻撃への支持を拡大していく政治的なショーであったと言っても過言ではない。「掲げられるテロ被害者の写真」「肉親を失って涙する人々の顔」「うち振られる星条旗」「流れてくる国歌」そして「挿入される九・一一で

亡くなった消防士の犠牲的精神を讃える言葉」、そこに被さるのがブッシュ大統領の言葉である。そして、そうした仕掛けにより高揚するナショナリズムの中で、九・一一の犠牲者は「報復のための戦争を望んでいる」という「物語」が創られ、さらなる「戦争」へ国民を動員していくための「殉教者」とされたのである。「死者のことを思えば、戦争をするしかない」というムードができ上がった今、そこに政府・国家主導のマスメディア・イベントとしての追悼儀礼の果たした大きな役割があったことがわかる。

「国家主導による死者の追悼とは何か？」を改めて考えさせられる場面であった。

諸外国の追悼施設

およそ国家という形態をとっている国において、戦死者を追悼する施設を持たない国はない。そしてそこには、日本のみならず、「自国の戦死者を祀る碑を建てる」ということではすまない事態が起きている。それは必ず侵略の加害・被害の問題が生じざるをえない問題をはらんでいるということである。一九八五年にアメリカのレーガン大統領がドイツを訪問した時、訪れた墓地にナチの親衛隊が祀られていて問題となったことが新聞で報じられた。またベトナム戦争や湾岸戦争を想定してみても、こうした状況は常に起きることは予想されるのである。

また、国の追悼施設による「追悼・慰霊」は国家のナショナリズムと無縁なところはありえないという問題もある。私は今までアジアのいくつかの国を訪ね、その国家追悼施設を訪ねてきた。

中国の中山稜（孫文の墓）・革命戦死の墓、台湾の兵士の慰霊塔、そして韓国等いずれも例外ではないと感じた。

現在日本に、無名戦士の遺骨を安置した千鳥ヶ淵墓苑以外に国が創った戦死者の追悼施設はない。保守勢力は、「自国の国民を自国の軍隊で護るのが『普通の国』」と言って、憲法第九条の明文改憲を目論み、その方向に日本の国を引っ張ってきたが、戦死者においても「国家における自国民の戦死者の追悼を」という意味で「普通の国」へという用語が使われはじめている。ただし、九条の論議と異なっているのは、保守派だけではなく、比較的リベラルと思われていた人たちも含めて、「誰もが参拝できる施設」という意味を含めて「普通の国」へと言っていることである。

ただし、今のままの「靖国神社」を国家護持するのか、それともA級戦犯を外すのか、二〇〇二年十二月に政府・官房長官の諮問機関によって提言された「新しい国家の追悼施設」を作る形にするのか、それとも靖国神社との併用にするのか、その「普通の国」の中身もまだ見えない。

靖国神社における「慰霊・追悼」の特殊性と一般性

＊追悼施設が〝（国家）神道〟という宗教法人であるという特殊性

靖国神社は明治政府が「国家の命じた戦争で戦死した兵士を祀る神社」として一八六九（明治二）年に創った神社である。明治から一九四五年の敗戦まで、国家神道体制を担ってきており、「死んで靖国の英霊となる」「死んで靖国で会おう」という言葉が語られたように、一貫して日本の侵略政策を遂行する上に大変重要な役割を果たした。国家神道体制とは、「国家神道は宗教以上の国民道徳」として位置づけたものであり、仏教徒であろうが、キリスト教徒であろうが、無宗教者であろうが、「戦死者」は国家の所有物であるとし、個人の追悼の自由というものは認められないものであった。靖国神社へ戦死者を合祀するかどうかの自由が、本人にも遺族にも存在しないことが、もっともよく「戦死者は国のもの」ということを象徴している。

靖国神社と対比されてよく引き合いに出されるアメリカのアーリントン墓地があるが、祀られることを選ぶ自由のみならず、それぞれの宗教による墓地となっており、「信教の自由」が保障されており、決して一つの宗教によって括ってしまうものでない。

＊戦死者が日本の侵略戦争の中で生まれている特殊性

明治以降の日本国家の政策は、日清・日露、そして十五年戦争、それが太平洋戦争へと続く、侵略戦争の連続とその結果引き起こした戦争であった。日本が他国から侵略され、その防衛や解放のための戦死者が靖国神社に合祀されているわけではない。靖国に祀られている「英霊」は、「侵略戦争で戦死した日本人兵士」ということで一貫している特殊性がある。ヨーロッパの各国の場合は、自国の解放のために闘って戦死した兵士もいれば、他国を侵略したり植民地の独立を阻止するために闘って戦死した兵士もあるという状況で、「国の命令による戦争における戦死」ではあっても、その中身はそれぞれ一様ではない。

以上の二点の特殊性を持つがゆえに、国家による「戦死者の追悼は日本ではどうあるべきか?」

が、総理大臣の靖国神社の参拝で繰り返されるのである。そして日本国内のみならず、中国・韓国などから批判が起こる。野中元官房長官の言うようにA級戦犯の合祀を取り下げれば、中国・韓国などからの批判が出なくなるが問題が解決するわけではないし、また日本の明治以降の歴史からして無宗教の施設を作って、単純に「普通の国」並の追悼を目指すことにはならないのである。

沖縄「平和の礎」の試み

沖縄本島の最南端にある摩文仁《まぶに》の丘は、沖縄戦最後の地であり、そこには、「平和の礎《いしじ》」が一九九五年につくられている。そしてその「平和の礎」には、沖縄戦で戦死した日本の軍人、そして民間人、さらにはアメリカ軍の兵士の名前も記してある。また遺族の了解の得られた、台湾・大韓民国・朝鮮民主主義人民共和国の出身者の名前も記載されているが、数は決して多くない。なぜか？　遺族の了解が得られないからである。なぜ、加害者日本人の戦死者と、被害者の名前が同じように記載されるのか？　その書き込まれない空白のスペースが、戦後の日本政府がとってきた戦争責任と戦後補償への姿勢を告発している。

「無宗教の国の追悼施設」という時、一つのモデルとして語られるのがこの、「平和の礎」である。その建設に中心的役割を担った石原昌家が「平和の礎」の建設について語った言葉を紹介して、その理念を窺うことにする（二〇〇二年十一月九日　国立追悼施設に反対する宗教者ネットワーク結成集会)。

○「なによりも大切なのは「平和の礎」を作るまでのプロセスです。かってに名前を刻むのではなく、一人ひとりの了解を得ることが、礎を作る以上に大切なことです」

一九七七(昭和五十二)年に沖縄県は「戦災実態調査」を集落・家族単位ではじめており、それが「平和の礎」の建設へのスタートとなっている。

○「「平和の礎」は決して「平和の礎」だけ単独であるのではなく、となりの「平和資料館」と一対のものとして作っています。沖縄戦をどのように位置づけるか、それを展示したのが「平和資料館」です」

○「「平和の礎」は決して墓苑ではありません。その意味で、お供えをする場所も儀式を行う場所も作っていません。ですから参拝の場所ではなく、参観の場所です。しかし、その場所は、「生存遺族にとっては、慰霊・鎮魂」「関係者にとっては、追悼・追想」「戦争体験者がいなくなった後は、事実の記録碑」という多様な意味を持っているのも事実です」

○「「平和の礎」は被害者と加害者が対話を生む大きなきっかけになります」

これらの言葉から、「平和の礎」は、追悼儀礼のための施設ではないことがわかる。そして、個人の思想・信条を非常に大切にしながらも、加害と被害という問題をどう受けとめ、記憶に残していくかという問題に対して、一つの試みの中に現在もあることが知られるのである。

ドイツの追悼施設「ノイエ・ヴァッへ」

日本と同じく第二次世界大戦の敗戦国、ドイツのノイエ・ヴァッへの追悼施設を南守男が『国立追悼施設を考える』（樹花舎、六九～七四頁）に紹介している。

ベルリンにあるこの施設が公的な追悼施設「プロイセン州立戦没者追悼所」となったのは、ナチスが政権を獲得する少し前の一九三一年のことであった。以降、ナチズムへと時代が傾斜していく中で、ドイツの戦死者を「英雄」と位置づけた「追悼」が行われた。一九四五年にナチス・ドイツが崩壊するとしばらく放置されていたが、一九六〇年になって東ドイツ政府によって整備され、国立の「ファシズムと軍国主義の犠牲者のための警告追悼所」として、東ドイツが西ドイツに吸収合併される一九九〇年まで続いた。

そしてドイツ統一後、一九九三年から現在の国立追悼施設「ノイエ・ヴァッへ」となっている。

南はその追悼の中身についてこう紹介している。「まず「戦争と暴力支配のために」という内部中央にはめこまれた碑文である。特に「暴力支配」という言葉が重要である。この言葉によってナチ党支配下のドイツの国家体制を否定する基本姿勢が示されることになる。そして、そのことによって、ナチ政権下の人権侵害だけではなく、そのナチ体制下で行われた戦争そのものを否定することに結びつく」「ここでは国籍・身分（兵士・市民）、民族を問わず、反ナチ・反戦抵抗者の顕彰を含めて全ての死者を否定すべき戦争と暴力支配の犠牲者として追悼している」と。そして館の内部中央には、「戦争犠牲者の象徴としての母親像」が一つだけ置かれている。「その母親に力無くしてもたれかかっている息子の像は、裸である。（中略）兵士を象徴するものは何もない」「国旗や軍旗をはじめとして、「ドイツ国家」を象徴する何物もない」「「祖国のために死んだ兵士」を顕彰するという近代国民国家の戦没者追悼の思想へのアンチ・テーゼとしてこの像を位置づけることができると、私は思う」と南は指摘している。

「ノイエ・ヴァッへ」の追悼施設は、戦前も戦後も一貫して「自国の戦死した兵士とそれに準じた者のみを祀る」靖国神社とは明確に異なるし、「追悼平和懇」で考えられている、「無宗教の追悼施設」とも「戦争そのものを否定」という点でまったく異なっている。そしてこのことを可能にしたのは、第二次大戦の敗戦後のドイツが徹底した反ファシズムにもとづく戦争責任の追及をし続けてきたことであり、被害国への謝罪と補償を行ってきたことが裏づけとなっている。国家による一つの理想的な戦死者の追悼施設のモデルがここにあるかのようである。

しかし、国家による戦死者の追悼ということはドイツにおいてもそこで終わらない。今後「戦争」をするのかしないのか？「新たな戦死者」を生み出す状況へどう国が向き合っていくのか？国のあり方の根幹にかかわる、今にかかわる問題だからである。国立追悼施設に反対する宗教者ネットワークの集会（二〇〇二年七月四日）で事務局をする山本浄邦が、ドイツの「ノイエ・ヴァッへ」を「戦争のできる国家　ドイツ」という別の視点で次ように指摘している。

そもそも、この「ノイエ・ヴァッへ」を構想するのと平行させて、東西統一を果たしたドイツ政府は戦後タブーであり続けたNATO域外へのドイツ軍派兵のための法整備をすすめていたのである。（中略）日本と同様に非人道的な戦争・占領政策によって周辺国の人々に癒しがたい苦痛を強いた歴史を持つドイツが、外国に派兵することには周辺国にとってやはり大きな抵抗があった。ドイツは日本と比較すればはるかに加害責任を検証し、責任を果たそうとしてきたが、それでもやはり、ナチス時代とはまったく別の国家に生まれ変わったことをなんらかの形で具体的に表明して一旦過去の問題に区切りをつけなければ、派兵に理解は得がたかった。そのため戦後五十年にわたって、ドイツの軍隊が戦場の土を踏むことはなかった。しかしながら、この施設によってドイツがナチスを克服したことを国際的に評価された時期に、ドイツ軍はコソヴォ紛争（一九九九年）に参戦したのである。

「追悼・平和祈念のための記念碑等施設のあり方を考える懇談会」

二〇〇一年八月十三日、「何が何でも八月十五日に靖国神社に参拝する」と言い続けた小泉首相が、「熟慮」とやらを重ねて、二日前倒しして靖国神社に参拝した。堂々とテレビカメラに写りながらの参拝であった。しかしあれだけ自分の信念で参拝すると言っていた小泉首相が、その後全国六カ所で訴えられた「小泉首相靖国神社公式参拝違憲訴訟」に対しては、「あれは私的参拝であった」と法廷で主張していることは、マスコミもほとんど伝えることがない。

ともかく、あれほどマスコミを通じて「参拝するぞ！　参拝するぞ！」と宣伝して靖国神社に参拝した首相は小泉の外にはいない。当然、中国や韓国などアジアの国々からのごうごうたる批判が起こり、二〇〇一年の春から夏はまさに、日本全体が「靖国の夏」であった。

その批判を受けることを繰り返したくないという思いからか、前々からあった構想ではあるが、具体的に官房長官の私的諮問機関として、「追悼・平和祈念のための記念碑等施設のあり方を考える懇談会」（平和祈念懇）が二〇〇一年十二月十九日に設置され、ほぼ一カ月に一回のわりで、検討委員会を開いている。その議事の内容がホームページに公開されている。それを読むと「とても今すぐにまとまるような話ではない？」という曖昧なもので、二〇〇二年六月初め予定していた中間報告を取りやめてしまった。しかし二〇〇二年十二月に突然、「新しい追悼施設を作ることが望ましい」という報告が出された。しかし、その実行は「政府判断に任せる」というもので、靖国護持派に配慮したもの。大方の新聞などの見方は、「報告」が棚ざらしにされるだろうというものである。

靖国神社へは、昨年二〇〇二年には四月二十一日の靖国神社の春の例大祭に、そして二〇〇三年には普通の日・一月十四日に、そして二〇〇四年には「初詣」とウソぶいて一月一日に突然に参拝をしている。小泉首相は年に一度は靖国神社に参拝することを公表しており、その発言からして、「新しい追悼施設」が靖国参拝を止めるということを念頭に置いたものでないことは、初めからハッキリしていたといえよう。

新しい国の追悼施設を作るにあたっては「誰を祀るか」ということが決定的である。ホームページの途中の議事録を見ると、平和祈念懇では、第二次大戦の前後に分け、「それ（敗戦）以前は、日本人の戦没者は、靖国神社に祀られていない原爆や空襲の犠牲者も祀る。諸外国の人においては、たとえば「南京大虐殺」の犠牲者も含まれることにするとどうか?・」「戦後においては、自衛隊のPKO活動などでは相手のあることだから日本の死没者だけにする」というような、日本の侵略行為で死んでいった相手の立場をまったく考えない論議である。

委員の中では、「窓論」というのがあったようで、記念碑は外を眺める「窓」で、そこから何をながめるかは、めいめいの自由にしようということらしいが、そこまで祀る対象を抽象化してしまうと、「何を祀る施設なのかわからなくなる」と委員自ら語っている。当然国家が戦争で亡くなった人たちを祀る施設ということからもほど遠くなるというジレンマが出てくる（二〇〇二年第六回議事要旨）。

「平和祈念懇」の検討に対してもっとも危機感を抱いているのはいうまでもなく靖国神社であり、靖国神社への総理大臣の公式参拝、そして国家護持を求めてきた右派勢力である。靖国神社にとって代わる施設が創られたならば、靖国神社の価値は決定的に低下することを極力警戒して、平和祈念懇へ反対のキャンペーンを張っている。

「平和祈念懇」で議論された中身を見ていくと最初からいくつかクリアしなければならないハードルが設定されていたと思われる。

○A級戦犯合祀問題がクリアされないと、中国・韓国等からの批判をあびる。しかし表だって外すというわけにはいかない（何とかボカせないだろうか）。
○国立の追悼施設に「戦没者」を祀るということで、靖国に祀られている遺族の人にも、靖国を軽視するものでないと了解を得られないか（しかしそのためには誰を祀るかということがハッキリとしなければならない）。
○戦後の祀る対象として、自衛隊等の活動で死亡した人も祀るということを位置づける必要がある（そこでは新たな戦死者が想定されているが、そうとは言えない）。
　そこで平和祈念懇の審議は、右派からの警戒と、中国・韓国など批判の板挟みの中で、落とし所が見つからない中、両方を立ててボカス報告をしたわけである。
○中国・韓国の反対と小泉首相の意向を配慮して、「国立の追悼・平和祈念施設を必要とする」と。
○靖国派へ配慮して、「実際の建設は政府の判断に」と。
　　　　　　　　　　　　　　　※（　）内は議事録を読んだ私の印象である
しかし、事態はいつ急変しないとも限らない。有事法制、そしてイラクへの戦争等の絡みで、仮に日本の自衛隊員に「戦死者」が出る状況になった場合は一夜にして世論は変わることは十分に予想される。そして、新たな「戦死者」が出ない場合でも、靖国の直接の遺族がもう十年もたてば激減するその後の状況への想定が入っていないはずはないのである。

二〇〇二年十二月に「平和祈念懇」が出した『報告』文章には、こう記されている。

この施設は、日本に近代国家が成立した明治維新以降に日本に係わった戦争における死没者、及び戦後は、日本の平和と独立を守り国の安全を保つための活動や日本の係わる国際平和のための活動における死没者を追悼し、戦争の惨禍に思いを致して……

この文章からわかるのは、現在の自衛隊がＰＫＯ活動（ＰＫＦを含む）、テロ特措法活動の中で死亡しても祀られる対象となるということであり、今有事法制が成立し、今後に「戦死者」が出れば、すべては「日本の平和と独立を守り国の安全を保つための活動」に収まっていくということである。

また、途中議論されていた日本の侵略戦争によって死亡したアジアの人々も、その加害・被害を明確にし謝罪をするという過程を無視して、「戦争の惨禍に思いを致すという点では、理由のいかんを問わず、過去に日本の起こした戦争のために命を失った外国の将兵や民間人も日本人と区別するいわれはない」と書き記すということをしている。しかしアジアの人々から言えば、その言葉への思いは、次のようになるのではないか。「侵略によって勝手に殺し、今度は何の相談もなく、勝手に「平和の追悼施設だから」と言って祀る。身勝手にも程がある」と。

「朝日新聞」をはじめ、右寄りの新聞以外は、おおむね『報告書』に対して好意的である。ましてや、二〇〇三年一月十四日の小泉総理大臣の靖国神社公式参拝に対して、韓国の駐日大使が「新しい追悼・平和施設の報告が出たのに、なぜ靖国神社を参拝するのか」という主旨の発言などが報道される状況を見ると、「「報告書」は棚ざらしで廃棄」と単純にはいかない。無宗教での国立追悼施設の問題は今後ますます大きな問題となっていくはずである。

なぜ国家の追悼か？

靖国神社の問題は、「靖国神社」という特定の宗教への国家の関与という「政教分離」「信教の自由」の問題と同時に、個人の生死を国家が意味づけをするという「思想・良心の自由」に深くかかわる問題である。

国家が「国が感謝と敬意を捧げて追悼・慰霊するのだから生命をささげよ、個人の人権を制限・侵害するのは我慢せよ」という儀礼装置として戦前に靖国神社は存在したし、今再びその役割を復活させようと右派勢力はすすめてきた。まさに、有事法制によって、「思想・信教の自由が制限されるのはやむをえない」とすることとワンセットである。国家の側より、無宗教の追悼施設をというのは、その正体ここに現れたりというところで、同じ機能を果たすものなら、靖国神社でも無宗教の国立墓苑でも、いや平和祈念館と銘うったものでも何らかまわない、後はその施設を国民にどう受け入れさせるかだけが問題というわけである。要は国からすれば、「国立」かどうか？「国の意図」を反映できるものかどうか？が一番重要な点となる。

よく諸外国の例としてアメリカのアーリントン国立墓地が引き合いに出されるが、戦死者を賛美する国立墓苑という意味ではアメリカ版「靖国」という言い方もできるだろう。

平和を祈念する施設の一つの例として、沖縄の「平和の礎《いしじ》」と広島の「原爆慰霊碑」が挙げられることがある。「平和の礎」については、先に述べたが、広島の原爆慰霊碑においても、何年か前に、「平和資料館」に原爆の被害の説明・展示があっても、加害の展示がないと言って、中国や韓国から指摘されるという問題があった。今「平和資料館」は新しくなり幾分かの加害の展示もあるが、それはまだ数枚のパネルにしかすぎない。そこには「国の政策の間違いが明確に追及できない」という、やはり国が絡むと戦争責任の問題はあいまいにならざるをえないということがある。

今必要な論議は、「靖国か、無宗教の施設か?」ではなくて、「はたして国家の追悼施設は必要なのか?」という視点を中心に据えた論議である。

「新しい国立追悼施設を作る会」の顛末

二〇〇二年七月三十一日、「朝日新聞」の第四面に「新国立追悼施設を」というタイトルで小さな記事が掲載された。

ジャーナリストや弁護士らでつくる「新しい国立追悼施設をつくる会」は三十日、首相官邸を訪れ、小泉首相あてに靖国神社への公式参拝中止と国立追悼施設の建立を求める申入書を提出した。申し入れでは「すべての戦没者を追悼し、非戦平和を誓う象徴的な場をつくるべきだ」と求めた。

「新しい国立追悼施設をつくる会」は、政府の官房長官の私的諮問機関の平和祈念懇とはまったく別の組織である。その「つくる会」の中心メンバーとして浄土真宗本願寺派総長・武野以徳の名前が登場する。総長とは教団行政の最高責任者で、国でいえば総理大臣に該当するポジションである。本願寺派に所属し、靖国神社国家護持法案や中曽根公式参拝靖国違憲訴訟以来長く靖国問題にかかわってきた私たちにおいても、秘密裏に会合が進められているらしいとの情報が入ったのは約一カ月半ほど前。「つくる会」は約一年半準備を重ねてきたと発会の時プレス発表しているが、実は第一回の準備会は直前の二〇〇二年六月五日、そして第二回七月三日、第三回七月十五日と、まさにバタバタのやっつけ仕事で立ち上げた感がある。

呼びかけ人の欄には次の十二人が名前を連ねている。

久保井一匡（弁護士・前日本弁護士連合会会長）・三枝成彰（作曲家）・笹森清（全日本労働組合総連合会会長）、真田芳憲（中央大学法学部教授）・下村満子（ジャーナリスト）・武野以徳（浄土真宗本願寺派総長）・寺崎修（慶応義塾大学法学部教授）・ひろさちや（宗教評論家）・松原通雄（立正佼成会外務部長）・武者小路公秀（中部高等学術研究所所長・元国連大学副学長）・湯川れい子（音楽評論家）・鷲尾悦也（全国労働者共済生活者協同組合連合会理事長）

ちなみに、当初呼びかけ人の候補に名前が挙がりながら、梅原猛やカトリック枢機卿、曹洞宗宗務総長、円応教教主は参加を見合わせ、立正佼成会も理事長から外務部長と二ランク程度もランクダウンしたものとなったため、「つくる会」では本願寺派総長が宗教教団では一人突出して旗を振るというかっこうになっていた。

「つくる会」の主張は五点あった。
①追悼の対象は、すべての戦没者を対象とした、非戦平和を誓う象徴的な場とする
②追悼対象の戦没者としては、過去（近代以降）にわが国がかかわった戦争のすべての戦没者とする（新しい戦死者の受け皿とはしない）
③特定の宗教性を持たせない
④個人・団体がそれぞれの思想・信条・信仰にもとづき追悼できる
⑤靖国神社へのいわゆる公式参拝は行わない

この五つの理念だけ読めば、「すべての戦没者を無宗教で誰でも自由に追悼できるならいいのではないか」という世論をつくり出さないとも限らない。官房長官の私的諮問機関「平和祈念懇」と比較すれば「たいぶまし」と一見そう思う仕組みになっている。

準備会に名を連ねた本願寺派総長に抗議するため、公室長に私が面談した時のことである。公室長曰く、「こうした具体的対案が、靖国公式参拝の歯止めにもなるし、政府の平和祈念懇への楔《くさび》にもなる」と。

はたしてそうだろうか？　もっともやってはならない「国立の追悼施設が必要」という政府と同じ土俵に乗ったとたん、「国立追悼施設の必要性」の宣伝に利用されるだけ利用され、「新しい戦死者は入れない」とか「非戦平和の施設」というものはなし崩しになることが予想される。「その時は手を引けばよい」と公室長は言ったが、その時はもはや「国立、国立《こくりつ》」と国の露払いをし

た責任は取りようがない。案の定、「平和祈念懇」の報告書には、先に述べたとおり、「新しい戦死者も想定した国立追悼施設」を「必要とする時期に来た」という内容が盛り込まれた。「最初から国立追悼施設は必要」というこの会は、政府の意図に風を送りこそすれ、世界の「国立追悼施設」の持っている問題にも何の一石も投じることはなかった。

本願寺派の態度が今問われている

西本願寺は靖国神社国家護持法案が国会に上程されて以来、他の浄土真宗教団と一緒に真宗教団連合として靖国神社国家護持反対、公式参拝反対を表明してきた。したがって、公式参拝反対への教団内へのコンセンサスはあっても、靖国神社に替わる国立追悼施設を国に求めるという教団内コンセンサスは持ったことはない。たしかに三十年ほど前に、靖国神社の国家護持への批判として「国立の施設」を真宗教団連合で言ったことはあるが、一九八五年以降にその要請はなく、有事法制が論議され憲法「改正」が政治日程に登り、「新たな戦死者」が予想される現在では、状況が大きく異なっていることはいうまでもない。現に真宗大谷派は、「つくる会」の提案に、「現段階では賛成いたしかねます」と宗教新聞のアンケートに答えている。

「備後靖国問題を考える念仏者の会」は、国や教団が果たすべき責務は、追悼施設や追悼対象を考えることではなく、真相の究明と、事実の開示をふまえた、被害者・遺族に対する謝罪（補償の裏づけをもった）のみだと考え、「つくる会」や本願寺派総長に抗議文を提出した。

今、国は一方で有事法制を成立させるかたわらで、「靖国神社」と「国立追悼施設」を天秤にかけている状況をとことん厳しく見なければならない。

私たちが再び過去の過を繰り返さないためにも、決して妥協することなく以下の二点を主張し続けていかねばならないと思う。

一、靖国神社代替施設案など国家による追悼は、私たち一人ひとりの精神に国家の介入を許し、思想及び良心の自由を損なう行為であり、厳重に抗議する。

二、公的追悼は国民の歴史認識を画一化し国家への帰属意識を煽るものであり、強く抗議する。また教団が同調することは大衆洗脳になりかねず、強く再考を求める。

靖国神社であれ、その代替施設であれ、遺族の心情を利用し、国家の要人が頭を下げることで遺族を癒しつつ、再び国民の意識を国家に結びつけ、「国のために命を投げ出す」(中曽根康弘元首相)国民づくりをしようとするものである。それはむしろ平和を願う遺族の思いをも踏みにじり続けることに違いない。

おわりに

追悼という心情は、人間の原初的感情であり、人間が国家というものを作る以前の感情といえよう。人類の起源の一つ、ネアンデルタール人が死者を埋葬し花を捧げていたということを読んだこともある。宗教による追悼というものが、そんな原初的心情に根を持っている。しかし、国家が成立し、国という組織における追悼という時、「死者」は個人の手元にはなく、国の価値観によって搦め捕られ、装飾されたものとなってきたのが人類の歴史である。「死者」を奪い取った国の政策、そして国の「国民」を誘導していく意識操作の網から、一人ひとりを取り戻していくのが、真実の宗教の働きである。国が「靖国」のみならず、新たに「国立・追悼施設」をもって「国民」に網をかけることをサポートする宗教に決してなってはならない。

（二〇〇三年三月）

＊　「新しい国立追悼施設」については、新たな国立追悼施設を作るべきであるとする『戦争と追悼――靖国問題への提言』（菅原伸郎編、八朔社、二〇〇三年七月）と、無宗教であっても国立の追悼施設について反対する『国立追悼施設を考える――「国のための死」をくりかえさないために』（田中伸尚編、樹花舎、二〇〇三年十二月）の、双方の立場を主張しているものがある（ただしまったく同じ主張というのではなく少しずつ論旨は異なっている）。

＊　本願寺派総長が旗を振った「新しい追悼施設を作る会」の動きと、それに対する反対の運動をまとめてホームページに掲載している。「坊さんの小箱」・国立墓苑問題　http://www009.upp.so-net.ne.jp/kobako/　本願寺派の各教区の基幹運動推進委員会のアンケートでは、約八割が反対という結果も公開されている。

教育基本法「改正」と「宗教的情操」

なぜ今、教育基本法「改正」なのか

財界・資本の要求

米ソ冷戦構造の崩壊後、アメリカによるグローバル化という名の世界支配の下で、日本の財界等の独占資本が求める二十一世紀の国家戦略は、政治的・経済的・軍事的に、ますます対米従属となり、資本の対外進出をどう安全に確保していけるかということに焦点が絞られている。

したがって、そうした資本の要求をベースにしながら、政府によって、これまで打ち出されてきた、そして今から打ち出されようとしている、あらたな〝期待される人間像〟が、教育基本法の「改正」に示された人間像だともいえる。

資本の側から「国民」に求めているものは、戦略上必要な要因として国際的競争に勝ち抜くためのかつての滅私奉公的な国家への犠牲的精神であるといえるだろう。さすがにそうは言えないので、とりあえずは「国を守る気概」とか、国民を一つに束ねてゆくために「(皇室を中心にした)伝統・文化を尊重しろ」というボールが政府へ投げられる。しかし政府はそのメッセージをそのまま「国民」に届けているわけではない。政府の側は、資本の求めに添う、特定の価値観、文明観、人間観を意図的に選択し、それがあたかも普遍的な価値観であるかのように味付けをし、さらには国家の公認を与えて、新たな「国民道徳」にしていくという、変化球を投げる戦略をとってきたのである。さらには「強面《こわもて》の財界人や政治家は後ろに下がって、私たちに「国民」の心理誘導は任しておきなさい」とばかりに、権力のお先棒を担ぐ学者・文化人が跋扈《ばっこ》するという有り様となっている。

家族的国家観を浸透させようとする政府の戦略

戦前の日本社会の国家観は、家族の家長とその一員という関係がそのまま、「現人神《あらひとがみ》」天皇と臣民の関係で説明されるという家族的国家観であった。それは、家族を国家に拡大し、人為的集団である国家というものを「教育勅語」の洗脳によって、「和」の道徳のもとに一体化させたものであった。

戦前の価値観が現憲法・教育基本法によって一八〇度転換させられてから五十五年が過ぎ、再び今、二〇〇三年の中央教育審議会答申(以下、中教審答申)に「感謝」「奉仕」「伝統文化」、そして「人間の力を超えたものに対する畏敬の念」を強調する内容が盛り込まれている。そしてその先に位置づけられているのが、「日本人であることの自覚や、郷土や国を愛し、誇りに思う心をはぐくむ」という、「愛国心」である。

それは「家族」から「地域」へ、そして「地域」から「国家」へという誘導により、新たに国家への帰属意識を強化していこうという戦略である。しかしそのやり方は、戦前の国家的洗脳とでもいうような、「教育勅語」のようなハードな道徳的強制教育や、国家神道の強制というストレートな宗教の導入ではなく、よりソフトな、しかし言葉を換えれば、より巧みな、「心の教育」という美名の、人間の情操面を巧みに誘導して、目的に適う「国民」を作りあげようというものである。

もちろん一九九九年の「日の丸・君が代」の「国旗・国歌法」の制定により、当時の野中官房長官の「強制されることはない」という言葉とはまったく裏腹に、教職員は今学校現場で、国家への帰属の踏み絵を踏まされているように、いかにソフトに語られても、いったん法律として成立してしまえば、その背後に隠されていた意図が正体を現し、牙をむくという構図になっていることは銘記しておかねばならない。

「畏敬の念」・「宗教的情操の涵養」が教育へ導入されてきた歴史

「宗教的情操の涵養」が教育へ導入されてきた歴史的経過については、『新教育課程と道徳教育』

（山口和孝、エイデル研究所）に詳しく書かれている。以下、ポイントと思われる部分の概略を記す。

敗戦までの「宗教的情操」の位置づけ

明治政府によって創り出された天皇制絶対主義国家は、「神聖にして侵すべからず」（帝国憲法第三条）という天皇を頂点とする祭政一致国家であり、そのため国家神道に「宗教に非ざる」特権的地位を与えて、すべての宗教を国家神道の枠の中に規制した。

教育においても、一応政教分離をうたってはいても、実際は「安寧秩序を妨げず及臣民たるの義務に背かざる限」（帝国憲法第二八条）において認められているにすぎなかった。

そのために明治の当初は、学校からは国家神道以外のいっさいの宗教を排除していくものであった。

しかし、日本に成立した資本主義は、日清・日露戦争、そして第一次世界大戦と、資本主義体制の進展とともに労働問題や社会問題を生起させ、そしてロシア革命の影響の中で学生等の中から共産主義への共鳴者・参画者を生み出すこととなる。この事態に対し、政府は「思想国難」の名の下に、対外的な侵略のさらなる遂行と、対内的な「思想統制」で切り抜ける政策をとっていった。

そのために導入されたのが学校教育への宗教教育導入である。宗教の国民生活への影響力を利用して、共産主義思想などの影響をくい止めようというのである。したがって、諸宗教の教育への導入といっても、あくまで国家神道の枠組みの中に限定したものであり、一方ではあくまでその枠に収まりきらない宗教の弾圧を伴うものであった。
その導入方法が、「宗教的情操の涵養」であり、その「宗教的情操」の内容は「敬神崇祖《けいしんすうそ》」（現人神・天皇を敬い、先祖を崇める）であった。そのあたりの状況を山口和孝は次のように述べている。

独占資本の要請した国民作りのための方策を審議した臨時教育会議は、（中略）明治以来の「知育偏重」「形式的修身教育」を克服し、共産主義勢力から「帝室・皇室」を守るために「宗教的信念というものの涵養」を通して「敬神崇祖の観念」を育成することが強調された。特に女子教育においては「社会主義の為に社会が破壊されんと同様に児童の間から国民性というものが破壊される」恐れがあるとして、家庭の中から思想「悪化」をくいとめるための「宗教的信念の育成」がいわれたことに注目しておかねばならない。

（『新教育課程と道徳教育』一五一頁）

つまり、政府が言う「宗教的情操の涵養」とは、社会矛盾を人間の内面の問題にすり替えてしまい、国民道徳として納得させるもので、社会を分析する力を削ぎ、覆い隠すものであった。一九一二年に政府が特定宗教に「公認」を与えて以来、一九四五年の敗戦にいたるまで、「宗教的情操の涵養」の名の下に、諸宗教を動員して思想統制の徹底がはかられていくのである。

つまり「宗教的情操の涵養」の教科書はあくまで「教育勅語」であり、その具体的内容とは、「御真影の奉安」「天照大神の奉斎」、そして「神社仏閣への参拝」「朝夕の神仏の礼拝」「祖霊崇拝」に関する学校での諸行事、「忠君愛国」であり、「皇大神宮」「祖先と家」「戦死者」に対する感謝、つまりは「敬神崇祖」であった。

そしてそれらの「宗教的情操」を涵養しその先に目指したものが「天皇神格化」への「畏敬の念」であった。現人神としての天皇への絶対的帰依の感情こそが、国家体制を維持していく手段であったがために、それは当然の帰結でもあった。

戦後の「宗教的情操の涵養」の展開

一九四五年十二月、連合国総司令部は「神道指令」を発し、国家神道を政治・教育から分離し、また「教育勅語」の失効の決議によって国家神道体制は解体された。しかしそれを受けた文部省は一九四六年八月十五日に第九〇回帝国議会衆議院本会議で「宗教的情操教育に関する決議」を行い、何とか国民の「敬神崇祖」の念を繋ぎとめようと画策していった。そして「宗教的情操の涵養」を新憲法下の教育基本法へ入れ込もうとしたが、失敗に終わった。つまり戦前の教育を引き継ぐ方法の一つの柱が「宗教的情操の涵養」であり、今、教育基本法「改正」を画策する政府・文部省とのせめぎ合いは、すでに敗戦の時から準備されていたと言えるのである。

一九五〇年、修身教育の復活を提言した文部大臣・天野貞祐が、国民実践要領（一九五一年）

の中で、「人格と人間性は永遠絶対的なものに対する敬虔な宗教的心情によって一層深められる」と「教育勅語」に替わる道徳的基盤を「宗教的情操」に求める発言をして物議を醸したりしたが、それも同じ底流から出たものである。

特に一九六六年には中央教育審議会が「期待される人間像」を打ち出したことが大きな分岐点になっている。

生命の根元すなわち聖なるものに対する畏敬の念が真の宗教的情操であり、人間の尊厳と愛もそれに基づき、深い感謝の念もそこからわき、真の幸福もそれに基づく。しかもそのことはわれわれに天地を通して一貫する道があることを自覚させ、われわれに人間としての使命を語らせる。（『新教育課程と道徳教育』二四二頁）

そしてついに一九七七年の学習指導要領の中学校の道徳には、「人間の力を超えたものに対する畏敬の念」の育成が示され、「人間の有限性」「超越的存在」「畏敬の念」という「宗教的情操の涵養」をする上での三要素のすべてが出そろったのである。

今回の中教審答申において

読売新聞・産経新聞など、教育基本法「改正」の旗振りを行ってきたこれら新聞の論調は一貫して「宗教的情操の涵養」を「改正」案に盛り込むことであった。しかしこのたびの中教審答申においては、普遍的「宗教的情操」をめぐる論議、そして「政教分離を巡る論議」などで委員の意見が二分し、今回の答申では見送られることになった。「改正」の一方の目玉である「愛国心」が盛り込まれ、実はもう一方の目的ともいうべき「宗教的情操」が見送られたということは、それだけ「宗教的情操」の方がハードルが高いとも言えるだろうし、取りあえず「心のノート」など、「道徳」の中で行おうということのようだ。

普遍的「宗教的情操」なるものはあるか

龍谷大学で学んでいた折、信楽峻麿指導教授よりアメリカでの浄土真宗の教えを伝えていく上での困難さを聞かされたことがある。浄土真宗の一番の要は「信心」であるが、それをキリスト教文化圏のアメリカで「Faith（信仰）」と訳すと、人間が神（God）を仰ぐという内容として受けとめられ、「信心」の中にある「めざめ」ということが受けとめられない。やはり「信心 Sin-jin」でないと伝わらないと聞かされたことがある。宗教的情操の「普遍性」があるかということを考える上で参考となる意見だと思う。

またすでに見てきたように、明治以降の歴史の中で、「宗教的情操」とは、国家が「国民」を思想統制するために、きわめて政治的に作り出した概念であり、戦後も政府が導入し利用しようとしてきた「宗教的情操」もその線に沿ったものであり、宗教や宗派を超えた人類共通の普遍的心情などを求める中から生み出された概念でないことは明らかである。

また、宗教学者で教育改革国民会議の委員である山折哲雄も宗教教育導入を称えているが、しかしそれは既成宗教以外の回路、山折の言う「アニミズム的心性」（＝古代神道）を提示して、国家への求心的意識を回復させようというものである。アニミズム的なものは「特定の宗教」ではなく、「日本人の心」として、また「道徳性」として位置づければ、公然と公的教育に持ち込めるという論理である。しかしそうして位置づけようとする「宗教的情操」は、また、戦前に、すべての宗教・宗派を超えたまさに国民道徳として位置づけた国家神道にきわめて類似するものでもあることは銘記すべきであろう（山口和孝『いま、なぜ教育基本法の改正か』国土社、一六六頁にその論考がある）。

さらには宗教学として普遍的「宗教的情操」を認めようとする立場もある。しかしそこに提示された「宗教的情操」は、あくまで各宗教の宗教的心情を抽象化し客観化し分析したものにすぎない。具体的な信仰・実践・儀礼等からそれぞれの宗教的情操は誕生するのであり、抽象的・客観的なものから具体的宗教的心情は生み出せるものでないという不可逆性を踏まえる時、普遍的「宗教的情操」はないと言わざるをえないだろう。

「畏敬の念」と「心のノート」

一九七七年の「中学校学習指導要領」の改定の際、道徳の徳目に「人間が有限なものであるという自覚に立って、人間の力を超えたものに対して畏敬の念をもつように努める」（『新教育課程と道徳教育』一二五七頁～）ことが初めて加えられ、これが「知育偏重」批判の上に打ち出された。

今回の中教審答申においても「畏敬の念」はキッチリと盛り込まれている。「畏敬の念」を盛り込む意図は、「畏敬」の対象が「自然」であるとか、「人間を超えたおおいなるものだ」とか言われても、その一連の流れからすれば、それは「天皇」に帰着することは明白である。「畏敬の念」こそが「宗教的情操の涵養」を盛り込む前の別名と言ってもいいだろう。

そして「宗教的情操の涵養」を直接答申に盛り込めないことを先取りして、補う形で作られ、すでに配布し実行に移されているのが、「心のノート」である。今回の答申で、「宗教的情操の教育は、道徳教育で一層充実させるべきだ」としているのが、まさにそれである。「心のノート」は今まさに「国定教科書」として、政教分離に引っかかることもなく、「畏敬の念」という宗教的情操を育て、それを「愛国心」に結びつける役割を始めたのである。

「宗教的情操」を教育基本法「改正」に入れ込もうとする背景

では、現在の教育基本法「改正」に「宗教的情操」を盛り込む中心となってきた勢力はどこであるのか、それはまぎれもなく、神道政治連盟（以下、神政連）と神社本庁といえよう。

神政連は一九七五年から教育基本法「改正」を求める運動を行っており、神社本庁も一九八六年から同様の運動を熱心に行ってきている。

神政連は、昭和五十年に「教育是正問題に対する運動の取り組みについて」を策定し、その中で「今日の教育のゆがみの原因は、全てこの教育基本法の基底にある思想からきていると考えられる。そこで、この基本法思想の転回と教育勅語の再興の要を神社関係者に啓蒙するとともに、国会議員に対しても教育基本法改正の必要を訴える」として、教育基本法の改正を長期的課題と位置づけ取り組んできました。神社本庁も昭和六十一年二月一日、臨時教育審議会の「教育改革に関する第一次答申」をうけて「臨時教育審議会への提言」をまとめ、教育基本法の問題点を指摘しつつ、改正の要点として「歴史と伝統の尊重」「徳性の涵養」「愛国心」「教育勅語の精神の再確認」を明示するとともに、宗教的情操や宗教的倫理観の啓発培養のための方途として地域の習慣の継承や伝統行事への参加を提言した経緯があります。

（神政連ホームページ）

まさにここで、神社本庁・神政連などの教育基本法「改正」運動の狙いが明確に「愛国心」「教育勅語の精神の再確認」「宗教的情操や宗教的倫理観の啓発培養」だと述べられている。

教育基本法「改正」をめぐる宗教界（全日本仏教会）の動き

二〇〇三年二月四日付、教育基本法の「改正」について、全日本仏教会（以下、全日仏）より、理事長・森和久の名で中央教育審議会あてに、特に九条（宗教教育）について、「教育の問題は宗教教育の軽視」にあるとして「要望書」を提出している。

わが国におけるモラルの低下、青少年の犯罪、いじめ、学級崩壊、家庭、地域でのしつけや教育に深刻な問題が生じているのも、一つには現行教育基本法の下で道徳教育止まりで、その基礎ともなる宗教教育が過度に軽視されてきた結果であるといえます。（全日仏「要望書」）

そして具体的に「改正」の方向で三点にわたって要望を出している。

①日本の伝統・文化の形成に寄与してきた宗教に関する基本的知識及び意義は、教育上これを重視しなければならない。

②宗教に関する寛容の態度及び宗教的情操の涵養は、これを尊重する。

③国及び地方公共団体が設置する学校は、特定の宗教のための宗派教育その他宗教活動をしてはならない。

①では「尊重」であったものを「重視」へ、②では「宗教的情操の涵養」を銘記し、③では「宗教教育」を「宗派教育」として、公的教育現場における宗教教育全般の禁止ではなく、「宗派教育」の禁止を要望するものである。

なお二〇〇三年三月二十日に出された中教審答申では、「宗教に関する寛容の態度や知識、宗教の持つ意義を尊重することが重要であり、その旨を適切に規定することが適当」との方向性が打ち出され、①の要望は通った形になっている。しかし②の「宗教的情操」に関しては、答申の説明事項に、「道徳教育をもって充実をはかる」と記され、「要望書」からすれば不本意な結果ということであろう。また③についても現行基本法のままで変更はない。

全日本仏教会では教育基本法「改正」に向けて、中心となっているのが「宗教教育推進特別委員会」の杉谷義純委員長（天台宗）と石上智康委員（浄土真宗本願寺派）である。

「中外日報」（二〇〇三年七月二十四日号・二十六日号・二十九日号）において「公教育における宗教教育」としてインタビューが掲載されているので、「改正」へ向けての意図を知ることができる。

石上委員は「無国籍の宗教教育であってはならない」ということを強調し、「『国籍』と言ったって、決して国粋主義とか反国際主義を主張しているんじゃない。蒸留水的な平等主義で教育を議論するだけでいいか」と、全日仏の「要望書」は答申に盛り込まれた「日本の伝統・文化の尊重」の線に添った主張であると述べている。

この論調はいうまでもなく、教育基本法・憲法の「改正」を中心となって主張してきた中曽根元総理の「教育基本法は抽象的な項目だけで、日本の個性がない蒸留水だ」という言葉とピッタリ符合する。

また石上委員は「宗教的情操教育に関する決議」（一九四六〈昭和二十一〉年）が国会で行われながら、翌年公布の教育基本法では原案にあった「宗教的情操の涵養」が除かれたことについて次のように述べている。

条文修正にＧＨＱの意向が働いたということは定説になっていますね。国家神道と政治権力の結びつきによる軍国主義の復活を一番恐れていたアメリカの占領政策に基づくものでしょう。そして「宗教の社会生活における地位は、教育上これを尊重しなければならない」という文章になった。宗教は人間の実存、人格の完成、個人の精神の救済にかかわるものです。

それが第一義。であるにもかかわらず、宗教の社会生活における地位、なんていうわけのわからない現行の文章になってしまった。そして宗教的活動をしてはいけない、という条文も拡大解釈されていって、現場ではどんどん宗教教育が排除されていった。

この発言はまさに発言者の歴史認識が問われる内容といえよう。日本国憲法成立の段階で、GHQの押しつけを主張する人たちと同じように、「国体」護持派がこの教育基本法成立にかかわる過程において、「宗教的情操の涵養」なる言葉で、国家神道体制を支えてきた「敬神崇祖」なる心情をいかに生き延びさせようとして画策してきたか、そのことについての視点のないことが問われてこざるをえないのではないか。

また同時に、全日本仏教会に所属する既成仏教教団が、戦前、「宗教的情操を涵養する」ということで国家神道体制を推進することに大きな役割を果たしてきたということが問われる問題でもある。

先に「宗教的情操」を教育基本法「改正」に入れ込むことを求め続けたのは、神政連と神社本庁であることを明らかにした。全日仏がそれら勢力と同じ主張を繰り返し、そっちの側へ国を引っ張っていくことは、まさに戦前と同じく、全日本仏教会、ひいてはその所属団体が神社本庁へ追従する道を繰り返すことになりはしないか？

おわりに――教育基本法が悪いから学校が荒れるのか？

学校教育に「いのちの大切さ」などの宗教的情操教育が欠落してきたから、神戸や長崎などの青少年犯罪が起こるのだという論法で、教育基本法「改正」を求める論調がマスコミの一部にあるし、全日仏はここぞとばかりにその線に沿って宗教教育の必要性を求めている。

しかし、はたしてそうであろうか。私は「教育問題」と「宗教的情操」を声高に言う人がとても本気でそう考えているとは思えないのである。

たとえば一例を挙げれば、教育基本法「改正」の先頭に立っている「神の国発言」で名を馳せた森前首相である。森前首相は宗教教育にも熱心で「学校でも宗教を教えるべきだ」と発言している。その森前首相が、急死した小渕恵三元首相の葬儀で「あなたは天国に召されていったのです」と呼びかけ神社関係者から失望をかったことは有名である。つまり別の意図があって、「宗教的情操の涵養を」と言っていることが明白なわけだが、それをマスコミの過剰報道が覆い隠しているという構図になっている。

「子どもと教科書全国ネット21」（二〇〇三年八月十五日ＶＯＬ31）では少年による殺人事件の件数と報道件数を表にしてそのからくりを暴いている。一九九〇年から二〇〇二年まで少年犯罪件数は七一件～一一七件の間を推移しているのに、報道件数は、九五年八件、九六年十五件であったものが、突如九七年一五〇件、九八年三九七件、そして二〇〇〇年には八〇〇件と激増しているのである。まさに「少年犯罪の急増」は政府とマスコミによってつくられた虚像といえるだろう。

またある学者が、日本とは違って学校教育の中に宗教を取り入れているアメリカにおいて、青少年の犯罪が桁違いに多いということを考えれば、「学校教育に宗教的情操が欠落しているから犯罪が起こるというレトリックはすぐに崩壊する」といった一言は、みごとに的を得ているといえよう。

では何が原因で、学校が荒れるのか？　国連の子ども人権委員会の勧告は、日本の教育についてこう述べている。

「日本の子どもたちは、競争の激しい教育制度により、身体的・精神的発達障害が起こり、不登校などが起こっている」（『子どもの権利条約のこれから』エイデル研究所、二〇七頁）と。

子どもと向き合う者には、教育基本法がいじめなどの原因でないことは明らかである。むしろ教育基本法をないがしろにし、具体化せず、経済的利益を求めることにのみ追随してきた教育行政こそ、今反省しなくてはならないと言えるのではないか。

（資料一）

浄土真宗本願寺派総長

武野以徳様

二〇〇三年七月十四日
備後靖国問題を考える念仏者の会
事務局長　小武　正教

要望書

一、全日本仏教会会長・大谷光真本願寺派門主、同常務理事兼宗教教育推進特別委員・石上智康本願寺派宗会議長が、国に対し教育基本法の「改正」を求めることは、あたかも本願寺教団が「改正」を求めているかのように受け止められます。
お二人の宗門内での立場からして、個人で参加しているでは通るはずもありません。また全日本仏教会は浄土真宗本願寺派として正式に加盟している団体でありますから、そこでの発言は個人ではありえないと考えます。

宗門内の議論をまったく置き去りにして、教育基本法「改正」への動きはもっと、段階を踏んだものでなければならないと考えます。

宗門内で論議をすることと、特に石上智康宗会議長の個人的価値観による、全日本仏教会における教育基本法「改正」への動きを慎んで頂くよう強く要望いたします。
一、二〇〇三年三月二十日付で出された教育基本法「改正」を目指す中央教育審議会答申の内容は、日本を「戦争のできる国」へと押し進めていくことに繋がると考えます。宗門として反対の声明を出されることを要望します。

教育における憲法ともいわれる教育基本法の見直しという動きの中で、中央教育審議会の答申が二〇〇三年三月に出されました。その中教審答申の内容は、現在の教育基本法の「個人の尊厳」「真理と正義」「個人の価値」「自主的精神」といった理念を、「国家や社会の形成者たる国民の育成」というように国策を優先させた国益のための教育に転換させるものであります。

そのために新たに「伝統・文化の尊重」「国を愛する心」「新しい『公共』」「畏敬の念」「規範意識」などの国家主義を導入する内容を盛り込み、見直し案には「二十一世紀を切り拓く心豊かでたくましい日本人の育成」というように、「日本人」という言葉を多用し、偏狭なナショナリズムを強調するものとなっています。

そうした意図をもって進められている教育基本法の「改正」を進める状況において、全日本仏教会も教育基本法の「改正」を求める要望書を提出されることは、全日本仏教会の意図は別に、結果的には日本を「戦争のできる国」へと押し進めることになります。

一、全日本仏教会からの要望書で提起された「宗教に関する知識や情操を涵養する宗教教育を重視・実現することが必要」であるから、教育基本法第九条を改正せよとの要望は、教育基本法を「改正」して、「人間の力を超えたものに対する畏敬の念」を盛り込み、「天皇への敬愛」へ繋げようとしている考えを先取りするものとなるため、反対の声明を出されることを要望します。

全日本仏教会が「宗教に関する知識や情操を涵養する宗教教育を重視・実現することが必要」であるとし、「日本の伝統文化の形成に寄与してきた宗教に関する基本的知識及び理解は、教育上これを重視しなければならない」と要望書により提起されたことは、教育基本法「改正」を目指す勢力が今回の中教審答申に盛り込もうとして充分には盛り込めなかった内容と合致するものであります。つまり「改正」の中で、公なるもの、国家なるものを教育の中心に据えていくために、その背景として「人間の力を超えたものに対する畏敬の念」を「宗教的情操の教育」という形で入れ込みたかったわけです。しかしこの場合の「畏敬の念」という「宗教的情操」とは、実際には「神道的情操」であり、「縁」によってすべての存在が支え合うところに「本願」が見いだされる仏教的な心情とは異なるものであることは銘記すべきであります。

（資料二）

「教育基本法『改正』に反対する　仏教徒・キリスト教徒一〇〇〇人声明」

一、私たちは、近く国会に上程されようとしている教育基本法「改正」は、日本を「戦争のできる国」へと押し進めようとするものであり、強く反対いたします。

二、私たちは、「宗教的情操教育の必要性」があるから、「教育基本法の改正が必要」だとする動きにも反対です。

二〇〇三年三月、教育基本法の見直しの答申が中央教育審議会から出されました。その内容は、現在の教育基本法の「個人の尊厳」「真理と正義」「個人の価値」といった精神を「国家や社会の形成者たる国民の育成」というように国策を優先させた教育に転換させようとするものです。そのために、答申には「国を愛する心」「畏敬の念」「伝統文化の尊重」「規範意識」などの国家主義を導入する内容を盛り込み、さらに見直し案には「二十一世紀を切り拓く心豊かでたくましい日本人の育成」というようにナショナリズムを強調するものとなっています。

これは、小泉内閣が今日指している、「有事法制」・「イラク支援特別措置法」の成立からさらに憲法を改悪し、日本を「戦争のできる国」へと押しすすめる一環であると思われます。つまり、教育基本法の「改正」は、戦争をする国を支える人づくりこそが真の目的でありましょう。

教育基本法を「改正」すべきという論の中には、いじめ、不登校、学級崩壊のなどの教育の荒廃の原因があたかも教育基本法にあるかのごとく述べるものがありますが、問題の所在や分析・検討がなされたものといえず、あまりに短絡的な意見です。全日本仏教会もそうした論旨から教育基本法第九条・宗教教育の「改正」を求め、とりわけ「宗教に関する知識や情操を涵養する宗教教育を重視・実現することが必要」であるとし、「宗教的情操の教育」を盛り込もうと働きかけを行っています。しかし、「宗教的情操の教育」とは、戦前は「敬神崇祖」を内容として国家神道体制を支えてきたものであります。そして今再び、答申に述べるように、「宗教的情操教育」を「改正」に盛り込むならば、まさに答申の「畏敬の念」を下支えする役割を再び担うことになるでしょう。

私たちは、いのちの尊厳を決して踏みにじるような社会を生みだしてはならないとする宗教の教えに生きる者として、中教審答申に疑義を感じ、教育基本法の「改正」に強く反対いたします。

※ここで言う仏教徒・キリスト教徒とは、仏教・キリスト教の教えに生きる者という意味で用いています。

二〇〇四年二月十四日現在

呼びかけ人

信楽峻麿（浄土真宗本願寺派　僧侶）・菅原龍憲（浄土真宗本願寺派　僧侶）・斉藤真（浄土真宗本願寺派　僧侶）・木村真昭（浄土真宗本願寺派　僧侶）・仲尾孝誠（浄土真宗本願寺派　僧侶）・下迫紀弘（浄土真宗本願寺派　門徒）・大江厚子（浄土真宗本願寺派　門徒）・山本浄邦（浄土真宗本願寺派　僧侶）・戸次公正（真宗大谷派　僧侶）・工藤美彌子（真宗大谷派　僧侶）・西寺英麿（真宗大谷派　僧侶）・武田隆雄（日本山妙法寺　僧侶）・今村公保（日本山妙法寺　僧侶）・伊藤信道（浄土宗西山禅林寺派　僧侶）・小林裕彦（浄土宗　僧侶）・西川重則（キリスト者）・木村公一（日本バプテスト教会　牧師）・東岡山治（日本キリスト教団　牧師）・依田駿作（日本キリスト教団　牧師）・柴田もゆる（日本キリスト教団　牧師）岡田弘隆（真言宗豊山派　僧侶）

事務局　七二八―〇〇〇三　広島県三次市東河内町二三七西善寺内
電話・FAX　〇八二四―六三―八〇四二　メール odake@orange.ocn.ne.jp

「教育基本法『改正』に反対する仏教徒・キリスト教徒一〇〇〇人声明」ホームページ
http://inochino.infoseek.co.jp/

ご賛同頂ける方　以下のことを書いてお寄せください

①お名前
②住所
③所属「宗派名など」
④立場　例「僧侶・神父・牧師、檀家・門徒・信者など」
⑤教育基本法「改正」へのご自分のコメントをできれば書いてください（四〇〇字以内）

あとがき

本書は、『親鸞と差別問題』というタイトルで刊行した。しかし内容は、「親鸞の教えを、今、どう生きるか」ということを「差別問題」を視座として論考したものである。そして、それも「論」として展開するのみではなく、「信心」「教学」「運動」の三位一体のものとして提起していきたいという思いから、できるだけ私自身の歩みを通したものを書き記した。またケースによっては、友人・知人などの取り組みを取り入れている。その意味では、「論考」であると同時に、取り組みの「報告」という面も持っている。

地方の一住職が本山へ、そして社会へ提起していくにはどうすればいいか。いかに小さくとも具体的事実で問うしかないという思いがする。「本山でできないことは教区で、教区でできないことは組で、組でできないことは一カ寺一カ寺で」という歩みである。その歩みをもって本山を社会を問う、それが本願寺教団の同朋運動に学んだ私の方法論でもある。

本書所収の論考の初出は次の通りである。

〈Ⅰ　「国家」を問う――親鸞を生きる道〉の二つの論考で、全体の視座を提起した。国家権力による教団への弾圧そして懐柔という状況において「二つの真宗」という視座である。差別問題という具体的な問題を、どう課題とし、担い、変革することができるか、この権力という視座を一つの縦軸として、以下で教団問題、社会問題を論考している。

「いまなぜ親鸞なのか」は書きおろし、「二つの対抗文化・二つの真宗」は『部落解放ひろしま』二〇〇三年五月号に掲載したものである。

〈Ⅱ　「日本教」を問う〉は、国家権力の弾圧と懐柔という常套手段を、神戸修の提起した「自然主義」「和の思想」「「没我」と「無我」」という日本教として位置づけるその視座を受けて、現代社会の課題と重ね合わせて論考したものである。

「日本教という「自然主義」」は『部落解放ひろしま』二〇〇二年十一月号、「日本教という「和」の思想」は『部落解放ひろしま』二〇〇二年十一月号、「「没我」と「無我」」は『部落解放ひろしま』二〇〇三年一月号に掲載したものに加筆したものである。

〈Ⅲ　「神道―文化・習俗論」を問う〉は、国家が神道を文化・習俗として位置づけようとしてきたものを、私たちの身近な問題として問い直した論考である。具体的には「神楽」「町内会と神社」などへの取り組みを取り上げた。

「「神の国」発言の背景」は、『部落解放ひろしま』二〇〇〇年七月号、「町内会と神社――自治会神社費拒否訴訟」は、『部落解放ひろしま』二〇〇〇年九月号、「公教育と神楽」は、『部落解放ひろしま』二〇〇〇年十一月号に掲載したものに加筆したものである。

〈Ⅳ「穢れ意識」を問う〉は、最近の部落解放運動そして本願寺の同朋運動の視点を、国家権力との関係で見ていこうとする論考である。その具体的問題は解放運動だけでなく、本願寺教団が啓発学習の中で大きな比重を持たせようとしている「六曜」「穢れ意識」に焦点を当てている。「日本文化の因習と部落解放運動」は、九州・沖縄同朋運動推進協議会『解放と連帯』第一号に掲載したものを要約して『部落解放ひろしま』一九九九年八月号に掲載。「「六曜」を問う射程」は、拙著『あらゆる迷信と部落差別』（広島県同和教育研究協議会）・拙著『真宗と葬儀』（本願寺出版社）の中の文章を『部落解放ひろしま』一九九九年十月号に加筆訂正して掲載。「部落問題と穢れ意識」は、『部落解放ひろしま』一九九九年十二月号に掲載。「死に対する穢れ意識」は、「「忌」を問い直す――現在の「忌中」「年忌」の背後にどのような歴史が積み重ねられてきたのか」（広島部落解放研究所『部落解放研究』第一号、一九九四年）を『部落解放ひろしま』二〇〇〇年三月号に要約・加筆して掲載したものである。

〈Ⅴ「葬儀・忌中」を問う〉は、「葬儀」「忌中」を問い直すということで、「葬儀」や「忌中」を問う内容と射程をどこまで持つことができるかを具体的に問うたものである。

「葬儀という習俗」は『部落解放ひろしま』二〇〇一年五月号に掲載。「「忌」を問い直す」は「「忌」を問い直す――現在の「忌中」「年忌」の背後にどのような歴史が積み重ねられてきたのか」（広島部落解放研究所『部落解放研究』第一号、一九九四年）の一部を加筆訂正して掲載。「「忌中」から「還浄」へ」は、拙論「「同朋運動」と「還浄」問題」(『同和教育論究』第二十二号、本願寺同朋センター)の内容を要約・加筆し『部落解放ひろしま』二〇〇〇年五月号に掲載したものを転載した。

〈Ⅵ「本願寺教団の差別構造」を問う〉は、本願寺教団の因習・制度を差別問題という視座から問い返し、同朋運動としての儀礼論を創造していくことを念頭に置いて、いくらかの具体的歩みを報告したものである。本願寺教団の中に取り込んできた教団内身分制度を問い返すことにより、どこまで問い返す射程を伸ばしたものとなっているかが鍵である。

「檀家制度と講中差別」は『部落解放ひろしま』二〇〇一年七月号に掲載。「「色衣・七条袈裟」と黒衣同盟」は、拙論「袈裟と僧階制度」(龍谷大学大学院真宗研究会『真宗研究会紀要』三十二号)と、同じく拙論、「東西本願寺の「蓮如上人五百回遠忌法要」を蓮如の視座で問う」(広島部落解放研究所『部落解放研究』第四号・特集「今、なぜ蓮如論」)で論じたものを要約し、『部落解放ひろしま』二〇〇一年九月号に掲載。「「院号・法名」を問い直す」は、拙論「今、本願寺教団の「法名の本来化」の取り組みにおける課題」(財団法人同和教育振興会『設立四十周年記念作品募集　応募作品集』二〇〇二年三月)として書いたものを加筆転載。「「席次」と蓮如の「平座」」は、拙論「東西本願寺の「蓮如上人五百回遠忌法要」を蓮如の視座で問う」(広島部落解放研究所『部落解放研究』第四号・特集「今、なぜ蓮如論」)に論じたものを要約・加筆して『部落解放ひろしま』二〇〇二年一月号に掲載。「「聖人」と「上人」」は一九九九年十一月十八日の『仏教タイムス』に掲載した文章に加筆した。「聖徳太子の安置形式」は、一九九五年八月、『敗戦五十年　西本願寺教団の光と闇』（教団の戦争責任と戦後処理を問う真宗者ネットワーク）に加筆。「浄土真宗の「精進」が果たした役割」は『部落解放ひろしま』二〇〇二年三月号に掲載した。「西本願寺の長子相続制度」は『部落解放ひろしま』二〇〇二年五月号に掲載。「「坊守」を問い直す」は『部落解放ひろしま』二〇〇二年七月号に掲載したものである。

〈Ⅶ「現代日本の課題」を問う〉では「靖国神社・国立追悼施設問題」と「教育基本法「改正」と「宗教的情操」」という、今直接日本社会の中で論議されている二つの問題を取り上げている。いうまでもなくこの二つの問題は、国家と教団、そしてそれらとの一人ひとりの向き合い方を問うている問題である。

「「靖国神社・国立追悼施設」問題を問う」は『部落解放ひろしま』二〇〇三年三月号に掲載。「教育基本法「改正」と「宗教的情操」」は『部落解放ひろしま』二〇〇四年一月号に掲載したものである。

＊

今年二〇〇四年は、西善寺第十五代住職・釈憲正の五十回会の年にあたる。

一九一六（大正五）年、九歳で養子として西善寺に入寺した祖父は一九四四（昭和十九）年に赤紙を受け取り入隊し、兵士として大陸に渡っていった。そして中国で結核を患い、十年の闘病生活を経験し、四十八歳で亡くなっている。戦後は病床でガリを切り、渾身の思いでご門徒に配布していた寺報『聆真《れいしん》』に、亡くなる九カ月前、次の一言を書いている。

戦争はどうすることもできない業だから、平和運動などする必要がないと言う者があれば、それは骨のない運命論者であって仏教徒では断じてありません。人類滅亡の危機に直面しながら、平気で自然に任せて置かれるものではない。結果はどうなろうと、両手を上げてその暴挙をくい止めねばならないのであります。

（一九五四〈昭和二十九〉年六月号）

そして今年は、今も私に、「いのち」とは、「家族」とは、「念仏」とは、と考え続けさせる元となっている、次男〝凜〟の死から十三回会の年になる。

今年『親鸞と差別問題』を出版することは、二人から与えられた課題への現在の私の報告でもある。

そして何よりこの一冊は、住職を勤めさせていただいて二十五年、西善寺のご門徒の皆さんへ、感謝と慚愧の思いを込めて贈らせていただきたいと思う。

＊

本書を出版するにいたるには本当に多くの方々のご指導を賜った。信楽峻麿元龍谷大学学長には大学時代より今日にいたるまで様々にご指導をいただいてきた。

また真宗学のご指導をいただいた円日成道さん、広瀬杲さん、高史明さん、故島田幸昭さん、岡亮二さん、山崎龍明さん、浅井成海さん、太田利生さん、藤田徹文さん。

部落解放運動のご指導をいただいた、小森龍邦さん、青木秀男さん、岡田英治さん、政平智春さん、平田美知子さん、松根鷹さん、中村徹朗さん、辻駒啓三さん、大森俊和さん、大森賢司さん、竹原孝剛さん、花岡一江さん。

同朋運動のご指導をいただいてきた、梅永久夫さん、故川上信定さん、杉本昭典さん、森本覚修さん、鈴木恭之さん、藤範信彦さん、岩本孝樹さん、仲尾孝誠さん、西脇修さん、小笠原正仁さん、斉藤真さん、武田達城さん、藤本信隆さん、松野尾慈音さん、打本顕真さん、源淳子さん、副直子さん、三坂源明さん、大畠信隆さん、遠藤一さん、正木峯夫さん、藤原有和さん、小滝信生さん、鷲山和貴子さん、サンガラトナ・マナケさん、計良光範さん、舛田和麿さん。

さらに靖国問題でご指導いただいた故二葉憲香さん、故朝枝実彬さん、野田正彰さん、田中伸尚さん、福島寛隆さん、大分勇哲さん、郡島恒昭さん、菅原龍憲さん、木村真昭さん、川本義昭さん、赤松徹真さん、平田厚さん、田中郁朗さん、青木敬介さん、龍溪章雄さん、池田行信さん、朝枝実明さん、早川顕之さん、菅和順さん、故冨金原劫照さん、野崎流見さん、有光顕澄さん、藤岡直澄さん、野世英水さん、神戸修さん、山本浄邦さん、棚原正智さん、吉弘了暁さん、杉本正信さん、宇治和貴さん、鄭光均さん、野川正信さん、稲葉尚範さん。

大谷派の菱木政晴さん、玉光順正さん、戸次公正さん、久保山教善さん、尾畑文正さん、西寺英麿さん、兪渶子さん、工藤美彌子さん、山内小夜子さん、長坂公一さん。

また広島、備後教区・安芸教区でご指導いただいてきた季平恵海さん、不二川公勝さん、田坂英俊さん、佐々木至成さん、原田淳誠さん、奥村宏道さん、真澄瑛智さん、高橋了融さん、佐々木孝昭さん、定光大燈さん、竹政信隆さん、沖和史さん、藤井聡之さん、城山大賢さん、武田敏弘さん、岩崎智寧さん、児玉竹丸さん、石塚朋子さん、徳正唯生さん、四州教区の随行未千さん。

そして地元三次組の歴代の四役の中でも、安部大恵さん、坂原好英さん、梵宝英さん、寺山寿範さん、梵照英さん、足利法昭さん、伊川賢昭さん、深水正道さん、丸山充信さん、深水義範さん、常光和信さん、明山晃映さんにはことさらにお世話になった。

また備後靖国問題を考える念仏者の会で共に歩んできた、故川上三郎さん、故長淳さん、真野生男さん、池田静思さん、辰巳多持さん、季平博道さん、迫澄さん、高橋忠行さん、季平博昭さん、毛利勝典さん、坂原英見さん、毛利慶典さん、栗原尚道さん、山名孝彰さん、梅田美代子さん、古野竹則さん、吉尾国香さん、長田瑞昭さん、還来寺賢成さん。

市民運動で一緒に活動する中でご指導いただいている、栗原君子さん、横山司之さん、中川勝さん、中島享さん、井清信恵さん、平岡誠さん、井面義信さん、福政康夫さん、実国義範さん、塚本勝彦さん、山田禮正さん、鍋島昭登さん、藤田昌利さん、由木栄司さん、山川英之さん。

キリスト者の東岡山治さん。そして『中外日報』の萩原典吉さん、元『中国新聞』「洗心」欄担当の杉本博志さん。『解放新聞』広島県版の島田健吉さん。

また友人の伊達邦彦さんには下読みをしてもらい意見をいただいた。

まだまだ本当に多くの皆さまのご指導をいただいてきたことである。

また長年にわたり私の論考を『部落解放ひろしま』に掲載するにあたり、校正してくださった山下直子さん、それを本書に転載することを快く許可いただいた『部落解放ひろしま』の編集局と本書の出版をお引き受けくださった法藏館の西村七兵衛社長、出版にあたって一方ならぬご指導とお世話になった編集者の池田顕雄さんに深くお礼申し上げる。

仏暦二五四七年（国際暦二〇〇四年）　四月四日

小武正教

＊本書の中には、部落問題・差別問題に関する当時の差別的名辞や呼称・表現等を記している場合がある。それは歴史的資料にもとづき、日本社会や本願寺教団と部落差別との関係を科学的・総合的に研究する必要性を痛感するからである。

もとより、いかなる差別をも許すことなく、すべての差別を根絶するために部落解放運動・同朋運動を推進していかなければならないことはいうまでもなく、その点を充分ご理解いただくようお願い申し上げる。

＊本文中の名前には、統一のため、あえて敬称を省略したことを最後に記しておわびする次第である。

小武正教（おだけ　しょうきょう）
1957年広島県三次市に生まれる。龍谷大学大学院文学研究科（真宗学専攻）博士後期課程依願退学。龍谷大学非常勤講師等を経て、現在、西善寺住職、広島県部落解放研究所宗教部会事務局長、備後・靖国問題を考える念仏者の会事務局長、平和を考える市民の会代表。
著書に『真宗と葬儀』（本願寺出版社）、『あらゆる迷信と部落差別』（広島県同和教育研究協議会）、『ひとすじの道』（探究社）、共著に『連帯のあかしⅢ』（広島・三次部落解放研究所）、『真宗と社会』（大蔵出版社）『靖国を問う』（永田文昌堂）、『信心の社会性』（探究社）、『反靖国への連帯』（永田文昌堂）他。
県北市民運動ホームページ　http : //www.saizenji.com
教育基本法「改正」に反対する仏教徒・キリスト教徒1000人声明事務局　http : //inochino.infoseek.co.jp/

親鸞と差別問題
二〇〇四年四月四日　初版第一刷発行
著　者　小武正教
発行者　西村七兵衛
発行所　株式会社　法藏館
京都市下京区正面通烏丸東入
郵便番号　六〇〇-八一五三
電話　〇七五-三四三-〇〇三〇（編集）
〇七五-三四三-五六五六（営業）
印刷・製本　亜細亜印刷株式会社

ISBN4-8318-8692-0 C1015